BEYOND THE WALL 또 다른 모험으로 울타리 너머

디자인: 존 콕킹, 피터 S. 윌리엄스
개발: 플랫랜드 게임즈
집필과 레이아웃: 피터 S. 윌리엄스
삽화: 존 호지슨, 에린 로우, 레리 맥도우갈, 세스 믹스
편집: 헤롤드 크랜포드 (수치 자료 제외)
교열: 앤 브레디
그래픽 감독: 제시 울프
내부 플레이테스트: 콘트롤 그룹 B, 디 어드벤쳐러스, 로리 캠벨, 헤롤드 크랜포드, 제프
히긴스, 스콧 리월츠, 이안 윌리엄스, 질리언 B. 윌리엄스
특별히 감사를 드립니다: 브라이언 루이스

한국어판 번역: 오승한
한국어판 편집 및 추가 삽화: 복희정
ISBN 979-11-88546-24-4
정가: 30,000원
발행 주체: 판권 및 제작 - 이야기와 놀이, 유통 - TRPG CLUB

dragonsfoot, RPG.net의 여러분, 그 외 플레이테스트과 피드백에 참여해 주시고 저희를 격
려해 주신 모든 분들께 진심으로 감사를 드립니다.

meae uxori pulchrae quae mihi semper suffragatur

울타리 너머 한국어판은 원판의 야드파운드법을 미터법과 함께 병기합니다.
1인치= 2.5cm, 1피트= 0.3m
1야드= 0.9m
1마일= 1.6km
1파운드= 0.5kg

제작 플랫랜드 게임즈
한국어판 출판 이야기와 놀이

목차

캐릭터 플레이북과 시나리오 묶음

핵심 규칙

캐릭터 만들기와 게임 플레이를 위한 규칙을 소개합니다.

소개

울타리 너머, 또 다른 모험으로에 오신 것을 환영합니다. **울타리 너머**는 세계에서 가장 인기 있는 판타지 롤플레잉 게임의 초기 판본과 비슷한 규칙을 사용하는 RPG입니다. **울타리 너머**는 규칙을 모르는 사람들도 즉석에서 플레이할 수 있을 만큼 쉽고 간편합니다. 물론 이런 목적으로 만든 RPG는 많지만, **울타리 너머**는 두 가지 면에서 다른 작품들과 다릅니다.

1) 분위기: **울타리 너머**는 대부분의 판타지 이야기를 구현할 수 있는 RPG이지만, 특히 젊은 영웅들이 위험한 상황에서 자신의 길을 찾아 나서는 '로우 판타지(Low fantasy)'와 특히 잘 어울립니다. 이러한 유형의 판타지는 어슐라 K. 르귄의 어스시 연대기 첫 세 작품과 로이드 알렉산더의 프리데인 연대기에서 본보기를 보여줍니다.

2) 즉석 플레이: **울타리 너머**의 핵심 규칙은 세계에서 가장 인기 있는 판타지 롤플레잉 게임을 기반으로 한 여러 RPG와 유사하지만, **울타리 너머**는 다른 작품에서 볼 수 없는 특별한 무언가를 여러분에게 제공합니다. 바로 준비 없이 즉석에서 플레이할 수 있도록 돕는 규칙입니다. **울타리 너머**의 마스터와 플레이어들은 캐릭터 플레이북과 시나리오

묶음을 사용하여 캐릭터 만들기부터 시작해 영광스러운 성공, 혹은 쓰라린 패배로 이야기를 마칠 때까지 아무런 준비 없이도 3~5시간 동안 플레이를 즐길 수 있습니다.

물론 전통적인 방식으로도 훌륭하게 즐길 수 있지만, 저희는 **울타리 너머**를 즉석에서 빠르게 플레이하기 쉽도록 만들었습니다. **울타리 너머**는 플레이 준비에 필요한 각종 수고를 들이지 않고도 그냥 자리에 모여서 플레이를 하기 원하는 분들을 위해 만든 게임이기 때문입니다.

울타리 너머의 내용은 다음과 같이 구성되었습니다:

핵심 규칙 – 캐릭터를 만들고 플레이를 하는데 필요한 모든 규칙을 제공합니다.

플레이 방법 – 다 같이 모여 하루 동안 **울타리 너머**를 캐릭터 만들기부터 모험의 끝까지 완전하게 즐길 수 있는 방법을 소개합니다.

주문과 마법 – 마법사가 사용하는 캔트립, 주술, 의식 목록과 몇 가지 마법 물품을 소개합니다.

괴물도감 –플레이 동안 사용할 괴물 목록과 직접 괴물을 만드는 방법을 소개합니다.

또한 **울타리 너머**는 마을에서 함께 자란 젊은 모험가 PC 일행을 만드는 플레이북 몇 가지와, 마스터가 단편 플레이를 즉석으로 준비하기 위한 시나리오 묶음을 제공합니다. '플레이 방법' 항목은 플레이북과 시나리오 묶음을 사용하는 법을 자세하게 설명합니다.

기본 용어

이 책에서는 RPG에서 널리 사용되는 용어를 사용합니다: 마스터는 모험을 관리하고 운영하는 플레이어이며, 플레이어 캐릭터는 (PC) 그 외의 플레이어가 각자 조종하는 캐릭터입니다. 비 플레이어 캐릭터는 (NPC) 마스터가 조종하는 그 외 캐릭터와 괴물들입니다. d6, d20은 각각 6면체, 20면체 주사위를 의미하며, 3d6은 6면체 주사위 3개를 굴린다는 뜻입니다.

이 수치가 무엇을 의미하는가

울타리 너머의 캐릭터와 괴물은 다음 수치를 기준으로 정의합니다.

클래스

울타리 너머의 플레이어 캐릭터는 비범한 영웅입니다. 저희는 영웅을 전사, 도적, 마법사라는 세 가지 클래스로 분류합니다. 전사는 싸움을 잘하고, 도적은 운이 좋고 각종 기능에 능하며, 마법사는 마법의 힘을 부립니다. 대부분의 경우 PC만이 클래스를 가지지만, 특별히 중요한 NPC 역시 클래스를 가질 수 있습니다.

레벨

레벨은 캐릭터가 자기 클래스에서 얼마나 뛰어난지 전반적으로 나타내는 수치입니다. 1레벨 캐릭터는 클래스나 레벨이 없는 평범한 사람보다 훨씬 뛰어납니다. 이러한 초보 영웅들은 재능이 뛰어난 검사나 젊은 도둑, 수습 마법사입니다. 5레벨 캐릭터는 훌륭한 전사나 능숙한 지도자, 혹은 솜씨 좋은 요술사입니다. 10레벨 캐릭터는 그 나라에서 가장 강한 전사이거나 신비롭고 은밀한 사냥꾼, 신비한 마도의 대가일 것입니다.

능력치

캐릭터의 능력치는 서로 다른 영역에서 캐릭터가 얼마나 뛰어난지 나타냅니다. 플레이어는 무언가 과업을 완수하려 할 때, 캐릭터의 능력치로 판정합니다. 특별히 높은 능력치나 낮은 능력치를 가진 캐릭터는 능력치에 따라 판정에 보너스나 페널티를 받습니다. 능력치에 따른 수정치는 다음 표를 참조하세요:

능력치	보너스
1	-4
2-3	-3
4-5	-2
6-8	-1
9-12	0
13-15	+1
16-17	+2
18-19	+3

근력

무거운 석상을 들거나, 문을 부수거나, 절벽으로 적을 밀칠 때는 근력으로 판정합니다. 근력이 특별히 높거나 낮은 캐릭터는 근접 전투에서 명중과 피해 판정에 수정치를 받습니다.

근력 수정치는 근접 전투에서 벌어지는 명중과 피해 판정에 더합니다.

민첩성

숲속으로 몰래 들어가거나, 술집에서 저글링을 할 때는 **민첩성**으로 판정합니다. **민첩성**이 특별히 높거나 낮은 캐릭터는 **장갑**과 원거리 무기 명중에 수정치를 받습니다.

민첩성 수정치는 캐릭터의 **장갑**과 원거리 무기 명중에 더합니다.

건강

적을 쫓아 먼 거리를 달리거나, 하룻밤을 새면서 보초를 설 때는 **건강**으로 판정합니다. **건강**이 특별히 높거나 낮은 캐릭터는 HP에 영향을 받습니다.

건강 수정치는 캐릭터 레벨이 오를 때마다 HP에 더합니다.

지능

어려운 수수께끼를 풀거나, 골치 아픈 글의 뜻을 파악하거나, 기이한 기계장치의 작동 구조를 알아낼 때는 **지능**으로 판정합니다.

지능 보너스는 캐릭터가 아는 언어의 개수에 더합니다. 캐릭터는 보통 한 가지 언어만 할 줄 압니다. 모든 캐릭터는 **지능**에 페널티를 받더라도 최소한 한 가지 언어를 할 줄 아는 것으로 간주합니다.

지혜

거짓말을 하는 상대의 의도를 파악하거나, 물이 마실 수 있을 정도로 깨끗한지 알아차리거나, 야생에서 길을 찾으려 할 때는 **지혜**로 판정합니다.

지혜 수정치는 정신을 현혹시키고, 조종하고, 겁에 질리게 하는 마법에 저항하는 모든 극복 판정에 더합니다.

매력

왕의 신하를 감동시키거나, 여관 주인의 딸을 유혹하거나, 성문을 지키는 경비병을 설득해서 길을 지나가려고 할 때는 **매력**으로 판정합니다.

캐릭터의 **매력** 수정치는 캐릭터를 따르는 동료의 수에 더합니다. 보통 캐릭터는 동료를 네 명까지 얻을 수 있습니다.

가치관

가치관은 캐릭터가 타인과 세상을 보는 일반적인 시선입니다. 그뿐만 아니라 질서와 혼돈은 이 세상에 끊임없이 영향을 주는 원초적인 힘이며, 캐릭터의 가치관은 본인이 알든 모르든 캐릭터가 질서, 또는 혼돈의 수하임을 나타낼 수도 있습니다.

질서

혼란은 모든 평화와 안전의 적입니다. 질서 가치관을 가진 캐릭터는 안정이야말로 혼란에 맞서는 최고의 가치라고 믿습니다. 질서 캐릭터는 규율과 계급을 중시하는 경우가 많지만, 자신이 추구하는 궁극적인 목표가 질서에 이바지한다면 주저하지 않고 양쪽 모두에 반하는 일도 마다하지 않습니다. 질서 캐릭터는 집단 안에서 자신의 자리를 찾으려 하며, 다른 사람들 역시 각자 제 자리에서 헌신하기를 바랍니다.

질서 가치관을 가진 캐릭터가 반드시 선하거나 친절한 사람일 필요가 없습니다. 마을을 돕고 세상을 지켜서 평화를 이루려는 영웅은 분명 질서 캐릭터지만, 모든 것이 조용하고 질서있게 돌아가도록 범죄를 가혹하게 처벌하고 나라의 모든 행사와 유희를 억압하는 폭군 역시 질서 캐릭터입니다.

혼돈

안정은 정체를 부를 뿐입니다. 혼돈 가치관을 가진 캐릭터와 생물은 정체되느니 죽음을 선택할 것이며, 세상이 케케묵은 질서와 법의 요새가 되는 것보다는 불타 없어지기를 바랄 것입니다. 혼돈 캐릭터는 개인의 선택과 자유를 중시하며, 융통성 없는 규칙과 제약을 가하는 이들을 싫어합니다.

혼돈 가치관을 가진 많은 이들이 악하거나, 짓궂거나, 이기적이기는 하지만, 캐릭터가 반드시 그럴 필요는 없습니다. 원하는 것이 있으면 누구 것이든, 무엇이든 빼앗는 사악한 도둑은 분명 혼돈 캐릭터지만, 세상을 떠돌면서 눈에 띄는 잘못을 바로잡고 관심이 없는 일에는 관여하지 않는 용감한 전사 역시 혼돈 캐릭터입니다.

중립

대부분의 캐릭터와 생물은 우주적인 힘의 투쟁이나 삶의 철학에 관심이 없기 때문에, 질서도 혼돈도 아닙니다. 이러한 캐릭터는 중립 가치관을 가집니다. 중립 캐릭터는 사회 질서가 자기 마을의 법이나 관습과 연관이 있기 때문에 옳다고 생각할지도 모르지만, 마을의 치안관이 사소한 일에도 권력을 휘두른다면 못마땅해 할 것입니다. 다시 말해, 중립 캐릭터는 평범한 사람처럼 행동합니다.

드물지만 질서와 혼돈의 힘이 균형을 유지하는 데에 관심을 두는 이들도 있습니다. 이러한 희귀한 존재들은 중립이라는 철학적인 신념을 지키며 언제나 질서와 혼돈 사이의 균형을 추구합니다.

자신의 행동이 거대한 우주론 안에서 어느 위치에 자리를 잡는지는 신경 쓰지 않은 채 그때그때 무슨 일을 할지 결정하는 단순한 농부도, 혼돈이 불러오는 끔찍한 파괴와 질서로 빚어지는 가혹한 억압을 모두 막기 위해 세상을 떠도는 방랑자도 모두 중립 캐릭터의 예시입니다.

행동 순서

행동 순서 점수는 캐릭터가 전투 때 어느 순서에 행동하는지를 결정합니다. 캐릭터의 기본적인 행동 순서는 자기 레벨과 같으며, 여기에 **민첩성** 보너스와 클래스 보너스가 추가로 붙습니다. 도적은 행동 순서 점수에 클래스 보너스 +2를 받으며, 전사는 +1을, 마법사는 보너스를 받지 못합니다.

기본 공격 보너스

기본 공격 보너스는 캐릭터가 얼마나 잘 싸우는지를 결정하며, 캐릭터 클래스와 레벨에 따라 정해집니다. 캐릭터는 전투에서 적을 공격하는 모든 판정에 기본 공격 보너스를 더합니다. 근력과 **민첩성**은 각각 근접 전투와 장거리 전투에 수정치를 더합니다.

장갑

장갑은 HP와 마찬가지로 캐릭터에게 피해를 주기 얼마나 어려운지를 추상적으로 표현한 수치입니다. 평범한 인간은 **장갑**이 10이며, 몸을 보호하는 갑옷을 입으면 보너스를 받습니다. ('장비' 항목을 참조하세요). **장갑**이 높은 캐릭터는 자신이 받는 타격을 갑옷으로 흡수하여 무시할 수 있습니다. 또한, 빠르고 민첩한 캐릭터는 공격을 피하는데 능하기 때문에 **장갑**이 오릅니다. 즉, 캐릭터는 자신의 **민첩성** 보너스를 **장갑**에 더합니다.

HP (체력 점수)

HP는 캐릭터가 얼마나 튼튼한지, 전투에서 얼마나 잘 버티고 잘 피하는지 추상적으로 나타내는 기준입니다. 캐릭터는 레벨이 오를 때마다 자기 클래스의 체력 주사위에 명시된 종류의 주사위를 굴려 일정량의 HP를 얻습니다. 예를 들어 도적의 체력 주사위는 d8이므로, 도적 클래스를 가진 캐릭터는 매 레벨 1d8을 굴려 HP를 얻습니다. 캐릭터가 주사위로 얻는 HP는 캐릭터의 **건강** 수정치에 따라 더 높아지거나 낮아질수도 있지만, 결과가 1점보다 낮아질 수는 없습니다. 또한, 모든 PC는 1레벨에서 주사위로 굴릴 수 있는 최댓값을 받습니다. 그러므로, 앞에서 예로 든 도적 캐릭터는 1레벨에 HP 8점을 얻으며, 여기에 **건강** 보너스로 받는 추가 HP를 더합니다.

캐릭터는 HP를 잃을 때마다 점점 전투에서 쓰러질 위험이 커집니다. HP가 얼마나 낮던, HP가 남아있는 한 캐릭터는 심각하게 다치지 않았다는 사실을 명심하세요. HP가 0이 되기 전까지 받는 피해는 작은 상처나 멍, 아슬아슬한 회피, 아프기는 하지만 약해지지는 않을 정도의 부상을 나타냅니다.

하지만 HP가 0이 되면 캐릭터는 의식을 잃거나 그와 유사한 상태가 되어 전투불능에 빠집니다. 전투불능에 빠진 캐릭터는 심각하게 다칩니다. 아마도 칼에 크게 베이거나 머리에 강한 타격을 받았을 것입니다. 캐릭터는 아직 죽지는 않지만 일행의 도움을 절실하게 필요로 합니다.

극복 판정

극복 판정은 용의 입김이나 해로운 주문처럼 캐릭터를 노리는 특정 행동을 피하거나 저항하는 능력을 의미합니다. 캐릭터가 극복 판정을 어떻게 하는지는 판정이 벌어진 상황과 마스터 및 플레이어의 묘사 욕구에 따라 정해집니다. 앞에서 언급한 용의 입김을 극복했다면 아주 아슬아슬한 순간에 몸을 날려서 끔찍한 불꽃을 피했다고 묘사할 수 있고, 정신 조종 주문을 극복했다면 강력한 의지력으로 주문을 떨쳐 냈다고 나타낼 수 있습니다.

캐릭터의 극복 판정은 클래스를 바탕으로 하며, 레벨이 높아질수록 점점 성공 확률이 높아집니다. 레벨에 따른 극복 판정 수치는 각 클래스 설명마다 나와 있습니다.

극복 판정은 다섯 가지가 있습니다.

독

독에 대한 극복 판정은 캐릭터가 중독될지도 모를 때 사용합니다. 또한 마비처럼 캐릭터의 신체적 저항력을 시험하는 효과에 대해서도 독에 대한 극복 판정을 사용합니다.

입김 무기

입김 무기에 대한 극복 판정은 캐릭터가 폭발이나 괴물이 쏘는 입김 무기의 표적이 되었을 때 사용합니다. 또한 캐릭터가 재빨리 움직여 피해를 주는 효과를 피할 수 있을 때도 입김 무기에 대한 극복 판정을 사용합니다.

신체 변형

신체 변형에 대한 극복 판정은 캐릭터가 돼지로 변하거나 돌로 바뀌는 등 몸을 완전하게 바꿔버리는 강력한 효과의 목표가 되었을 때 사용합니다.

주문

주문에 대한 극복 판정은 캐릭터가 적 마법사나 괴물이 사용하는 캔트립, 주술, 의식에 저항할 때 사용합니다.

마법 물품

어떤 마법 물품은 주문과 유사한 효과를 발휘합니다. 이러한 공격에 저항하려면 마법 물품에 대한 극복 판정을 사용합니다.

극복 판정 굴리기

가레스는 숙적과 대면합니다. 요술사는 손가락을 들어 가네스의 정신을 조종해 노예로 만드는 주문을 사용합니다. 주문 설명에 따르면 가네스는 마법에 저항하기 위해 주문에 대한 극복 판정을 할 수 있습니다. 2레벨 도적인 가네스의 주문 극복 판정은 15입니다. 가네스의 플레이어는 d20을 굴려 15 이상이 나와야 합니다.

플레이어는 성공을 기원하면서 주사위를 던졌습니다. 결과는 16입니다. 가네스는 안전합니다! 이제 가네스는 요술사에게 덤벼들 기회를 얻습니다.

극복 판정 규칙은 p.21 '주사위 굴리기' 항목을 참조하세요.

행운 점수

행운 점수는 영웅들의 특출함을 부분적으로 나타내는 점수입니다. 플레이어는 행운 점수를 사용해 캐릭터의 판정을 다시 굴리고, 어려움에 빠진 친구를 돕고, 심지어는 죽음을 피할 수도 있습니다. 행운 점수 관련 규칙은 p.21 '행운의 역할'을 참조하세요. 오직 플레이어 캐릭터만 행운 점수를 가집니다.

NPC의 수치

괴물의 수치는 플레이어 캐릭터보다 훨씬 간단합니다. 괴물은 능력치가 없으며, 가치관은 PC와 동일하게 세 가지 중 하나를 가집니다. 또한 괴물은 레벨 대신 '체력 주사위'를 사용합니다. 체력 주사위는 괴물이 얼마나 강한지 나타내는 정도이자, 괴물의 HP를 정하기 위해 주사위를 얼마나 굴려야 하는지를 알려주는 수치입니다.

괴물의 기본 공격 보너스는 괴물의 강함과 전투 능력을 나타내며, 괴물 항목에 기재되어 있습니다. 만약 다른 RPG의 괴물을 **울타리 너머**로 고쳐서 사용한다면, 그냥 체력 주사위 만큼의 수치를 공격 보너스로 정하세요. 행동 순서 역시 체력 주사위 수치와 같습니다.

괴물은 전사와 같은 극복 판정 표를 사용하며, 별도로 설명이 없는 한 체력 주사위를 괴물의 레벨로 간주합니다. 또한 많은 괴물은 비늘이나 두꺼운 가죽으로 몸을 보호하기 때문에 선천적으로 튼튼합니다. 괴물의 **장갑**은 생물장에 있는 각 괴물 설명 란에 적혀 있습니다.

인간 NPC 역시 같게 취급합니다. 인간 NPC는 플레이어 캐릭터처럼 완전하게 능력치를 가질 필요가 없습니다. 평범한 인간을 어떻게 나타낼지는 괴물 장의 '인간' 항목을 참조하세요.

캐릭터 만들기

플레이어들은 캐릭터 플레이북을 사용해 플레이어 캐릭터를 만들고 모험을 시작할 수 있습니다. 하지만, 플레이북을 사용하지 않고도 간단하고 빠르게 캐릭터를 만들 수 있는 규칙을 소개하겠습니다.

능력치 배정

4d6을 굴리고, 가장 낮은 주사위 결과를 뺀 나머지 세 결과를 합치세요. 굴림을 여섯 번 반복해서 결과를 적으면, 3에서 18 사이의 숫자를 여섯 개 얻을 수 있습니다. 이 숫자를 원하는 대로 여섯 가지 능력치에 배정하세요.

클래스와 가치관 선택

클래스는 p.10~12에 소개된 바와 같이 전사, 마법사, 도적이 있습니다. 플레이하고 싶은 클래스를 선택하세요. 선택한 클래스의 정보를 캐릭터 시트에 적은 다음 클래스 설명란에 있는 선택 사항을 고르세요. 그 다음, 캐릭터의 가치관을 정하세요. 캐릭터에게 어울리고 재미있어 보이는 가치관이라면 무엇이든 좋습니다. 잘 모르겠다면 간단하게 중립을 선택할 수 있습니다.

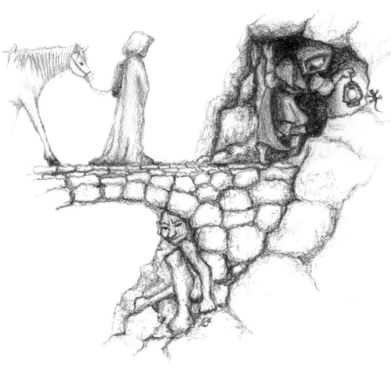

기능 선택

캐릭터가 가질 두 가지 기능을 적으세요. 기능은 캐릭터가 갖춘 전문 분야로, 판정을 할 때 캐릭터에게 보너스를 줍니다. 다음은 기능의 예입니다: 운동, 요리, 사라진 지식, 은신, 추적. 캐릭터는 기능으로 판정할 때 능력치에 +2 보너스를 받습니다. 원한다면 같은 기능을 두 번 선택해서 대신 +4 보너스를 받을 수 있습니다.

언어

캐릭터 대부분은 게임을 시작할 때 한 가지 언어만 가지고 시작하지만, 지능이 높은 캐릭터는 좀 더 많이 알 수도 있습니다. 언어가 게임에서 중요한 역할을 차지한다면, 캐릭터가 어떤 언어를 아는지 정하세요. 게임 내에서 선택할 수 있는 언어는 게임 배경에 따라 달라지므로, 테이블에 모인 플레이어들은 게임 내에 어떤 언어가 존재하는지 논의해야 합니다.

장비

시작 캐릭터는 간편한 옷과 자신의 기능을 사용하는데 필요한 기본 도구를 가지고 시작합니다. 자물쇠를 딸 줄 아는 캐릭터는 자물쇠 따기 도구를 가지고 있을 것이고, 재봉사는 바늘과 실을, 어부는 낚시 바늘과 미끼를 가질 것입니다. 대장장이는 대장일에 쓰는 망치를 가지고 있겠지만, 반드시 자기 대장간과 작업실을 가지고 시작하지는 않을 것입니다.

캐릭터가 어떤 기능을 갖추든, 기능을 사용하는데 필요한 도구를 적으세요. 자기 캐릭터가 자물쇠 따기 도구를 가지고 있다고 미리 말하지 않았다면, 플레이 중에 마치 마법을 부린 것처럼 자물쇠 따기 도구가 나타나는 것은 정당하지 않습니다!

또한 모든 캐릭터는 몇 미터 길이의 밧줄, 부싯돌과 불쏘시개, 물병, 숫돌 등 야생에서 살아남기 위해 기본적으로 필요한 모험가용 장비를 가지고 시작합니다. 특이한 장비는 플레이하기 전 테이블의 동의를 받고 시트에 적어야 합니다.

마지막으로, 시작 캐릭터는 은화 4d6 냥을 가지고 무기나 갑옷 등의 추가 장비를 살 수 있습니다.

전사

많은 용감한 모험가들이 무력으로 부를 얻고 고향을 지킵니다. 전사는 타고난 재능이나 전문적인 훈련 덕분에 무기 전투에 능한 이들입니다. 용감한 기사이든, 날카로운 눈의 궁수이든, 사나운 야인이든 전사는 모두 강인한 모험가이자 든든한 아군이 될 수 있습니다.

전사는 클래스 중에서 가장 싸움에 능하고 가장 튼튼합니다. 또한 전사는 가장 높은 체력 주사위를 가지며 모든 갑옷을 입을 수 있습니다. 상대를 쓰러뜨리고, 파도처럼 밀려오는 적들에 맞서 용감하게 버티고, 세상에서 가장 뛰어난 검사나 궁수가 되고 싶다면, 전사를 선택하세요.

체력 주사위: d10
행동 순서 보너스: +1
갑옷: 전사는 아무 갑옷이나 입을 수 있습니다.

클래스 능력

무기 숙련: 모든 전사는 특별하게 잘 다루는 선호 무기가 있습니다. 1레벨 때 무기 하나를 선택하세요. 캐릭터는 선택한 무기를 들고 싸울 때 명중에 +1 보너스, 피해에 +2 보너스를 받습니다. 전사는 게임을 시작할 때 해당 종류의 무기를 공짜로 얻습니다.

특기: 전사는 경험을 쌓으면서 몇 가지 재주를 얻어 좀 더 강해질 수 있습니다. 1레벨 때 다음 **특기** 중 하나를 선택하세요. 그 다음, 3레벨, 6레벨, 9레벨에 각각 하나씩을 더 얻습니다. 같은 특기는 복수로 선택할 수 있으며, 이 경우 보너스는 중복됩니다.
　방어형 전투: **장갑** +1
　속도: 행동 순서 +1
　강한 일격: 모든 무기 피해 +1
　저항력: 모든 극복 판정 +1
　무기 전문가: **무기 숙련**으로 또 다른 무기 하나를 선택합니다.

레벨	경험치	기본 공격	독 극복	입김 무기 극복	신체 변형 극복	주문 극복	마법 물품 극복
1	0	+1	14	17	15	17	16
2	2,000	+2	14	17	15	17	16
3	4,000	+3	13	16	14	14	15
4	8,000	+4	13	16	14	14	15
5	16,000	+5	11	14	12	12	13
6	32,000	+6	11	14	12	12	13
7	64,000	+7	10	13	11	11	12
8	120,000	+8	10	13	11	11	12
9	240,000	+9	8	11	9	9	10
10	360,000	+10	8	11	9	9	10

도적

어떤 사람들은 무기 솜씨가 뛰어나지도 않고 마법도 모르지만, 갖가지 수단을 동원해 일행을 돕습니다. 이들이 바로 폭 넓은 재능과 행운을 갖춘 캐릭터인 도적입니다. 도적은 영리한 도둑일 수도, 용감한 숲사람일 수도, 수완이 뛰어난 여행 자일 수도 있습니다. 모든 클래스 중에서도 특히 도적은 다양한 기능을 갖추었기 때문에 플레이어는 자기 캐릭터를 어 떠한 인물로도 쉽게 나타낼 수 있습니다.

도적은 다른 클래스보다 훨씬 많은 기능을 가지며, 행운 점수 또한 많습니다. 도적은 전사만큼 잘 싸우지는 못하지만 어 느 정도 전투에 참여할 수 있으며, 체력 주사위와 극복 판정 수치를 괜찮은 수준으로 가집니다. 언제나 쓸만한 재주를 준비해두고 싶거나, 전투 안팎으로 활약하는 다재다능한 캐릭터가 되고 싶다면 도적을 선택하세요.

체력 주사위: d8
행동 순서 보너스: +2
갑옷: 도적은 판금 갑옷보다 가벼운 갑옷을 입을 수 있습니다.

클래스 능력

운명의 총애: 도적은 다른 사람들보다 운이 좋습니다. 도적은 다른 클래스처럼 행운 점수를 3점 받는 대신, 5점 받습니 다. 즉 도적은 다른 클래스들보다 아군을 더욱 많이 도울 수 있고, 나쁜 판정 결과를 더욱 많이 재시도할 수 있으며, HP 가 0점 이하로 떨어져도 살아날 확률이 더욱더 높습니다.

숙련된 솜씨: 도적은 1레벨에서 기능을 두 개 더 익히며, 이후 홀수 레벨마다 (3, 5, 7, 9레벨) 추가로 기능을 하나씩 더 익힙니다. 도적은 새로운 기능을 익히는 대신 이미 가진 기능의 실력을 올릴 수도 있습니다. 이 경우 해당 기능으로 받 는 보너스는 +2 늘어납니다.

레벨	경험치	기본 공격	독 극복	입김 무기 극복	신체 변형 극복	주문 극복	마법 물품 극복
1	0	+0	13	16	13	15	14
2	1,500	+1	13	16	13	15	14
3	3,000	+1	13	16	12	15	14
4	6,000	+2	13	16	12	15	14
5	12,000	+3	12	15	11	13	12
6	25,000	+3	12	15	11	13	12
7	50,000	+4	12	15	11	13	12
8	100,000	+5	12	15	11	13	12
9	200,000	+5	11	14	9	11	10
10	300,000	+6	11	14	9	11	10

마법사

마법을 터득할 수 있는 지성과 정신력을 갖춘 사람은 극소수에 불과합니다. 마법을 배우려면 오랜 시간 동안 꾸준하게 공부를 해야 할 뿐만 아니라 위험과 불확실성도 무릅써야 하기 때문입니다. 마도의 길을 걷는 학자이든, 요정의 손길이 닿은 은자이든, 현명한 성자이든, 마법사는 어려운 길을 걷기로 선택한 이들입니다.

마법사는 유일하게 마법을 사용하는 클래스로, 다른 클래스가 쓸 수 없는 다양한 능력을 사용할 수 있습니다. 마법사는 싸울 줄은 알지만 다른 클래스에 비해 실력이 뒤처지며, HP 또한 가장 낮습니다. 게다가 갑옷을 입을 수도 없기 때문에 셋 중에서 가장 허약한 클래스입니다. 다른 분야에서 제한을 받는 한이 있더라도 다른 일행이 사용할 수 없는 불가사의한 힘을 가지기를 원한다면, 마법사를 선택하세요.

체력 주사위: d6
행동 순서 보너스: +0
갑옷: 마법사는 갑옷을 입을 수 없습니다.

클래스 능력

주문 사용: 마법사는 캔트립, 주술, 의식이라는 서로 다른 세 가지 방식으로 마법의 힘을 사용할 수 있습니다. 마법사는 캔트립 두 개, 주술 두 개, 의식 한 개를 가지고 시작합니다. 캐릭터가 처음 가지고 시작하는 주문은 플레이북을 참조하세요.

마법 감지: 마법사는 선천적으로 마법을 민감하게 느끼기 때문에, 특정한 사람이나 장소, 또는 물건에 마법의 기운이 깃들여 있는지 알아낼 수 있습니다. 마법을 감지하려면 몇 분 정도 집중해야 하므로, 단순히 보는 것만으로는 대상이 마법적인 기운을 띠고 있는지 알 수 없습니다. 사람들은 마법사가 자신들을 강렬하게 지켜보거나 식사 시간이 돼도 음식에 집중하지 않는 모습을 보고 마법을 감지하려 한다는 것을 쉽게 알아차릴 수 있습니다. 마스터는 마법사가 유난히 강력한 마법 근처에 있다면 즉시 마법의 기운을 알아차릴 수 있다고 정할 수 있습니다.

레벨	경험치	기본 공격	독 극복	입김 무기 극복	신체 변형 극복	주문 극복	마법 물품 극복
1	0	+0	14	15	13	12	11
2	2,500	+1	14	15	13	12	11
3	5,000	+1	14	15	13	12	11
4	10,000	+2	14	15	13	12	11
5	20,000	+2	14	15	13	12	11
6	40,000	+3	13	13	11	10	9
7	80,000	+3	13	13	11	10	9
8	150,000	+4	13	13	11	10	9
9	300,000	+4	13	13	11	10	9
10	450,000	+5	13	13	11	10	9

동전과 그 용도

대다수 사람은 은화를 돈으로 사용합니다. 동화는 일상생활에서 소소한 물건을 살 때 사용하며, 동화 10냥은 은화 1냥과 같습니다. 부유한 사람은 때때로 금화를 들고 다니는데, 금화는 은화 10냥과 같습니다. 평범한 마을 사람들은 필요한 것을 보통 물물교환으로 얻기 때문에, 동전은 아예 사용하지 않거나 사용하더라도 적은 돈만 사용합니다. 아래 물품 가격은 대략적인 수준일 뿐이며, 시간과 장소에 따라 달라질 수 있습니다.

무기

모든 캐릭터는 아래 목록에 있는 무기를 비교적 능숙하게 사용할 수 있습니다. 무기는 피해 주사위 종류에 따라 분류되며, 같은 종류의 피해 주사위를 사용하는 무기는 대략 가격이 같습니다.

d4	단검, 슬링, 곤봉, 연습용 나무 검	동화 4 냥
d6	창, 지팡이, 철퇴, 활, 소검, 손도끼	은화 8 냥
D8	장검, 전투 도끼, 장궁	은화 16 냥
d10	대형검, 대형도끼, 기병창, 도끼창	은화 32 냥

대형검이나 대형도끼, 도끼창은 양손을 사용해야 해서 방패와 같이 사용할 수 없으며, 횃불이나 랜턴을 들 수도 없습니다. 또한 좁은 공간에서 사용하기 힘듭니다.

활과 장궁은 화살이 필요합니다. 화살통에는 화살을 20발 넣을 수 있으며, 20발 당 은화 1냥입니다. 활은 유효사거리가 50야드(45m) 정도이며, 장궁은 200야드(180m) 정도입니다. 활과 장궁은 유효사거리보다 두 배 거리까지 쏠 수 있지만, 유효사거리 너머의 표적을 쏠 때는 명중에 -2 페널티를 받습니다. 슬링은 활과 같지만, 알맞은 돌을 주울 수만 있다면 공짜로 탄약을 얻을 수 있습니다.

갑옷

각 클래스는 입을 수 있는 갑옷에 제한을 받습니다. 클래스 설명을 확인하세요. 오직 전사만이 아무 갑옷이나 입을 수 있습니다. 특정 종류의 갑옷을 입은 캐릭터는 조용하게 있기, 또는 몰래 움직이기에 페널티를 받습니다. 사슬 갑옷을 입으면 -3 페널티를, 사슬과 흉판 갑옷을 입으면 -6 페널티를, 전신 판금 갑옷을 입으면 -9 페널티를 받습니다.

방패로 받는 **장갑** 보너스는 다른 갑옷으로 받는 보너스와 겹칩니다. 하지만 방패는 착용자의 앞부분만 보호하기 때문에, 등 뒤에서 찌르는 고블린의 칼에는 보너스를 받지 못합니다.

+2 장갑	가죽 갑옷	은화 5 냥
+4 장갑	사슬 갑옷	은화 75 냥
+6 장갑	사슬과 흉판 갑옷	은화 800 냥
+8 장갑	전신 판금 갑옷	은화 3,000냥
+1 장갑	단순한 방패	은화 1냥
+2 장갑	강화 방패	은화 10냥

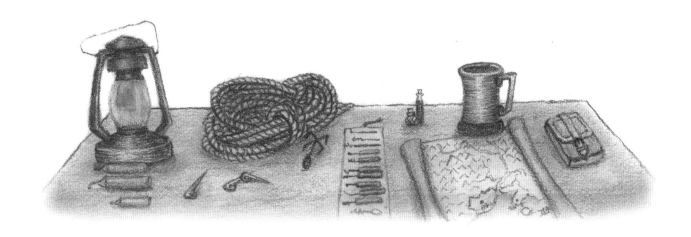

음식과 거처

사람이라면 누구든지 먹어야 삽니다. 젊은 영웅들도 마찬가지입니다. 다음 표는 플레이 중 등장할 만한 일반적인 숙식의 대략적인 가격입니다. 언제나 그렇듯, 실제 가격은 마을 사람들이 정합니다.

마구간에서 묵기, 배부른 식사, 술 한잔, 하루 치 식량	동화 2 냥
평범한 방에서 묵기, 포도주 한 잔, 하루 치 휴대 식량	동화 5 냥
좋은 여관의 개인용 방, 호화로운 식사, 좋은 술 한 잔	은화 1 냥

조명

모험가들은 밤길을 걷거나 어둡고 은밀한 장소를 엉금엉금 기어야 하는 상황에 자주 처하기 때문에, 그만큼 조명에 신경을 써야 합니다. 상황 대부분에서는 횃불과 촛불로도 충분하지만, 랜턴이 있으면 더욱더 좋습니다. 횃불과 랜턴은 40피트(12m) 거리를 비추며, 촛불은 5피트(1.5m) 거리만 비춥니다. 촛불이나 횃불은 한 시간 정도 유지되며, 0.5리터 정도 기름을 넣은 랜턴은 다섯 시간 정도 유지됩니다.

촛불 10개 또는 횃불 3개	동화 1냥
덮개가 달린 랜턴	은화 7냥
랜턴용 기름 (0.5리터)	동화 1냥

가축과 이동수단

여행을 하고, 짐을 나를 때 가축이 있으면 무척 유용합니다. 가축은 매우 비싸며, 마을에서 선뜻 짐승을 내주려는 사람은 적을 것입니다.

노새나 황소	은화 20냥
말과 마구	은화 75냥
군마	금화 몇 냥
일주일 치 여물	동화 3냥
작은 수레	은화 15냥
대형 마차	은화 500냥
작은 보트	은화 40냥
일반적인 관문이나 다리 통행세	동화 1냥
넓은 강을 건너는 뱃삯	동화 4냥

잡동사니

다음은 모험가들이 여정 중 종종 유용하게 사용할 물품 목록입니다. 거울 같은 물품은 찾기 힘들기 때문에 판매자를 찾는 일 자체가 하나의 모험이 될 수도 있습니다.

무숙련 노동 하루 품삯	동화 2냥
허리띠와 주머니, 낚시 장비	동화 5냥
밧줄 50피트(15m), 옷 한 벌	은화 1냥
장식함, 부정확한 지도	은화 3냥
큰 자루, 삽	은화 5냥
양피지, 깃털 펜, 잉크	은화 10냥
북이나 플루트, 멋진 옷 한 벌	은화 16냥
자철석, 멋지게 수놓은 망토	은화 20냥
사슬 20피트(6m), 거울	은화 25냥
도둑용 도구	은화 28냥
튼튼하게 덧댄 큰 상자	은화 32냥
일반적인 보석, 천막	은화 40냥
책	은화 50냥
방에 들어갈 가구, 화려한 보석	금화 10냥
작업장이나 작은 가게	금화 200냥

피고용인과 동료

영웅들도 때로는 도움이 필요한 경우가 있습니다. 도움을 청하려 할 때, 돈은 무척 좋은 설득 수단입니다. 설득만 잘한다면 하플링조차 용의 금을 얻기 위해 집을 나설 것입니다. 피고용인은 PC를 위해 일할 일꾼이나 전사, 장인이며, 동료는 조수나 패밀리어처럼 플레이어 캐릭터 중 누군가와 밀접하게 연관된 중요 NPC입니다.

피고용인

누구든 돈만 있다면 자신을 도울 용병이나 피고용인을 살 수 있습니다. 특별한 기능을 갖추지 못한 평범한 NPC는 하루에 동화 2냥이면 고용할 수 있으며, 식사는 고용주가 제공해야 할 것입니다. 장비를 갖춘 숙련된 병사는 동화 5냥 정도가 필요합니다. 서기나 숙련된 대장장이 같은 전문가는 하루에 은화 1냥 이상이 필요합니다. 이들 전문가는 모험에 함께 나서지는 않겠지만, 자신의 숙련된 기능을 제공할 것입니다. 플레이어 캐릭터처럼 레벨과 클래스를 갖춘 NPC는 매우 드뭅니다. 이러한 NPC들을 고용하는 방법은 거의 없지만, 다음 쪽에 나오는 설명처럼 동료로는 삼을 수 있을지도 모릅니다.

피고용인의 가격과 고용 가능성은 장소마다 크게 다릅니다. 마을 대부분은 장정 몇 명만 모험에 내보내더라도 거리가 한적해 보일 것이며, 평범한 마을 사람들이 각자 무기와 장비를 갖출 확률은 적습니다. 또한, 마을에 사는 전문 장인은 몇 사람 되지 않을 것입니다. 반면, 큰 도시에는 고용할 사람과 전문가가 무척 많습니다. 결국 피고용인을 얻을 가능성과 비용은 마스터가 정하기 나름이지만, 이 책에서는 편의를 위해 다음 표를 준비했습니다.

직업	하루 비용	월 비용
짐꾼	동화 2냥	은화 6냥
동물 조련사	동화 3냥	은화 9냥
무장한 군인	동화 5냥	은화 15냥
대장장이/장인	은화 1냥	은화 30냥
약초학자	은화 2냥	은화 60냥
서기	은화 3냥	은화 90냥
박식한 현자	은화 10냥	은화 300냥

피고용인의 수치는 보통 중요하지 않습니다. 만약 필요하다면, 능력치를 굴려 원하는 대로 배정하세요. 피고용인의 수치가 필요하지만 굳이 수고를 들이고 싶지 않다면, 피고용인의 전문 영역과 관련된 능력치는 13으로 하고, 나머지 모든 능력치는 10으로 간주하세요. 만약 피고용인을 좀 더 특색 있게 만들고 싶다면, 능력치 중 하나를 7로 정하세요.

훈련받은 피고용인은 적당한 기능을 한두 가지 지니고 있을 것입니다. 박식한 현자처럼 매우 숙련된 피고용인은 기능을 중복해서 가지고 있을 것입니다 (즉, 기능으로 받는 보너스가 p.18의 '기능' 항목 설명처럼 +2가 아니라 +4입니다). 피고용인이 자기 기능을 사용해 PC의 판정을 돕는 것은 무척 당연한 일입니다. 실제로 많은 사람이 숙련된 장인을 그런 이유로 고용합니다. 기능으로 돕기 규칙은 p.19를 참조하세요. 만약 피고용인이 PC 곁에서 한동안 머문다면, 마스터는 매주, 또는 매달 피고용인이 PC에게 얼마나 충성을 바칠지 확인하는 편이 좋을 수도 있습니다. 충성심을 확인하려면 고용주 PC의 **매력**으로 판정하세요. PC가 피고용인을 얼마나 잘 대했는지에 따라 보너스나 페널티를 주세요. 능력치 판정 규칙은 p.17을 참조하세요.

동료

동료는 피고용인과는 약간 다릅니다. 동료는 플레이어 캐릭터와 함께 기꺼이 위험에 뛰어들 NPC 모험가, 혹은 모험가 지망생입니다. 동료는 PC의 하인이 아니지만, 보물이나 영광은 같이 나누려고 할 것입니다. 동료는 친구이자, 협력자이며, 아군 모험가입니다. 동료는 레벨과 클래스가 있을 수도 있고, 없을 수도 있지만, 어느 쪽이든 항상 유용한 동반자입니다.

기사의 종자는 아마 동료겠지만, 부하 병사는 피고용인일 것입니다. 종자는 거의 분명히 이름과 성격이 정해져 있을 것입니다. 마법사의 패밀리어나 요정 숲사람의 믿음직스러운 동물 친구도 동료입니다.

동료는 PC와 모험에 나서는 동안, 발견한 보물 일부와 자신이 모험을 지속할 돈의 지원을 기대할 것입니다. 동료의 충성심을 얻으려면 단순히 보수뿐만 아니라 신뢰를 쌓는 행동도 필요합니다. 배신감을 느끼는 동료는 가장 부적절한 순간에 등을 돌릴 것입니다.

동료는 마스터와 플레이어가 함께 정한 특별한 상황에서 얻을 수 있습니다. 단순한 피고용인은 신뢰를 얻은 후에 동료가 될 것이며, PC를 특별히 존경하는 NPC는 (몇 가지 확신을 가진 후) PC의 여정에 함께 따라가기로 할 것입니다. 앞에서 언급한 지성이 있는 동물 친구나 요정 장난꾼, 수호령 같은 몇몇 희귀한 동료는 전혀 다른 방식으로 얻어야 할 것입니다. 보통, 동료는 플레이 과정 중 중요한 사건이 생긴 후에야 얻을 수 있습니다. 예를 들어 PC가 기사라면 종자를 얻을 것입니다. PC가 어느 작은 마을을 구했다면, 마을의 유망한 청년 중 하나가 PC를 따라 위험한 여정에 동참할 것입니다.

동료는 자신이 따르는 PC보다 강력해서는 안 됩니다. 작은 용병대를 이끄는 1레벨 전사는 5레벨 PC의 동료로 어울리겠지만, 자신만의 목적을 가진 강력한 8레벨 영웅이 같은 PC의 동료가 되기는 부적합합니다.

일반적으로, 레벨이 있는 동료는 플레이어 캐릭터보다 최소 2레벨 낮아야 합니다.

보통 PC는 동료를 최대 네 명까지 둘 수 있지만, *매력* 수정치에 따라 달라질 수 있습니다.

어떤 때에는 피고용인이 동료가 될 수도 있습니다. 게임이 진행되면서, 플레이어들은 신뢰할 만한 부하가 이제는 동료인 편이 더욱 어울릴 거로 생각할 수도 있습니다. 이럴 때 해당 캐릭터는 클래스를 얻고 1레벨 NPC가 될 수 있습니다.

플레이 중 동료의 조종은 보통 마스터와 해당 동료를 아군으로 둔 플레이어가 함께 책임지는 편이 가장 좋습니다. 동료가 일행들과 함께 있다면 동료를 위한 캐릭터 시트를 준비하는 편이 유용할 수도 있습니다. 동료의 시트를 만들려면 '괴물도감' 장을 참조하거나 아예 새 캐릭터를 만드세요. 플레이어 캐릭터와 같은 방식으로 인간 동료를 만든다면, p.9에서 설명한 방법이 가장 좋습니다. 만약 동료가 이미 자신만의 성격과 장점, 약점을 플레이 중에 명확하게 드러냈다면, 마스터와 플레이어들은 수고스럽게 캐릭터 만들기를 할 필요 없이 알맞은 능력치와 기술을 배정할 수도 있습니다.

만약 PC 중 하나가 불행한 결말을 맞는다면 동료가 훌륭한 대체 PC가 될 수도 있다는 사실을 명심하세요. 자기 이야기를 펼치기 위해 기다리는 사랑스러운 동료가 있다면, 캐릭터를 잃은 아픔이 덜해질 수도 있습니다.

주사위 굴리기

전투 외 상황에서, 플레이어는 능력치 판정과 극복 판정이라는 두 가지 경우에 주사위를 굴립니다. 극복 판정은 적이나 주변 환경 때문에 벌어지는 안 좋은 효과를 피하려고 굴립니다. 능력치 판정은 게임에서 중요한 무언가를 성취하기 위해 굴립니다.

능력치 판정

능력치 판정은 간단합니다. d20을 굴리고 결과를 관련 능력치와 비교하세요. 주사위 숫자가 능력치와 같거나 더 낮다면 성공입니다. 주사위 숫자가 능력치보다 높다면 실패입니다. 즉, 판정할 능력치가 10이라면 성공확률이 반반이라는 의미입니다.

예: 바스통은 큰 물고기를 쫓아 폭포를 거슬러 올라갑니다. 펄쩍펄쩍 뛰는 물고기를 쫓아가려면 폭포 옆의 절벽을 기어 올라가야 합니다. 해낼 수 있을까요? 바스통은 절벽의 흙먼지를 씻어내는 폭포의 물보라 때문에, d20을 굴려 근력 판정을 해야 합니다.

주사위 숫자가 20이면 수정치와 관계없이 무조건 성공이며, 1이면 무조건 실패입니다.

시도하는 일에 따라 어려움의 정도가 달라질 수도 있습니다. 아무 수정치를 더하지 않은 능력치 판정은 캐릭터가 압박을 받는 상황에서 평범한 수준의 일을 시도하는 것을 의미합니다. 평범한 난이도 판정의 예시로는 적들에게 쫓기는 상황에서 나무를 오르기, 도시의 밤거리를 몰래 걷기, 깜빡이는 햇불 아래에서 사원 벽에 새겨진 낡은 룬을 읽으려 하기 등이 있습니다.

캐릭터가 어려운 일을 시도한다면, 마스터는 플레이어가 능력치 판정을 하기 전 페널티를 주세요. 잡고 올라갈 만한 가지가 별로 없는 높은 나무를 타려고 하거나, 보기에도 힘들고 이해하기도 어려운 문자를 해독하려고 시도한다면, 판정을 하기 전 관련 능력치에 -2 페널티를 주세요.

예: 절벽을 오른 바스통은 거대한 독수리가 물고기를 채가는 모습을 봅니다. 독수리가 사냥감을 어디로 가지고 갈지 파악하려면 나무에 재빨리 올라가야 합니다. 바스통은 서둘러 나무에 오르려고 시도한 탓에, 민첩성에 -2 페널티를 받고 d20을 굴립니다.

유독 어려운 일이라면 판정을 하기 전 관련 능력치에 -5 페널티를 주세요. 밤중에 바위를 타고 오르거나, 정교한 자물쇠를 따거나, 크고 튼튼한 나무 상자를 부수는 시도 등이 이런 범주에 속합니다. 심지어 전설에 가까운 실력을 발휘해야만 겨우 성공할 수 있는 일도 있습니다. 마스터는 만약 캐릭터가 그런 일에 성공할 가능성이 있다고 판단한다면, 관련 능력치에 -10 페널티를 (혹은 그 이상) 주고 판정을 허락할 수 있습니다. 자신의 숲에 있는 매우 영리한 숲사람을 추적하려 하거나, 고대 용의 목적을 알아내려 하거나, 왕에게 군대 중 하나를 캐릭터의 지휘 아래 맡기도록 설득하는 시도 등이 이 정도 어려운 일에 속합니다.

반대로 캐릭터가 평소보다 쉬운 일을 시도할 때도 있습니다. 보통, 쉬운 일은 아예 판정할 필요가 없습니다. 보트를 강가에 두기 위해 나무에 밧줄을 묶으려고 한다면 그냥 성공했다고 치세요. 하지만 오크들이 화살을 쏘는 가운데 밧줄을 묶는다면 분명 판정을 할 필요가 있습니다. 주사위는 해야 할 일이 극적이고 주사위를 굴리기 적절할 때, 또는 캐릭터의 행동이 이야기에 변화를 가져올 때만 굴리세요.

캐릭터가 쉽지만 판정을 해야 만큼 중요한 일을 시도할 때, 마스터는 어려운 일을 할 때 페널티를 주는 것과 마찬가지로 판정을 하기 전 관련 능력치에 +2 또는 그 이상으로 보너스를 주어야 합니다.

판정 난이도가 어떻든, 다른 플레이어들과 특히 마스터에게 판정 결과가 얼마나 잘 나왔는지, 혹은 얼마나 못 나왔는지 이야기해 주세요. 그래야 사람들은 일이 어떻게 돌아가는지 이해하고, 결과를 제대로 묘사할 수 있습니다.

겨루기 판정
팔씨름이나 재치 대결처럼 둘 이상의 캐릭터가 서로 겨룬다면, 각자 관련 능력치로 판정합니다. 가장 큰 차이로 성공한 캐릭터가 차이만큼 이깁니다. 만약 모두 실패한다면, 누가 가장 큰 차이로 실패하든 상관없이 아무것도 이루어지지 않습니다.

일반적인 보너스와 페널티

쉬운 일: +2. 긴박한 상황에서 줄사다리 오르기, 불타는 여관에서 의식을 잃은 종업원을 업고 나오기, 먼지투성이 양피지 읽기

평범한 일: +0. 자물쇠 따기, 큰 나무 오르기, 울창한 숲에서 사냥하기

어려운 일: -2. 녹슨 자물쇠 따기, 삐걱대는 복도를 몰래 걷기, 모호한 지식의 일부 떠올리기

매우 어려운 일: -5. 잊힌 필사본 판독하기, 폭풍우 몰아치는 바다에서 수영하기, 성난 왕을 달래기

거의 불가능한 일: -10. 미끄러운 벽 오르기, 나는 용의 등에서 안전하게 뛰어내리기, 미스릴 발굴하기

기능
캐릭터 대부분은 능력치 외에도 기능을 한두 가지 지닙니다. 능력치 판정을 할 때 적합한 기능을 지닌 캐릭터는 판정을 하기 전 능력치에 +2 보너스를 받습니다. 몇몇 캐릭터는 특정 분야에서 매우 숙련되었기 때문에 해당 분야를 판정할 때 능력치에 +4 보너스를 받습니다. 캐릭터는 기능 단계마다 해당 기능을 사용하는 능력치 판정에 +2 보너스를 받습니다.

때로 한 가지 기능을 여러 능력치 판정에 활용할 수도 있습니다. 예를 들어, 보트 기능을 갖춘 캐릭터는 보트를 수리하는 **지능** 판정과 물살이 빠른 강에서 보트를 계속 띄우는 **민첩성** 판정을 할 때 두 판정 모두 보너스를 받을 것입니다. 심지어는 물길이 어떻게 흐르는지 폭넓은 지식을 뽐내서 강기슭 사람들에게 깊은 인상을 심는 **매력** 판정에도 보너스를 받을 것입니다.

플레이어와 마스터는 얼마든지 서로 합의를 해서 특정한 캐릭터가 갖출 법한 기능을 만들 수 있습니다. 명심하세요. 기능은 캐릭터가 일반적인 능력치 판정에서 보너스를 받는 전문 분야입니다. 기능이 없다고 해서 반드시 해당 분야를 판정하지 못하는 것은 아닙니다.

예를 들어, **민첩성**이 높은 캐릭터는 이미 조용히 걷거나 그림자 속에 숨는 데 능숙하기 때문에 꼭 은신 같은 기능을 갖출 필요가 없습니다. 특정 기능을 갖춘 캐릭터는 해당 분야에서 열심히 연습하고 수련한 덕분에 좀 더 능숙하게 실력을 발휘하고, 필요할 때 남들을 도울 수 있을 뿐입니다. 캐릭터가 가질 수 있는 명확한 기능 목록은 없습니다. 대신, 자기 전문 분야에 어울리는 기능이라면 무엇이든 얻을 수 있습니다.

어떨 때는 기능 사이에서 서로 겹치는 부분이 발생할 수도 있습니다. 예를 들어, 어떤 캐릭터는 고대 역사 기능을, 다른 캐릭터는 민간전승 기능을, 또 어떤 캐릭터는 금단의 지식 기능을 지닐 수 있습니다. 특정한 사실이나 이야기를 기억해 내려면 이 중 어느 기능이라도 사용 가능한 경우가 분명히 있을 것입니다. 물론, 기능마다 서로 다른 측면을 부각할 것입니다.

적합한 기능의 예시는 캐릭터 플레이북을 참조하세요.

내가 뭘 시도할 수 있나요?
일반적으로, 캐릭터는 어느 판정이든 시도할 수 있습니다. 관련 기능을 가진 캐릭터는 판정에 보너스를 받을 뿐입니다. 하지만, 때로 마스터는 캐릭터가 적합한 기능을 갖추지 않는 한 특정 판정을 아예 시도할 수 없다고 선언할 수도 있습니다. 예를 들어 누구든지 돌산을 오르거나 밤중에

적의 야영지에 잠입하려고 시도할 수는 있습니다. 하지만 자물쇠를 따거나 고대 역사에서 불명확한 부분을 기억해 내려면 특정한 기술과 지식이 필요할 것입니다.

기능이 반드시 필요한 판정일 경우, 적합한 기능이 없는 캐릭터는 자동으로 판정에 실패합니다.

도와줘!

캐릭터는 때로 친구를 도우려 할 수도 있습니다. 적합한 기능을 갖춘 캐릭터는 친구를 도울 때 판정에 일반적인 기능 보너스를 (보통 +2, 하지만 때로는 앞에서 설명한 대로 +4) 줄 수 있습니다.

그렇다면, 남을 도울 때 무언가 불리한 점이 있나요? 많지는 않습니다. 협력은 좋은 것이니까요. 위험한 지역에서 활동하는 모험가 일행은 협력이 필수적인 경우가 많습니다. 하지만, 캐릭터가 남을 도우려면 반드시 그 자리에 있어야 하고, 상대를 도와 보너스를 줄 수 있는 상황이어야 합니다. 그리고 많은 경우 판정이 실패할 때 벌어지는 나쁜 결과를 함께 감내해야 합니다.

적합한 기능이 없는 캐릭터는 보통 큰 도움을 줄 수 없습니다. 해당 상황에서 어떻게 도와야 할지 모르기 때문입니다. 하지만, 이후 소개하는 행운 점수 규칙에서 좀 더 자세한 내용을 참조하세요.

예: 독수리가 간 곳을 좇아간 바스통과 아리아드네는 먼 언덕 꼭대기에서 동그랗게 세워져 있는 기이한 바위들을 발견했습니다. 바위를 수색하던 캐릭터들은 어느 바위 괴물 한 무리의 습격을 받습니다. 바스톤은 맞서 싸우는 대신, 운동 기능을 활용해 아리아드네가 바위 중 한 곳으로 안전하게 오르도록 돕습니다. 아리아드네는 **근력** 판정에 +2 보너스를 받습니다.

집단행동

일행이 다 함께 특정 판정을 시도해야 하는 경우는 흔히 발생합니다. 캐릭터들이 공통의 목적을 가진 이상 당연한 일입니다. 하지만, 보통은 캐릭터 중 한 명이 다른 캐릭터들의 도움을 받아 판정을 시도하는 편이 가장 알맞습니다. 많은 경우 판정의 주역이 누구인지는 명백합니다. 만약 일행이 모험의 성공을 축하하기 위해 여관 휴게실을 빌려 밤새 잔치를 열려고 한다면, 요리를 맡을 캐릭터를 선택해 판정을 하도록 시키면 됩니다.

반면, 누가 판정을 하는지보다 누구 때문에 가장 실패할 확률이 높은지가 문제가 될 수도 있습니다. **울타리 너머**에서는 루크 크레인의 Burning Wheel RPG 자료집인 'Adventure Burner'에서 설명한 "가장 느리고 시끄러운" 지침을 활용했습니다. 이 규칙을 사용한다면, 다 함께 성안으로 잠입하거나 괴물에게서 달아나는 등 집단행동을 할 때는 능력치가 가장 낮은 캐릭터가 판정해야 합니다. 친구들의 도움이 절실할 것입니다.

이 지침은 불필요한 판정을 줄이고 동지애를 북돋는 효과 외에도, 어려운 상황에 빠진 캐릭터들에게 도움이 되기도 합니다. 규모가 큰 일행이 늑대 떼에게 쫓길 때 각자 판정을 해야 한다면, 모든 캐릭터가 달리기에 능하더라도 누군가 실패할 확률이 높아질 것입니다.

예: 마을로 돌아온 바스통과 아리아드네는 친구 가레스를 불러 바위 괴물에 관해 이야기한 다음, 함께 그 괴물들의 소굴로 가기로 했습니다. 세 명은 괴물들의 소굴에 몰래 잠입하기 원합니다. 판정은 셋 중에서 **민첩성**이 가장 낮은 바스통이 합니다. 하지만 가레스는 자기 은신 기능을 활용해 바스통에게 어느 지점을 밟고 가야 가장 소음을 적게 낼 수 있는지 조언을 해서 판정에 도움을 줍니다.

지각 판정과 수색 판정

많은 테이블에서 마스터들은 캐릭터들이 매복한 습격자나 단서, 작은 물건처럼 중요한 무언가를 알아차렸는지 판정을 시키곤 합니다. 만약 여관에서 단서를 뒤진다든지, 특정한 물건을 찾기 위해 늙은 마법사의 연구소를 수색하는 등 캐릭터가 무언가를 적극적으로 찾는다면, 플레이어는 **지능** 판정을 해야 합니다.

반면 적들의 매복을 눈치채거나 여관으로 몰래 숨어들어오는 낯선 사람을 알아차리는 등 캐릭터가 적극적으로 탐색을 하지 않은 채 수동적으로 무언가를 눈치챘는지 알고 싶다면, 플레이어는 **지혜** 판정을 해야 합니다.

어떤 테이블에서는 플레이어들에게 판정을 시키면 무언가 잘못되었다는 것을 알아차리기 때문에 이런 수동적인 지각 판정을 마스터가 비밀리에 하는 편을 선호합니다. 하지만 또 다른 테이블에서는 이렇게 마스터가 굴린다면 플레이어가 행운 점수를 사용해 판정에 영향을 줄 기회를 박탈하기 때문에 좋지 않은 행동으로 여깁니다. 어느 방법이 더 좋은지는 각 테이블에 맡깁니다.

매력과 반응

플레이어들은 NPC의 도움을 얻고, 경비병을 속여서 길을 지나가고, 상인과 가격을 두고 흥정하는 등의 목적을 위해 **매력** 판정을 합니다. 이러한 종류의 판정 외에도, 마스터는 NPC가 캐릭터들에게 어떻게 반응할지를 확인하기 위해 캐릭터의 **매력**으로 판정할 수도 있습니다. 판정 결과에 따라 마스터는 NPC가 캐릭터에게 우호적으로 대할지, 혹은 불신할지 확인할 수 있습니다.

만약 PC들이 대변인을 두어서 낯선 사람들과의 대화를 맡긴다면, 반응 판정을 할 때 대변인의 **매력**을 사용하세요.

반응 판정은 단순히 사람을 만날 때만 판정하지 않습니다. 마스터는 처음 마주친 고블린 무리가 캐릭터들을 어떻게 대할지, 또는 용이 침입자들을 즉시 불살라버리는 대신 내기 제안에 기꺼이 응할지 반응 판정을 사용해 확인할 수도 있습니다.

PC가 다른 사람들을 만날 때마다 반응 판정을 할 필요는 없습니다. 사실, 반응 판정 대신 다른 방식으로 NPC의 반응을 확인하는 편을 선호하는 마스터도 있습니다. 마스터는 오직 필요하다고 생각할 때만 반응 판정을 사용하세요.

아래 표는 반응 판정을 할 때 흔히 더하는 수정치입니다. 반응 판정이 성공한다면, NPC는 캐릭터와 그 일행을 친절하게 대하며, 기꺼이 물품이나 정보를 교환할 것입니다. 캐릭터와 적이 될 가능성이 있는 상대는 대화를 시도할 것입니다. 반응 판정이 5 차이 이상 성공한다면, NPC는 호의를 베풀려고 하거나 개인적인 문제도 기꺼이 털어놓습니다. 캐릭터와 적이 될 가능성이 있는 상대는 적개심을 그치거나, 최소한 캐릭터의 말을 믿으려고 할 것입니다.

반응 판정이 실패한다면, NPC는 캐릭터와 이야기는 하겠지만 의심을 품고 가능한 한 빨리 대화를 끝냅니다. 상인은 여전히 물건을 팔겠지만 흥정을 거부하고 간단하게 거래만 마칠 것이며, 캐릭터와 적이 될 가능성이 있는 상대는 적대적으로 대할 것입니다.

반응 판정이 5 차이 이상 실패한다면, NPC는 캐릭터를 피합니다. 상인은 캐릭터에게 떠나 달라고 요청하며, 낯선 사람은 그 자리를 떠나고, 적이 될 가능성이 있는 상대는 즉시 공격할 것입니다.

마을을 구한 다음 그 마을 사람을 만났을 때	+6
누군가를 축하하기 위해 잔치를 열었을 때 매우 근사한 선물을 주었을 때	+4
"영웅", "우리 편"처럼 확고한 명성을 얻었을 때 매우 멋지게 차려입을 때	+2
무장을 한 채 낯선 사람을 만났을 때 싸움꾼, 혹은 말썽꾼이라는 악명을 얻었을 때	-2
적과 협상을 시도할 때 신원을 밝히지 않고 무장 한 채 무단침범 할 때	-4
누군가의 집에 몰래 들어갔다가 발각되었을 때	-6

언제 매력 판정을 하나요?

사회적 상호 작용을 할 때 주사위를 얼마나 굴릴지는 테이블마다 다릅니다. NPC와 이야기를 할 때마다 어떤 식으로 상호작용이 일어날지 판정하기를 좋아하는 플레이어들도 있지만, 주사위를 전혀 굴리지 않은 채 롤플레이를 해서 대화의 전개에 따라 마스터에게 반응 결과를 맡기기를 선호하는 플레이어들도 있습니다. 물론 많은 플레이어는 이 두 유형 사이의 어딘가를 선호하며, 오직 NPC를 속이거나 PC의 뜻을 따르도록 강요하는 경우에만 **매력** 판정을 하기를 좋아합니다. 플레이 방식에 완벽한 정답은 없습니다.

어느 방식을 선택하든, **매력** 판정이 정신 조종은 아니라는 사실을 꼭 명심하세요. 마을 사람들에게 자기 고향을 지키도록 독려하는 것은 훌륭한 **매력** 판정의 사례입니다. 하지만 집과 재산을 PC들에게 기꺼이 바치도록 설득하는 것은 전혀 다른 문제입니다. 낯선 사람을 자살하도록 설득할 때 받을 페널티는 아무리 많아도 부족하지 않습니다. 그러니 아예 판정하지 마세요.

극복 판정

극복 판정은 능력치 판정과 다른 방식으로 주사위를 굴립니다. 극복 판정을 하려면 d20을 굴립니다. 주사위 숫자가 극복 판정 수치와 같거나 더 높다면 성공입니다. 주사위 숫자가 20이면 수정치와 관계없이 무조건 성공이며, 1이면 무조건 실패입니다.

극복 판정을 언제 할지는 마스터가 선언합니다. 대부분 상황에서 플레이어는 직접 극복 판정을 하겠다고 선택할 수 없습니다.

행운의 역할

울타리 너머, 또 다른 모험으로의 플레이어 캐릭터는 특별한 영웅입니다. 그렇기 때문에 오직 플레이어 캐릭터만이 행운 점수를 받습니다. 캐릭터는 행운 점수를 사용해 죽음을 속이고 평범한 사람이라면 실패할 업적을 해냅니다.

대부분 캐릭터는 행운 점수를 3점 받으며, 도적은 5점 받습니다.

캐릭터는 행운 점수를 다음 방식으로 사용할 수 있습니다.

친구 돕기: 보통, 캐릭터는 관련 기능이 있어야만 친구의 능력치 판정을 도울 수 있습니다. 하지만 행운 점수를 1점 써서, 해당 판정에 활용할 수 있는 적합한 기능이 없더라도 친구를 도와 판정에 +2 보너스를 줄 수 있습니다.

재도전: 캐릭터는 행운 점수를 1점 써서 능력치 판정이나 극복 판정, 명중 판정처럼 플레이 중에 일어나는 실패한 판정을 다시 굴릴 수 있습니다.

죽음 속이기: 캐릭터는 HP가 0으로 떨어지면 죽을 위기에 처하며, 죽을 때까지 (HP −10) 매 라운드 HP가 1점씩 떨어집니다. 죽을 위기에 처한 캐릭터는 행운 점수를 1점 써서 HP를 0으로 안정시키고 추가 피해를 받지 않을 수 있습니다. 안정된 캐릭터는 24시간 동안 죽을 염려가 없지만 (위험한 장소에 계속 머물러 있어도 말입니다!), 그 후 효과적인 의학적 조치를 받지 않는다면 다시 HP를 잃습니다.

무력 충돌

전투는 '라운드(Round)'의 연속으로 구성되며, 한쪽이 승리할 때까지 계속 진행됩니다. 다음은 전투 라운드의 간략한 요약입니다. 이후 각 항목에서 더욱 자세히 설명하겠습니다.

우선, 어느 한 측이 매복한 상대나 보이지 않는 적에게 기습을 당했는지 확인합니다. 기습당한 측은 첫 라운드 동안 아무 행동도 할 수 없습니다.

전투 라운드에, 전투에 참여한 모든 PC와 NPC는 각자 차례를 가집니다. 행동 순서가 가장 높은 캐릭터부터 차례대로 시작합니다. 행동 순서가 같을 때는 플레이어 캐릭터가 먼저 시작합니다. 플레이어 캐릭터끼리 행동 순서가 같을 때는 플레이어가 앉은 자리 순으로 시작합니다. 모든 캐릭터가 각자 차례를 가지면 한 라운드가 지납니다.

캐릭터는 자기 차례에 한 가지 행동을 할 수 있습니다. 행동하는 동안 대화는 얼마든지 할 수 있습니다. 캐릭터의 행동은 다른 사람 차례가 오기 전에 처리됩니다. 각 라운드는 서로 공격을 주고받거나 활을 쏘는 정도의 시간이기 때문에, 10초 이상 걸리는 행동은 몇 라운드에 걸쳐 나누어야 합니다.

전투에서 항상 누군가를 공격할 필요는 없습니다. 대신 주문을 쓰거나, 전우를 돕거나, 나무를 오르거나, 살아남기 위해 도망칠 수도 있습니다. 실제로 캐릭터는 공격 외에도 다른 행동을 자주 하게 될 것입니다. 만약 행동의 성공 여부 확인이 필요하다면, 판정을 해야 합니다.

행동은 d20 판정으로 처리합니다. 우선, 적합한 보너스나 페널티를 확인하세요. 강풍이나 좁은 다리, 고블린 왕 무덤 속의 어둠처럼 환경으로 받는 수정치가 있다면 마스터가 알려줄 것입니다. 능력치 보너스나 기능 같은 다른 부분은 캐릭터 시트에 있습니다. 그다음은 목표를 확인하세요. 상대를 공격하는 등 전투 행동을 한다면 상대의 **장갑** 이상으로 주사위가 나와야 합니다. 그 외의 다른 행동은 캐릭터의 관련 능력치보다 같거나 낮게 나오면 됩니다. 이제, 주사위를 굴리세요! 마스터에게 캐릭터가 얼마나 성공했는지 (혹은 얼마나 실패했는지) 알려 준 다음, 결과를 확인하세요.

행동 순서

전투 라운드에 들어서면, 캐릭터와 상대는 행동 순서 수치가 높은 순으로 행동합니다.

캐릭터의 행동 순서는 캐릭터 시트에 적힌 대로 고정되므로, 플레이어들이 행동 순서 순으로 앉는다면 편리하게 플레이할 수 있습니다. 마스터가 시계 방향 순으로 각 캐릭터가 무슨 행동을 할지 묻고, 그 사이에 NPC와 괴물의 행동을 행동 순서대로 끼워 넣을 수 있기 때문입니다.

적 공격하기

캐릭터는 전투가 벌어지는 대부분의 시간 동안 적을 공격하려고 할 것입니다. 적을 공격하려면, 플레이어는 d20을 굴리고 캐릭터의 공격 보너스를 결과에 더합니다. 공격 보너스는 캐릭터의 기본 공격 보너스와 (캐릭터의 레벨과 클래스에 따라 정해집니다. 각 클래스 설명을 참조하세요) 관련 능력치 보너스, 무기 숙련, 마법 물품 등으로 받는 수정치 등을 모두 더한 수치입니다.

능력치 판정과 마찬가지로, 공격 판정에도 공격하는 상황에 따라 보너스나 페널티가 붙습니다. 마스터는 유리한 지형이나 나쁜 날씨, 조명 등으로 받는 보너스나 페널티를 공격 판정에 더할 수 있습니다.

공격 판정 주사위에 수정치와 공격 보너스를 더한 다음, 적의 **장갑**과 비교하세요. 판정 결과가 적의 **장갑**과 같거나 더 높다면 공격은 성공입니다. 판정 결과가 적 **장갑**보다 낮다면 공격은 실패입니다.

주사위 숫자가 20이면 수정치나 적의 **장갑**, 다른 요소를 무시하고 무조건 성공이며, 1이면 무조건 실패입니다.

피해

공격에 성공한 캐릭터나 괴물은 자신이 가진 무기, 또는 발톱이나 이빨 등의 천연 무기의 피해 주사위만큼 상대에게 피해를 주어 HP를 그만큼 낮춥니다. 자세한 피해 수치는 p.13의 무기 표, 또는 개별 괴물의 설명을 참조하세요.

HP가 0으로 떨어진 캐릭터는 즉시 도움이 필요합니다. 캐릭터는 의학적 조치를 받지 않는 한 매 라운드 HP를 1점씩 잃습니다. HP가 -10으로 떨어지면 죽습니다.

치료와 회복

캐릭터는 모험하면서 때로 얻어맞고, 다치고, 귀중한 행운 점수가 바닥나기도 합니다.

캐릭터는 하룻밤 푹 쉴 때마다 HP를 하루에 1점씩 회복합니다. 하룻밤 푹 쉬려면 보초를 서지 않고 밤새 자야 합니다. 적절한 기능을 가진 다른 캐릭터에게 보살핌을 받는다면 하루에 2점씩 회복할 수 있습니다. 침대에서 온종일 쉬는 캐릭터는 추가로 1점씩 더 회복할 수 있지만, 모험가가 이런 사치를 누리기는 힘듭니다.

HP가 0이나 그 미만으로 떨어진 캐릭터는 죽을 위험에 빠지며, 즉시 의학적 조치가 필요합니다. 죽어가는 캐릭터는 매 라운드 1점씩 HP를 잃습니다. HP가 -10으로 떨어지면 죽는다는 사실을 명심하세요. 다른 캐릭터는 **지혜** 판정으로 (치료나 약초 지식 기능으로 도움을 받을 수 있습니다) 응급처치를 할 수 있습니다. 판정에 성공하면 죽어가는 캐릭터는 안정을 찾으며, 비록 여전히 휴식과 치료가 필요한 상태이지만 더는 추가로 HP를 잃지는 않습니다.

행운 점수는 전혀 다릅니다. 캐릭터는 오직 하나의 모험이 끝난 다음에만 행운 점수를 회복할 수 있으며, 새로운 모험을 할 때마다 행운 점수를 완전히 회복하면서 시작합니다.

그 밖의 원인으로 받는 피해

모험가들은 추락을 많이 겪습니다. 추락으로 받는 피해는 다음과 같습니다.

> 5피트(1.5m) = 0
> 10피트(3m) = 1d6
> 20피트(6m) = 2d6
> 30피트(9m) = 3d6
> 그 이상 높이 = 죽음

모험가들은 불 때문에도 골치를 썩이곤 합니다 (괴물들 역시 불 때문에 골치를 썩입니다!) 불에 노출된 캐릭터는 매 라운드 다음과 같이 피해를 받습니다.

> 횃불 = 1d6
> 불타는 기름 = 1d6
> 모닥불 = 3d6
> 화형대에 묶여 불타기 = 6d6

그 외 다른 자연적 요소에 노출되어 받는 피해는 마스터의 재량에 맡깁니다. 기본 피해는 1d6이며, 벼락처럼 심각한 원인은 6d6 피해, 또는 즉시 캐릭터를 죽일 수 있다는 사실만 명심하세요.

진실한 이름

정령이나 악마, 난쟁이 같은 존재는 흔히 부르는 이름과 진실한 이름을 각각 가집니다. 흔히 부르는 이름은 남들에게 자유롭게 알려주지만, 진실한 이름은 비밀로 감춥니다. 악마의 진실한 이름은 외우기 힘들고 발음하기도 어려운 경우가 많으며, 글로 쓰면 아무런 의미 없이 횡설수설하는 단어처럼 보입니다. 정령의 진실한 이름은 보통 잊힌 고대의 언어로 되어 있습니다. 난쟁이의 진실한 이름은 마치 돌에 긁히는 금속처럼 들리며, 용의 진실한 이름은 강력한 권능을 지녀 대부분은 입 밖에 내기도 두려워합니다.

인간과 그 밖의 많은 생물은 진실한 이름이 없습니다. 하지만, 일정한 나이에 이를 때 이름을 짓는 의식으로 진실한 이름을 얻을 수 있습니다. 이 경우 사람들은 일상 생활에서 절친한 친구 사이 외에는 서로 흔히 부르는 별명을 사용합니다. 어떤 문화권에서는 이러한 의식을 정기적으로 행합니다. 캐릭터가 정말로 진실한 이름을 받았는지는 플레이어가 정합니다.

진실한 이름은 주인을 상대로 사용할 수 있습니다. 상대의 진실한 이름을 안다면 캐릭터는 상대에게 맞설 때 큰 힘을 가집니다.

상대의 진실한 이름을 부르는 캐릭터는 공격을 포함해 상대에게 맞서는 모든 행동에 +5 보너스를 받습니다.

상대의 주문이나 능력에 저항할 때에도 상대의 진실한 이름을 부르면 모든 극복 판정에 +5 보너스를 받습니다.

자신의 진실한 이름을 남에게 알려주어서 얻는 이점도 있습니다. 캐릭터가 상대를 도우면서 상대의 진실한 이름을 부르면, 상대는 도움으로 받는 보너스가 +1 늘어납니다. (즉, 상대는 도움으로 +3 보너스를 받습니다)

그뿐만 아니라 캐릭터가 상대를 마법적으로 치료하면서 상대의 진실한 이름을 부르면, 상대는 HP를 추가로 1점 더 회복합니다.

진실한 이름을 불러서 효과를 얻으려면 크게 소리 높여 외쳐야 합니다. 즉, 진실한 이름은 오직 완전히 비밀이 보장될 때, 또는 정말로 급박할 때 부르는 경우가 많습니다.

영 부리기

영혼 시야 캔트립을 가진 마법사는 악마나 영에 특수한 힘을 발휘합니다. 영의 진실한 이름을 안다면, 마법사는 특정한 일을 하도록 영에게 명령할 수 있습니다. 명령하려면 **매력** 판정에 성공해야 합니다. 마법사는 이 판정을 할 때 상대의 진실한 이름을 알기 때문에 +5 보너스를 받습니다. 하지만, 만약 판정에 실패한다면 상대는 자유로워지며, 마법사는 같은 방식으로 명령을 시도할 수 없습니다. 이러한 이유로, 많은 마법사는 영과 지나치게 부딪히는 것을 꺼립니다. 정령은 매우, 매우 위험한 존재이며, 마법사의 속박에서 풀려날 때는 보통 복수심에 불타니까요.

진실한 이름 알기

진실한 이름은 그 어느 것보다도 큰 비밀이기 때문에 알기 어렵습니다. 그러므로 적의 진실한 이름을 알아내는 과정 자체가 모험이 될 수 있습니다. 진실한 이름을 탐색하려면 보통 잊힌 도서관을 발견하거나 늙은 현자를 찾아가는 일처럼 정보를 얻을 수 있는 출처부터 찾아야 합니다. 출처를 찾은 다음에는, 원하는 정보를 얻기 위한 특정 과업을 수행해야 합니다.

캐릭터의 지식 관련 기능이나 배경은 이름을 물을 사람이나 장소를 찾는 단서가 됩니다. 첫 단계는 보통 어디서 이름을 찾을 수 있는지 확인하기 위한 **지능**이나 **지혜** 판정입니다.

- 학자 유형의 캐릭터는 도서관에 가거나 특정한 두루마리를 찾아볼 것입니다. 뉘우친 불량배는 질문에 답해 줄 마법사를 알 것이며, 젊은 기사는 귀족 영주를 모시는 조언자를 만날 것입니다.

- 그 다음에는 정보를 가진 사람이나 물건을 찾아 여행을 떠나야 합니다. 이 여행은 짧은 모험이나 혹은 긴 모험의 일부로 플레이하기 좋습니다. 여정 중에는 분명히 몇 가지 시련이 닥칠 것입니다.

- 목적지에 도착한 다음, 어떻게 정보를 얻을 것인지는 플레이어 하기 나름입니다. 아마도 회유하거나, 협박하거나, 정보를 사거나, 고대 사원에서 얻은 퀴퀴한 두루마리를 해독해야 할 것입니다.

모두에게 진실한 이름을?

마스터와 플레이어들은 단지 초자연적 생물만이 아니라 모든 캐릭터가 각자 진실한 이름을 가진다고 정할 수도 있습니다. 만약 그렇다면, 모든 플레이어 캐릭터와 마을 사람들, 그리고 그 너머에 사는 이들 모두가 진실한 이름을 가집니다. 이름을 비밀로 감추세요. 오직 신뢰하는 사람들에게만 알려주고, 아주 심각한 상황에만 이름을 사용하세요.

진실한 이름을 가진 캐릭터는 아마도 일정한 나이가 되면 일종의 작명 의식 같은 방법으로 진실한 이름을 얻을 것입니다. 그러므로, 정말로 가까운 친구 사이가 아니라면 흔히 부르는 별칭을 사용할 것입니다. 반대로, 캐릭터는 진실한 이름을 받지 못했거나, 가지고 있어도 워낙 큰 비밀이라 자기 자신마저 모를 수도 있습니다. 자신의 진실한 이름을 찾는 여정은 훌륭한 모험이 될 수 있습니다.

경험치와 레벨

울타리 너머, 또 다른 모험으로의 모든 플레이어 캐릭터는 클래스와 레벨을 가집니다. 캐릭터의 경험치가 쌓이면 클래스의 레벨이 높아집니다. 캐릭터가 다음 레벨이 되기 위해 필요한 경험치는 각 클래스 설명에 있는 표를 참조하세요. 캐릭터는 레벨을 올리면서 점점 강력하고 유능해집니다.

캐릭터들은 모험하면서 각종 도전을 직면하고 극복하면서 경험치를 받습니다. 전투에서 적을 무찌르면 가장 확실하게 경험치를 받을 수 있습니다. 하지만 캐릭터들은 보통 목표를 달성하고 모험을 끝마칠 때 가장 많이 성장합니다.

'괴물도감' 장에 있는 모든 괴물은 각자 경험치가 있으며, 괴물을 이기면 그 경험치를 받을 수 있습니다. 이기기 위해서 반드시 적을 죽일 필요는 없습니다. 날뛰는 용을 좀 더 파릇파릇한 목초지로 가도록 설득하거나, 적대하던 고블린 왕과 친구가 되거나, 사나운 악마를 혼돈의 차원으로 추방하는 등 더욱 세심하고 안전한 방법을 택할 수도 있습니다.

캐릭터들은 이야기를 마치고 목표를 완수하여 경험치를 받을 수도 있습니다. 미스터리를 풀거나, 괴물의 습격에서 마을을 보호하거나, 찾아 헤매던 마법의 아티팩트를 손에 넣는 등의 업적을 달성한다면 참여한 모든 캐릭터가 각자 경험치 500점씩 받아야 할 것입니다. 공작령을 구하거나, 강력한 숙적을 물리치는 등 더 큰 업적은 1,000점을, 왕국 전체를 파멸에서 구하기 등의 매우 위대한 업적은 최소한 2,000점 이상을 받아야 할 것입니다.

마스터는 플레이어가 플레이에 도움이 된 재치 있는 아이디어를 내놓거나 인상 깊은 롤플레잉을 할 때도 추가로 경험치를 줄 수 있습니다. 이런 플레이는 각각 50점~100점 정도의 가치가 있습니다.

캐릭터가 다음 레벨로 오를 만한 충분한 경험치를 쌓았으면, 캐릭터는 레벨이 오르고 클래스 설명에 따라 각종 관련 보너스를 받습니다.

더 긴 캠페인을 진행할 때는, 레벨이 상승하면서 또 다른 이점을 주는 편이 적합할 수도 있습니다. 예를 들어 저희는 보통 캐릭터가 매 5레벨이 될 때마다 (5레벨, 10레벨…) 서로 다른 두 능력치를 1 올리게 허용하며, 때때로 캐릭터가 새롭고 흥미진진한 것을 배우면 그에 알맞은 새로운 기능을 주기도 합니다.

마법의 기예

울타리 너머에서 마법사는 세 가지 다른 방식으로 마법을 사용합니다. 각 마법의 사용 규칙은 아래에서 설명합니다. '주문과 마법' 항목은 캔트립과 주술, 의식 목록을 수록했으며, 몇 가지 마법 물품의 예시도 소개합니다.

모든 주술과 의식은 (캔트립은 제외합니다) 다음 특성을 지닙니다:

범위: 유효 거리는 마법사가 얼마나 멀리까지 마법을 사용할 수 있는지를 의미합니다. '자신'은 오직 마법사 자신에게만 사용할 수 있는 마법입니다. '접촉'은 말 그대로입니다. '근거리'는 마법사와 가까운 거리에 있는 목표들에만 영향을 미칩니다 (탁 트인 벌판에서는 50야드(45m) 정도이며, 실내에서는 같은 방입니다). '장거리'는 더욱 먼 거리까지 영향을 미칠 수 있습니다. 각 주문별로 얼마나 멀리 사용할 수 있는지 설명이 나와 있습니다. 일부 마법은 유효 거리가 '전 우주'입니다. 이러한 마법은 혼돈의 영역이나 요정 세계의 깊숙한 부분처럼 캐릭터들이 사는 세계 바깥의 차원까지 영향을 미친다는 의미입니다.

지속시간: 지속 시간은 마법이 얼마나 지속하는지를 의미합니다. 보통 라운드 혹은 분, 시간, 일 같은 실제 시간 척도를 기준으로 삼습니다. 지속시간이 "OO/레벨"인 마법은 마법사의 레벨이 높아질수록 지속시간이 늘어납니다. 예를 들어 지속시간이 "5라운드/레벨"인 마법을 2레벨 마법사가 사용한다면 해당 마법은 10라운드 동안 지속됩니다.

극복 판정: 사람에게 영향을 주는 마법은 보통 상대가 극복 판정을 해서 저항할 기회가 있습니다. 극복 부문은 해당 마법의 목표가 극복 판정을 할 수 있는지 없는지를 알려줍니다. 별다른 언급이 없는 한 상대는 주문 극복 판정을 합니다.

캔트립은 위 특성이 없습니다. 캔트립의 유효 거리는 항상 근거리로 간주하며, 지속 시간은 해당 캔트립 설명에 적혀 있습니다. 캔트립의 대상이 된 목표는 언제나 극복 판정을 할 수 있습니다. 그러므로 캔트립은 유효 거리와 지속 시간, 극복 부문을 설명하지 않습니다.

또한 캔트립과 의식은 능력치 판정이 필요하므로, 사용할 때 **지능**이나 **지혜** 중 어느 능력치를 판정해야 할지 각 마법마다 나와 있습니다.

캔트립

캔트립은 가장 약하면서도 유연하고, 위험한 마법입니다. 각 캔트립은 서로 연관된 넓은 범위의 소소한 능력을 폭넓게 발휘합니다. 캔트립은 그때그때 상황을 보면서 쓰는 마법이므로, 마법의 자세한 효과는 즉석에서 정해야 합니다.

마법사는 캔트립을 쓸 때마다 **지능** 또는 **지혜** 판정을 합니다 (각 캔트립 설명마다 어느 능력치로 판정할지 나옵니다). 판정에 성공하면 캔트립은 정확히 원하는 효과를 발휘합니다. 판정에 실패하면, 플레이어의 선택에 따라 두 가지 일 중 하나가 발생합니다: 마법사는 휴식할 때까지 마법의 힘이 바닥나거나, 사용한 마법이 제멋대로 효과를 발휘합니다.

마법의 힘이 바닥난다고 선택했다면, 마법사는 탈진해서 하룻밤 푹 쉴 때까지 어떠한 종류의 마법도 쓸 수 없습니다. 추가로, 마법사가 이미 외워서 효과가 아직 남아있는 모든 주술이나 의식의 효과가 즉시 사라집니다 (물론, 지속 시간이 영구한 마법은 제외합니다).

마법이 제멋대로 효과를 발휘한다고 선택한다면, 마법은 심각하게 잘못됩니다. 이 선택은 위험합니다. 마법 때문에 어떤 일이 발생할지는 마스터가 정하기 때문입니다. 어떤 상황에서도 제어를 벗어난 마법은 캐릭터나 아군에게 해로운 효과를 발휘합니다. 조명이 필요할 때 사용한 주문이 반대로 주위를 어둡게 만들 수도 있고, 적에게 건 저주가 마법사에게 대신 걸릴 수도 있습니다.

일반적으로, 캔트립은 오직 자질구레한 효과만 발휘합니다. 캔트립으로는 상대에게 피해를 줄 수 없고, 근거리에서만 발휘되며, 어떠한 영구적 효과도 만들 수 없습니다. 각 캔트립으로 무엇을 할 수 있는지는 해당 캔트립 설명을 참조하세요. 마스터는 마법사가 무리하게 능력을 발휘한다고 생각한다면 캔트립 판정에 페널티를 줄 수 있습니다.

저주 같은 캔트립은 적의 판정에 페널티를 주기도 합니다. 하지만 캔트립은 약한 마법이기 때문에 판정에 -2 페널티보다 심한 효과는 발휘할 수 없습니다.

캔트립은 대부분의 마법사가 맨 처음 배우는 기초 마법이기 때문에, 경력을 쌓은 후 다른 캔트립을 처음부터 익히기는 매우 어렵습니다. 각 마법사는 캔트립을 두 개 가지고 시작하며, 마스터가 지정하는 대로 수많은 학습과 연습을 거친 후에야 다른 캔트립을 배울 수 있습니다.

다음은 캔트립 사용의 예시로, 캔트립 중 하나인 **마법사의 빛**을 설명한 내용입니다.

마법사의 빛   (지능)
마법사의 빛은 중간 정도 밝기의 마법적인 빛을 만드는 주문입니다. 마법사는 지팡이 끝이나 부적처럼 물건에서 빛이 뿜어져 나오게 할 수도 있고, 그냥 떠다니는 구 형태로 빛을 만들 수도 있습니다. 이 마법은 30야드(27m) 정도를 충분히 밝힐 만한 빛을 만듭니다. 빛의 세기는 흐릿하지만, 책을 읽을 수 있을 정도로 밝습니다.

마법사는 판정에 페널티를 받고 더욱 강한 빛을 만들 수도 있습니다. 방 하나에 햇불 몇 개 정도의 빛을 만들려면 -3 페널티를 받으며, 대낮처럼 환한 빛을 만들려면 -5 페널티를 받습니다. 스스로 움직이는 몇 개의 총천연색 빛을 만들거나, 멀리 떨어진 특정한 곳에 빛을 만들려고 시도할 때에도 (예를 들어, 적의 눈 앞에 빛을 만들어서 혼란하게 만들기 등) 비슷한 페널티를 받습니다.

마법사의 빛은 마법사가 집중하는 동안 계속 유지됩니다. 전투 상태에 들어가거나 다른 캔트립 판정에 실패한다면 효과가 즉시 끝납니다.

예: 젊은 마녀인 카산드라는 밤중에 숲속을 걷던 중 사람들이 접근하는 소리를 듣고 얼른 나무 뒤로 숨었습니다. 다가오는 사람들은 모두 무장을 했고, 적대적으로 보입니다. 카산드라는 숲 저편에 떠다니는 빛을 만들어 주의를 돌리려 합니다.

보통 **마법사의 빛**을 사용하려면 평범하게 **지능** 판정을 해야 합니다. 하지만 카산드라는 멀리 떨어진 곳에 빛을 만들려고 하기 때문에, 마스터는 판정에 -3 페널티를 줍니다.

주술
주술은 명확하게 정해진 효과를 발휘하는 가장 간단하면서도 안정적인 주문으로, 책에서 터득하거나 스승에게 배울 수 있습니다. 각 주술은 매번 쓸 때마다 똑같은 효과를 발휘합니다. 주술의 효과는 캔트립보다는 강력하고 의식보다는 약하지만, 양쪽 모두보다 더욱 안전하고 신뢰할 수 있습니다. 마법사는 하루에 자기 레벨만큼의 주술을 쓸 수 있습니다. 주술을 모두 쓴 마법사는 지쳐서 더 주술을 쓸 수 없지만, 캔트립이나 의식은 여전히 시도할 수 있습니다.

마법사는 주술을 자기 것으로 만들기 위해 배우고 기록하는 데에 오랜 시간을 들입니다. 새로운 주술을 배우려면 마법사는 스승의 가르침을 받거나 책을 읽으면서 일주일을 연구에 투자해야 하고, 일주일이 끝나면 **지능** 판정을 합니다. 판정에 성공한 마법사는 주술을 정상적으로 쓸 수 있습니다. 만약 판정에 실패하면 마법사는 다음 레벨을 얻을 때까지 기다렸다가 다시 배우려고 시도해야 합니다.

다음은 주술 사용의 예시로, 주술 중 하나인 **거짓 친구**를 설명한 내용입니다.

거짓 친구
범위:근거리
지속시간: 1일/레벨
극복 판정: 실시
마법은 매혹적인 힘입니다. 극복 판정에 실패한 상대는 마법사를 신뢰할 수 있는 아군이자 절친한 친구로 생각합니다. 비록 상대는 마법사를 위해 목숨을 바치지는 않겠지만, 마법사를 친구로 생각해서 기쁘게 해 주기 위해 최선을 다할 것입니다. 만약 상대가 마법사나 마법사의 일행에게 위협을 받는 중이라면, 상대는 극복 판정에 +5 보너스를 받습니다. 전투 중에 **거짓 친구**를 쓴다면, 상대의 자기 보존본능이 마법의 힘을 억누르기 때문에 주술은 효과를 발휘하지 않습니다.

의식
마법사가 강력한 마법을 사용하려면 보통 오랜 시간 동안 공을 들여 우주의 힘을 뜻대로 구부려야 합니다. 의식은 **울타리 너머**에서 사용할 수 있는 마법의 종류 중 가장 강력하지만, 긴 시간을 들여야 합니다.

모든 의식은 의식 레벨이 있으며, 마법사는 의식을 쓰기 위해 자신의 레벨이 의식 레벨과 같거나 높아야 합니다. 예를 들어 1~2레벨 마법사는 3레벨 의식을 쓸 능력이 되지 않으므로 시도조차 할 수 없습니다.

의식을 쓰려면 해당 의식의 레벨만큼의 시간을 들여야 하며, 각 의식 설명에 나온 대로 특별한 재료도 사용해야 합니다. 마법사는 이 시간 동안 완전히 집중해야 하며, 만약 방해를 받으면 의식은 처참하게 잘못됩니다.

마법사는 의식에 필요한 시간과 재료를 쓴 다음, **지능** 또는 **지혜** 판정을 해야 합니다 (각 의식마다 어느 능력치로 판정할지 설명합니다). 판정에 성공하면 의식은 원래대로 효과를 발휘합니다. 판정에 실패하면, 의식은 원래 취지에 맞게 전반적인 효과를 발휘하지만 일종의 부작용이 발생합니다. 어떻게 잘못될지는 마스터가 정합니다. 커다란 안개를 소환하는 의식은 부자연스러운 색의 안개를 만들거나 의도보다 훨씬 넓은 지역에 안개를 만들 것이며, 속삭이는 말을 먼 거리로 전달하는 의식은 이차원의 이해할 수 없는 말을 전달할 것입니다.

새로운 의식을 배우는 과정은 어렵고 시간도 많이 듭니다. 마법사는 보통 고대의 무덤이나 부서지기 일보직전의 양피지에서 새로운 의식을 발견할 것입니다. 물론 자신의 비밀을 기꺼이 나누려는 다른 마법사에게 배울 수도 있지만 말입니다. 새로운 의식을 익히기 위해 마법사는 해당 의식을 익힐 수 있을 만한 레벨이 되어야 하며, 의식 레벨당 1주를 들여 의식을 연구해야 합니다. 그다음, 마법사는 지능 판정을 해야 합니다. 판정에 성공하면, 마법사는 이제 의식을 터득해서 원하는 때에 쓸 수 있습니다. 만약 판정에 실패하면 마법사는 다음 레벨을 얻을 때까지 기다렸다가 다시 배우려고 시도해야 합니다.

의식을 상세하게 적은 책이나 양피지처럼 적절한 자료가 있다면 마법사는 의식을 모르더라도 시도해 볼 수 있습니다. 하지만 모르는 의식을 시도하는 것은 매우 위험합니다. 의식의 마지막 단계에서 판정에 -10 페널티를 받기 때문입니다. 판정에 실패하더라도 의식은 효과를 발휘되지만, 의도치 않은 부작용이 같이 일어난다는 사실을 명심하세요. 즉, 마법사는 운 좋게도 원하는 효과를 만들 수는 있어도 제어할 수는 없을 것입니다. 여러 어리석은 수습 마법사가 이런 짓을 저질러 큰 곤경에 빠집니다.

안개 모으기   (지능)
범위:근거리
지속시간: 1시간/레벨
극복 판정: 없음

마법사는 이 의식으로 근처에 짙고 자욱한 안개를 끌어모을 수 있습니다. 이 안개는 모든 시야를 차단하기 때문에 안개 안에 갇힌 이들은 거의 아무것도 볼 수 없으며, 안개 바깥에서도 안을 볼 수 없습니다. 마법의 안개는 일반 날씨에 영향을 받지 않지만, 큰 폭풍 정도라면 안개를 날려 버릴 수 있습니다.

이 의식을 쓰려면 한 시간 동안 정교한 동작을 구현하면서 바람의 언어로 주문을 외쳐야 하며, 의식 도중에 향을 불살라야 합니다. 의식이 정점에 다다르면, 마법사는 마지막 단어를 읊조리며 맹금류의 긴 깃털을 삼켜야 합니다.

마법 선택하기

앞에서 언급했듯, 모든 마법사는 캔트립 두 개, 주술 두 개, 의식 한 개를 가지고 시작합니다. 그 밖의 모든 마법은 캔트립, 주술, 의식 항목에서 설명한 대로 플레이 중에 배워야 합니다.

마스터와 마법사 플레이어는 캐릭터가 어떤 주문을 가지고 시작할지 함께 의논해서 정해야 합니다. 원한다면 주사위를 굴려서 정할 수도 있고, 같이 가질 법한 캔트립과 주술, 의식을 선택할 수도 있습니다.

예를 들어, 자연에서 사는 마법사는 캔트립으로 **드루이드의 손길**과 **짐승 소통**을, 주술로 **발자취 지우기**와 **속박**을, 의식으로 **치유의 딸기**를 가지고 시작할 것입니다. 반면 젊은 궁정 마법사는 캔트립으로 **마법사의 빛**과 **환상 짜기**를, 주술로 **거짓 친구**와 **고급 환상**을, 의식으로 **보이지 않는 하인**을 가지고 시작할 것입니다.

다른 방식으로, 마스터와 플레이어가 번갈아 가면서 마법을 하나씩 고른 다음, 고른 마법에 알맞게 마법사의 수습 시절 이야기를 만들 수도 있습니다. 마법사가 배운 캔트립과 주술, 의식은 각각 마법사가 어떤 훈련을 거쳤는지를 나타내므로, 재미있는 배경 이야기를 만드는 데 도움을 줄 것입니다.

부록: 선택 규칙

이번 항목은 게임에서 쓸 수 있는 몇 가지 선택 규칙을 소개합니다. 선택 규칙 대부분은 세계에서 가장 인기 있는 판타지 롤플레잉 게임의 몇몇 다른 판본에서 따온 것이므로, 플레이어들은 대체로 이 선택 규칙에 익숙할 것이며, 다중 클래스나 비인간 캐릭터를 선택할 수 있어서 좋아할 것입니다. 선택 규칙은 매우 간단하게 적용할 수 있습니다.

세 가지 극복 판정

일부 테이블에서는 캐릭터와 괴물의 극복 판정을 좀 더 폭넓은 분류 몇 가지로 줄이는 편을 선호할 수도 있습니다. 만약 그렇다면, 원래 사용하는 다섯 가지 극복 판정 대신 다음에 설명하는 세 가지 극복 판정을 사용하세요. 캐릭터들이 괴물 능력이나 덫, 환경적인 위험, 마법 때문에 극복 판정을 할 때마다, 마스터는 세 가지 극복 판정 중 어느 것을 사용할지 정해야 합니다. 보통은 무엇을 선택할지 매우 명확합니다. 이 세 가지 극복 판정의 자세한 내용은 다음과 같습니다.

인내

피해에 견디거나, 신체가 변형되거나 훼손될 위험에 저항한다면 인내로 판정하세요.

반사

다가오는 공격이나 덫, 환경적인 위험을 피하려면 반사로 판정하세요.

의지

마법사나 마법 물품 때문에 일어나는 정신 조종이나 마법적인 효과에 저항하려면 의지로 판정하세요.

세 가지 클래스는 타고난 방어력과 능력에 따라 각자 한 가지 '강한' 극복 판정과 두 가지 '약한' 극복 판정을 가집니다. 전사는 인내 극복이, 도적은 반사 극복이, 마법사는 의지 극복이 강합니다. 모든 클래스는 레벨을 쌓으면서 같은 비율로 극복 판정을 향상합니다. 클래스의 극복 판정은 아래 표를 사용하세요.

레벨	강한 극복	약한 극복
1	15	16
2	15	16
3	13	15
4	13	15
5	11	14
6	11	14
7	9	13
8	9	13
9	7	12
10	7	12

판타지 종족

많은 판타지 이야기에서는 용감한 인간뿐만 아니라 엘프나 드워프, 하플링들도 함께 모험을 떠나곤 합니다. 다음은 이러한 캐릭터를 만들기 위한 규칙입니다. 각 판타지 종족은 각자 특별한 장점과 단점을 지녔으며, 어떠한 종족을 선택하든 인간과는 무척 다른 캐릭터를 플레이할 수 있습니다.

언어가 중요한 역할을 하는 게임이라면, 마스터는 각 캐릭터가 자기 종족 언어와 다른 언어 하나를 기본으로 안다고 정할 수 있습니다. 예를 들어 엘프 캐릭터는 **지능** 보너스가 없더라도 여전히 인간의 공통 언어와 엘프, 또는 요정의 언어를 알 것입니다.

드워프

대지와 돌의 종족인 드워프는 숙련된 장인이며, 때로 인간들의 땅을 떠돌면서 물건을 팔고 보물을 찾기도 합니다. 드워프는 강인한 전사이자 원기 왕성한 모험가이지만, 그 내면은 황금과 아름다운 것을 사랑하는 마음으로 가득 차 있습니다. 많은 드워프가 인간들의 땅으로 떠나는 이유이기도 합니다.

울타리 너머의 드워프는 진실한 이름과 초자연적 능력을 지닌 무척 기이한 종족입니다. 모든 드워프는 다음 특성을 가집니다:

드워프 시야 - 드워프는 빛이 조금만 있더라도 앞을 볼 수 있습니다. 완전한 어둠 속에 있지 않은 한 드워프는 마치 환한 대낮에 있는 인간처럼 볼 수 있습니다.

돌의 힘 - 드워프는 인간이 생각하는 것보다 훨씬 강인한 종족이므로, 클래스를 선택할 때 체력 주사위가 한 단계 더 높아집니다. 예를 들어, 드워프 도적의 체력 주사위는 원래 받는 d8이 아니라 d10입니다.

진실한 이름 - 돌과 바위의 종족이자 대지만큼 오래된 드워프들은 각자 진실한 이름을 가졌으며, 그 이름을 아는 캐릭터는 드워프를 상대로 강한 힘을 발휘할 수 있습니다. 상대 드워프의 진실한 이름을 부르면서 공격하는 캐릭터는 공격을 포함해서 상대 드워프를 노리는 모든 행동에 +5 보너스를 받습니다.

엘프

엘프는 인간의 세계 너머에서 온 아름답고도 위험한 종족으로, 요정들의 군주이자 오래전부터 쇠퇴해 온 문명의 슬픈 계승자입니다. 어떤 엘프들은 아무도 모르는 잊힌 왕국의 웅장하지만 무너져가는 도시에서 살고 있으며, 또 다른 엘프들은 인간들이 모르는 야생지대에서 비밀리에 공동체를 이루며 삽니다. **울타리 너머**의 엘프는 인간들과 제대로 어울리지 못하는 요정 왕족입니다. 모든 엘프는 다음 특성을 가집니다:

엘프 시야 - 날카로운 시야를 지닌 엘프는 완전한 어둠 속에 있지 않는 한 앞을 볼 수 있습니다.

요정의 군주 - 요정 궁정의 왕족인 엘프는 요정 생물에게 명령을 하고, 감명을 주고, 겁을 주는 모든 능력치 판정에 +2 보너스를 받습니다.

불로 - 엘프는 그 긴 일생 동안 아름다움과 젊음, 활력을 잃지 않습니다. 어떤 이들은 엘프가 실제로 불사신이라고 말합니다. 엘프는 비마법적인 병과 독에 자동으로 저항합니다.

가을의 종족 - 엘프의 시대는 오래 전에 지났습니다. 엘프는 다른 종족에 비해 행운 점수를 1점 적게 가집니다. 즉, 대부분의 엘프 캐릭터는 행운 점수가 2점 밖에 되지 않으며, 엘프 도적은 5점 대신 4점을 가집니다.

하플링

하플링은 머나먼 땅에서 온 소박한 종족으로, 보통 자신들끼리 어울려 살면서 푸른 정원을 가꾸고 맛있는 맥주를 만듭니다. 하플링은 맛있는 음식과 좋은 친구, 그리고 재미있는 이야기를 높이 삽니다. 이들은 굳센 마음을 지녔으며, 때때로 평화로운 고향을 떠나 인간들의 땅으로 여행을 떠납니다. 이 작은 종족에게는 보통 사람들이 생각하는 것 이상의 무언가가 있습니다. **울타리 너머**의 하플링은 비록 가장 강한 전사는 아니더라도, 어느 일행에서든 귀중한 역할을 합니다. 모든 하플링은 다음 특성을 가집니다:

하플링의 기백 - 하플링은 어려운 상황에서도 사람들의 기운을 끌어내기 때문에 모든 일행에게 소중한 존재입니다. 하플링은 모든 극복 판정에 +2 보너스를 받습니다. 또한 하플링이 속한 일행의 모든 친구도 극복 판정에 +1 보너스를 받습니다.

작은 몸집 - 작은 몸집은 싸움에 불리합니다. 하플링은 근력이 10을 넘을 수 없으며, 피해 주사위가 1d4 또는 1d6인 무기만 사용할 수 있습니다.

다중 클래스 캐릭터

몇몇 플레이어에게는 기본 세 가지 클래스가 성에 차지 않을 수도 있습니다. 만약 플레이어가 마법을 쓰는 전사나 뛰어난 전투 능력을 발휘하는 도적처럼 두 세 가지 클래스를 조합한 캐릭터를 간절하게 바란다면, 다음 지침을 활용해 원하는 맞춤형 혼합 클래스를 만드세요.

이 항목은 고정불변의 규칙이 아니며, 단지 다른 클래스와 비슷하게 강한 캐릭터를 만들 수 있는 대략적인 방법을 제공할 뿐입니다. 그러므로 맞춤형 클래스를 만들 때는 제대로 됐는지 테이블에 참여한 전원이 신경 쓰면서 보세요.

먼저, 클래스 두 개를 선택하세요. 다중 클래스 캐릭터는 각 클래스에서 몇 가지 능력을 가져옵니다. 경험치 표는 두 클래스 중 2레벨이 되기 위해 더 많은 경험치를 필요로 하는 쪽을 사용하세요. 그리고 다음 클래스 특징 항목을 살펴보면서 각 항목에서 캐릭터가 어느 쪽을 선호할지 선택하세요. 번갈아 가면서 대략 반반씩 어떤 항목은 유리하게, 다른 항목은 불리하게 하는 것이 요령입니다. 예를 들어 전사/마법사는 기본 공격 보너스나 체력 주사위를 전사처럼 받지만, 갑옷 제약이나 행동 순서 보너스는 마법사처럼 받는 식입니다.

기본 공격 보너스 - 두 클래스 중 한 쪽의 성장을 선택하세요. 분명 한쪽이 다른 쪽보다 더 좋을 것입니다.

체력 주사위 - 두 클래스 중 한쪽의 체력 주사위를 선택하세요. 반대로, 두 클래스의 평균을 선택하는 방법도 있습니다. 다중 클래스 캐릭터의 체력 주사위는 보통 d8이 알맞습니다.

극복 판정 - 두 클래스 중 한 쪽의 성장을 선택하세요. 극복 판정은 보통 어느 쪽이 더 좋고 나쁜지 명확하지 않은 경우가 많습니다. 그러므로 적합하다고 생각하는 쪽을 선택하세요.

갑옷 - 두 클래스 중 한 쪽의 허용 갑옷 목록을 선택하세요. 반대로 좋은 쪽 갑옷 목록에서 일부만 허용하는 방법도 있습니다. 예를 들어 전사/마법사는 가죽 갑옷과 사슬 갑옷만 입는 식입니다.

행동 순서 - 두 클래스 중 한 쪽의 행동 순서 보너스를 선택하세요. 다른 방법으로, 두 클래스의 평균을 선택할 수도 있습니다. 다중 클래스 캐릭터의 행동 순서 보너스는 보통 +1이 알맞습니다.

다중 클래스의 기본 사항을 만든 다음에는 기본이 되는 두 클래스에서 어느 특수 능력을 가져올지 선택하세요. 위에서 말했듯, 각 클래스에서 대략 절반씩 능력을 가져오세요. 반대로, 테이블에서 허용한다면 한 쪽 클래스의 특수 능력만 가져와도 좋습니다. 하지만 다중 클래스는 기본 클래스의 특수 능력을 전부 가지지 않는 편이 좋습니다.

전사는 무기 숙련과 특기를 얻습니다. 전사는 체력 주사위와 높은 기본 공격 보너스 외에도 이 두 능력 덕분에 클래스 중에서 가장 잘 싸웁니다. 대부분의 다중 클래스 전사는 두 능력 중 하나를 선택할 것입니다. 만약 캐릭터가 **특기**를 선택할 수 있어도 무기 숙련을 선택할 수 없다면, 이후 **특기: 무기 전문가**를 선택할 수는 없습니다. 선택할 수 있다면 무척 말이 되지 않을 것입니다.

도적은 다른 클래스에 비해 여러 가지 기능을 사용할 수 있다는 이점을 누립니다. 또한 도적은 행운 점수도 더 받는데, 보기보다 큰 도움이 됩니다. 대부분의 다중 클래스 도적은 두 능력 중 하나를 선택할 것입니다.

마법사는 조정하기 가장 까다로운 클래스입니다. 마법사는 마법 감지와 세 종류의 마법을 쓰는 능력을 가집니다. 대부분의 다중 클래스 마법사는 캔트립과 의식은 쓸 수 있지만 주술을 쓰지 못하거나, 주술은 쓸 수 있지만 캔트립과 의식을 쓰지 못하는 편이 좋을 것입니다. 하지만 이 조합은 변형할 수 있는 여지가 많기 때문에, 반드시 테이블 모두가 공평하다고 인정해야 합니다.

선택을 모두 마치면 맞춤형 클래스가 완성됩니다. 다중 클래스의 예로 만든 엘프 귀족을 참조하세요. 엘프 귀족은 고전적인 전사와 마법사의 혼합 클래스입니다. 또한 앞에서 설명한 판타지 종족의 좋은 예이기도 합니다.

엘프 귀족

엘프 귀족은 인간들의 땅에 온 젊은 요정 귀족입니다. 이 클래스는 전사와 마법사를 혼합했습니다. 엘프 귀족은 마법사처럼 캔트립과 의식을 쓸 수 있는 동시에 숙련된 무사이기도 합니다.

체력 주사위: d8
행동 순서 보너스: +1
갑옷: 엘프 귀족은 판금 갑옷보다 가벼운 갑옷은 무엇이든 입을 수 있습니다.

특수 능력
무기 숙련 : 엘프 귀족은 특별하게 잘 다루는 선호 무기가 있습니다. 1레벨 때 무기 하나를 선택하세요. 캐릭터는 선택한 무기를 들고 싸울 때 명중에 +1 보너스, 피해에 +2 보너스를 받습니다. 엘프 귀족은 게임을 시작할 때 해당 종류의 무기를 공짜로 얻습니다.

주문 사용 : 엘프 귀족은 하이엘프의 옛 방식대로 마법을 익혀서 캔트립과 의식을 쓸 줄 알지만, 주술은 쓸 수 없습니다. 엘프 귀족은 다른 마법사와 같은 방식으로 마법을 배웁니다.

엘프 시야 : 날카로운 시야를 지닌 엘프는 완전한 어둠 속에 있지 않은 한 앞을 볼 수 있습니다.

요정의 군주 : 요정 궁정의 왕족인 엘프는 요정 생물에게 명령하고, 감명을 주고, 겁을 주는 모든 능력치 판정에 +2 보너스를 받습니다.

불로 : 엘프는 그 긴 일생 동안 아름다움과 젊음, 활력을 잃지 않습니다. 어떤 이들은 엘프가 실제로 불사신이라고 말합니다. 엘프는 비마법적인 병과 독에 자동으로 저항합니다.

가을의 종족 : 엘프의 시대는 오래전에 지났습니다. 엘프 귀족은 행운 점수를 보통 받는 3점 대신 2점만 받습니다.

레벨	경험치	기본 공격	독 극복	입김 무기 극복	신체 변형 극복	주문 극복	마법 물품 극복
1	0	+1	14	17	15	17	16
2	2,500	+2	14	17	15	17	16
3	5,000	+3	13	16	14	14	15
4	10,000	+4	13	16	14	14	15
5	20,000	+5	11	14	12	12	13
6	40,000	+6	11	14	12	12	13
7	80,000	+7	10	13	11	11	12
8	150,000	+8	10	13	11	11	12
9	300,000	+9	8	11	9	9	10
10	450,000	+10	8	11	9	9	10

플레이 방법

플레이북과 시나리오 묶음을 사용하는 규칙을 소개합니다.

소개

울타리 너머, 또 다른 모험으로는 마스터이든, 플레이어든 별다른 준비 없이 즉석에서 캐릭터 만들기부터 모험의 승리, 또는 패배에 이르는 플레이를 즐길 수 있는 지침과 규칙을 제공하는 것을 주요 목표로 잡았습니다.

저희도 다른 사람들처럼 좋은 장편 캠페인을 좋아하지만, 나이가 들면서 꾸준히, 정기적으로 플레이 계획을 잡기가 어려울 뿐만 아니라, 세션 사이에 준비를 할 여유 시간도 부족해진다는 사실을 깨달았습니다. 게다가, 난생 처음 판타지 롤플레잉을 산 다음 곧장 플레이할 방법이 있다면 무척 좋을 것입니다. 새로운 플레이어든, 경험 많은 플레이어든, 골치 썩히지 않고 빠르고 재미있게 플레이를 즐길 수 있어야 합니다.

울타리 너머는 기본적으로 여섯 개의 플레이북과 두 개의 시나리오 묶음을 제공합니다. 새로운 캐릭터 플레이북과 시나리오 묶음은 추가 자료집에서 확인할 수 있습니다. 또한 직접 창작 자료를 만들어서 친구와 함께 공유하는 것도 좋습니다. 만약 마음에 드는 자료를 만들었다면, 저희에게 알려주세요!

비록 '핵심 규칙' 항목에서는 간단하게 캐릭터를 만드는 일반 규칙을 소개했지만, 저희는 여러분이 캐릭터 플레이북을 쓸 것을 권장합니다. 여러분은 플레이북을 사용해 한 시간 이내에 같은 마을에서 함께 자라나 모험을 떠날 준비를 마친 흥미진진한 캐릭터 일행을 만들 수 있습니다.

캐릭터 플레이북으로 만든 캐릭터는 능력치와 기능, 클래스 특수 능력, 그리고 시작 장비와 추가로 사용할 동전 등 모든 부분이 완성된 채 시작한다는 사실을 명심하세요. 즉, 캐릭터 플레이북을 사용한다면 '핵심 규칙' 항목의 캐릭터 만들기 규칙을 아예 신경 쓸 필요가 없습니다.

한편, 저희는 마스터를 위해 시나리오 묶음을 준비했습니다. 시나리오 묶음은 마스터가 아무런 준비 없이도 즉석에서 만족스러운 모험을 진행할 수 있도록 괴물과 행동 동기, NPC, 심지어는 간단한 던전도 제공합니다. **울타리 너머**의 시나리오 묶음은 전통적인 시나리오와는 다르게 매번 플레이할 때마다 서로 다른 모습으로 플레이가 진행되며, 시나리오 묶음에서 벌어지는 사건은 다 함께 만든 캐릭터들이 마을에서 함께 보낸 삶과 캐릭터 배경에 직접 연결되어 있습니다.

'플레이 방법' 장은 캐릭터 플레이북과 시나리오 묶음을 사용해서 첫 모험을 플레이하는데 필요한 모든 정보와 조언을 드립니다.

첫 모험은 가장 멋진 모험이며, 고향에서 시작하기 때문입니다.

플레이 준비하기

편안한 자리와 연필, 주사위를 준비한 다음 가장 먼저 할 일은 다 함께 캐릭터 만들기입니다. 플레이어들은 각자 재미있어 보이는 캐릭터 플레이북을 선택한 다음, 다른 사람들에게 자신이 어떤 캐릭터인지 알려주세요.

그동안 마스터는 시나리오 묶음에 메모할 준비를 하세요. 플레이어들의 아이디어를 지켜보면서 캐릭터들의 배경 이야기를 만들 수 있도록 도와주는 것도 잊지 마세요.

플레이어들은 무엇을 하나요?

어린 시절
각 플레이북의 처음 세 가지 표는 캐릭터의 어린 시절을 다룹니다. 플레이어들은 한 번씩 돌아가면서 주사위를 굴려 표의 결과를 확인합니다. PC들은 모두 친구이며, 플레이어들은 어린 시절 표를 보고 캐릭터들이 자라면서 서로 어떻게 알고 지냈는지 처음으로 확인할 수 있습니다. 두 명 이상의 캐릭터가 일부 표에서 같은 결과가 나왔다고 걱정하지 마세요. 사실, 매우 근사한 일입니다. 두 캐릭터의 부모가 모두 상인인가요? 만약 그렇다면, 두 캐릭터는 어쩌면 형제자매일지도 모릅니다. 캐릭터들을 단단히 묶을 수 있는 좋은 고리가 되겠지요.반대로, 부모들끼리는 같은 마을에서 장사를 하면서 서로 경쟁을 하더라도 자식들은 서로 친한 사이일지도 모릅니다. 이 또한 좋은 이야기를 만들 수 있습니다.

너무 서두르지 말고 결과를 천천히 심사숙고하면서 이야기를 만드세요. 그저 번갈아 가면서 주사위를 굴리고 메모만 하면 재미없습니다. 그러니 머리를 맞대고 대화를 나누세요. 표를 굴려서 나온 결과는 단순히 캐릭터의 배경과 그동안 겪은 사건을 간략하게 설명한 결과일 뿐입니다. 결과를 모아 이야기를 짜는 역할은 플레이어의 몫입니다. 지나치게 공들여 만들 필요는 없지만 (가장 멋진 이야기는 플레이를 하는 동안 만들어지니까요), 분명 캐릭터가 어떤 인물인지 많은 부분을 알 수 있을 것입니다.

클래스 훈련
각 플레이북의 나머지 네 가지 표는 캐릭터가 어떻게 전사나 도적, 또는 마법사가 되었는지를 알려줍니다. 이 표는 각 캐릭터 플레이북마다 서로 다르므로, 플레이어들끼리 같은 결과가 나오지는 않을 것입니다. 여기에서도 플레이어들은 번갈아 가면서 주사위를 굴려 다른 플레이어들에게 자기 캐릭터가 어떻게 자라났는지 보여주어야 합니다.

이 단계에서는 캐릭터들이 자라난 마을을 좀 더 자세하게 알 수 있습니다. 캐릭터가 마을에 사는 늙은 용병에게 훈련을 받았나요? 그 용병이 아직도 마을에 있나요? 다른 캐릭터들이 같이 시간을 보냈나요? (명심하세요: 캐릭터들은 작은 마을에 삽니다. 만약 비슷한 NPC 설명이 나온다면, 아마도 같은 사람을 가리킬 것입니다).

세 번째 표는 특별합니다. 단순히 캐릭터 자신만이 아니라 우측 플레이어의 캐릭터도 포함되는 결과이기 때문입니다. 이 표에서는 두 캐릭터가 무슨 일을 함께했으며, 그 결과 캐릭터들이 어떤 영향을 받았는지 알 수 있습니다. 여러분이 과거에 겪은 사건은 꽤 자연스러워 보일 것입니다. 두 캐릭터는 작은 곳에서 자란 가까운 친구이므로, 몇몇 중요한 사건은 분명히 함께 겪었을 것이기 때문입니다.

마지막 표 역시 조금 특별합니다. 표의 결과로 캐릭터는 무언가 특별한 물품을 받습니다. 추가로 얻는 돈일 수도, 사소한 마법 물품이나 특이한 장신구일 수도 있으며, 심지어는 마을에 있는 집일 수도 있습니다. 플레이어는 이 물품이 도대체 어떤 가치를 지녔는지 아직 모르겠지만, 마스터는 똑똑하므로 이미 계획을 세웠을 것입니다.

플레이어 여러분, 중요한 규칙입니다!

캐릭터를 만들기 위해 주사위를 굴릴 때, 어쩌면 정말로 마음에 들지 않는 결과가 나올 수도 있고, 무척 끌리는 결과를 놓쳐서 아쉬울 수도 있습니다. 그러므로 플레이어는 캐릭터 만들기를 하는 동안 한 번의 주사위 굴림에 한해 결과를 무시하고 원하는 특정 결과를 선택할 수 있습니다. 하지만 나중에 돌아가서 결과를 고치는 짓은 공정하지 않습니다! 필요하다고 생각한다면, 그냥 결과를 골라서 뜻대로 캐릭터를 만드세요.

범상치 않은 능력치

매우 드문 확률로, 플레이북으로 캐릭터를 만드는 동안 특정 능력치가 20 이상으로 높아질 수도 있습니다. 하지만 캐릭터는 처음 게임을 시작할 때 능력치를 최대 19까지 높일 수 있습니다. 그 이상 높아지는 능력치는 그냥 버립니다. 속았다고 느끼지는 마세요! 이런 놀라운 능력치를 가지는 이점은 초과 때문에 잃어버리는 능력치보다 더욱 클 것입니다

나머지 부분

이제 캐릭터가 거의 다 완성되었습니다. 지금까지 얻은 능력치를 모두 더한 다음, 극복 판정 수치처럼 플레이북에 있는 다른 필요한 정보들과 함께 캐릭터 시트에 옮겨 적으세요. 가치관도 지금 정하세요. 세 가치관의 정보는 책에서 좀 더 자세하게 찾아볼 수 있지만, 잘 모르겠다면 그냥 중립을 선택하세요. 물품을 살 돈 역시 정해졌을 것입니다. 정말로 사고 싶은 물품 몇 가지를 선택해서 사세요. 그런 다음 마스터에게 잠시 계획을 짤 시간을 주세요.

캐릭터의 클래스 능력 역시 시트에 적어야 합니다. 대부분은 플레이북의 표를 굴릴 때 이미 처리가 됐을 것입니다. 예를 들어 도적은 이미 추가 기능을 정했고, 마법사는 다양한 주문을 얻었으며, 전사 역시 잘 쓰는 무기를 선택했을 것입니다. 하지만 도적의 특별 능력인 **운명의 총애**나 마법사의 **마법 감지**는 지금 확인해서 적어야 합니다.

또한, 테이블에서 중요하게 생각한다면 캐릭터가 구사할 줄 아는 언어도 선택하세요. 모든 캐릭터는 서로 의사소통을 나눌 수 있는 공용어를 말할 줄 알지만, **지능**이 높은 캐릭터는 좀 더 많이 압니다.

마스터는 무엇을 하나요?

메모하기

플레이어들이 플레이북 표를 보고 주사위를 굴린 결과와 이를 어떻게 꾸밀지 의논하는 대화는 마스터에게 무척 소중한 자료입니다. 마스터의 시나리오 묶음에는 캐릭터 만들기 과정 동안 등장하는 중요 인물과 장소, 물건 등을 적는 란이 무척 많습니다.

특히, 대부분의 시나리오 묶음에는 플레이어들이 캐릭터를 만드는 동안 등장하는 소재들을 적는 빈 표가 한두 가지 있습니다. 플레이어들이 주사위를 굴리고 잡담을 하는 동안, 때가 오면 표의 결과를 생각해 낼 수 있도록 빈 칸을 채우세요. 주사위 굴림이나 플레이어들의 브레인스토밍에서 무언가 재미있어 보이는 것이 나오면 시나리오 묶음의 표 안에 적어두세요.

플레이어들을 이끌기

플레이 시간이 얼마나 있는지 확인하고 캐릭터 만들기 과정 동안 플레이어들을 이끌어 주세요. 그래야 오늘 밤이 끝나기 전 모험에 나설 수 있습니다. 던전이 여러분을 기다리고 있는데, 플레이어들은 기회를 놓치고 싶지 않을 것입니다. 플레이 시간이 네 시간이면, 한 시간 정도는 게임 전 준비를 하고 나머지 두세 시간은 모험에 쏟아야 합니다.

어쩌면 플레이어들이 입을 꾹 다물고 있거나 주사위 결과를 어떻게 해석할지 모를 수도 있습니다. 이때는 마스터가 나서서 아이디어를 끌어내는 질문을 하기 좋은 기회입니다. "존, 당신 아버지가 대장장이이고, 질은 대장장이한테 훈련을 받았어요. 아마 같은 사람 아닐까요? 당신도 대장간에서 일을 도와줬나요? 아니면 마녀한테 훈련을 받느라 바빴나요?"

시나리오 묶음의 표 굴리기

플레이북과 마찬가지로 시나리오 묶음에도 표가 있습니다. 이 표는 오늘 밤 모험에 필요한 배경지식을 만드는 데 도움을 줍니다. 플레이어들이 주사위를 굴리는 동안, 마스터 역시 주사위를 굴려야 합니다. 하지만 주사위 굴림에 열중하느라 플레이어들의 대화에서 튀어나오는 군침 도는 정보를 놓치지 마세요. 플레이어들이 캐릭터 시트를 채우고 물품을 고르는 동안에도 주사위를 굴릴 시간은 있습니다.

시나리오 묶음의 빈칸을 채우고 표의 결과를 확인하다 보면, 분명 상황이 어떻게 돌아가는지 어렴풋이 파악할 수 있습니다. 플레이북과 마찬가지로 시나리오 묶음의 결과는 단지 기본적인 설명일 뿐입니다. 각 소재들을 하나로 묶는 일은 마스터의 몫입니다.

많은 수의 시나리오 묶음은 모험의 절정 부분에서 간단한 "던전"을 제공합니다. 만약 시나리오 묶음에 던전이 등장한다면, 캐릭터들이 던전에 도착했을 때 쩔쩔매지 않도록 미리 주사위를 굴려서 표에 나온 대로 결과를 정하세요.

다 함께 무엇을 하나요?

최근 사건

현재 플레이어들은 다 함께 자란 캐릭터들을 가지고 있을 것이고, 마스터는 시나리오 묶음을 보고 최근 마을 근처에서 무슨 일이 벌어지고 있는지 감을 잡았을 것입니다. 이제는 캐릭터들이 문밖으로 나가 모험을 떠나도록 박차를 가해야 합니다.

각 시나리오 묶음에는 '최근 사건' 표가 있습니다. 각 플레이어는 차례대로 주사위를 굴려 지난 몇 주 동안 자기 캐릭터에게 무슨 일이 발생했는지 확인합니다. 좌측 플레이어의 캐릭터는 사건이 벌어질 때 해당 캐릭터와 함께 같이 있었으며, 캐릭터의 판정을 도와줄 기회를 얻습니다. 즉, 모든 캐릭터는 플레이를 시작하는 즉시 행동을 착수할 만큼 기이하고 흥미로운 사건을 두 번씩 겪게 됩니다.

플레이어들은 최근 사건 표에서 굴린 각 결과에 따라 행동을 하고, 판정을 한 번씩 합니다. 이 과정은 플레이어들이 규칙을 시험해 보고 판정을 어떻게 하는지 배우는 좋은 기회입니다. 왼쪽 플레이어의 캐릭터 역시 사건 현장에 같이 있기 때문에, 행운 점수를 사용하거나 관련 기능을 사용해 판정을 도울 수 있다는 사실을 잊지 마세요. 하지만 주의하세요. 이때 사용한 행운 점수는 플레이가 끝난 다음에야 회복됩니다.

마스터는 판정 결과에 최대한 의미를 부여하세요. 캐릭터가 판정에 성공하면, 그 즉시 무슨 일이 벌어지고 있는지, 혹은 누구를 살펴봐야 하는지 단서를 주세요. 모든 정보를 주지는 않더라도 무언가 일이 일어나고 있음을 알게 한다면, 플레이어들은 그 즉시 게임을 시작할 수 있습니다.

표에 나온 각 최근 사건은 한 번씩만 발생합니다. 즉, 주사위를 굴린 결과가 이미 일어난 최근 사건이라면,

대신 표 마지막 부분에 있는 특별한 사건을 확인하세요. 원래 굴림 결과 대신 아직 사용하지 않은 특별한 사건이 차례대로 발생합니다.

어떤 시나리오 묶음은 최근 사건을 다른 방식으로 판정합니다. 예를 들어 일행 모두가 함께 사건을 겪은 다음 곧바로 모험이 시작되는 식으로 말입니다.

잠깐 쉬세요

이제 게임을 시작할 준비가 되었습니다. 몇 분간 쉬면서 음료를 마시고 마스터가 참고사항을 적도록 기다려 주세요. 여러분 앞에 놓인 모험을 즐길 시간은 충분히 있을 것입니다.

마스터의 가장 중요한 일

마스터는 수많은 정보를 가지고 시작합니다. 여기 저기서 많은 소재가 쏟아져 들어오지요. 멋지지 않나요? 그만큼 플레이에 활용할 만한 소재가 많으니까요. 마스터는 플레이어 캐릭터들이 플레이북에서 가져온 정보 중 가장 쓸만한 부분을 시나리오 묶음의 정보와 어떻게 연관시킬지 궁리해야 합니다. 비록 창의력과 기교가 필요한 일이지만, 저희가 살펴본 결과 대부분의 사람은 감을 잡습니다.

명심하세요. 시나리오 묶음은 전통적인 시나리오와는 다르게 미리 완성된 자료를 제공하지 않습니다. 시나리오 묶음은 자신만의 모험 시나리오를 만들어 즉석에서 플레이하는 데 의의가 있습니다. 그러니 잘 적응하고 재미있게 즐기세요. 만약 어떻게 각 요소를 하나로 묶어야 할지 시간이 필요하다면, 그냥 플레이어들에게 잠깐 생각할 시간을 달라고 말하고, 무언가 재미있어 보이는 발상을 떠올린 다음, 그 생각대로 진행하세요.

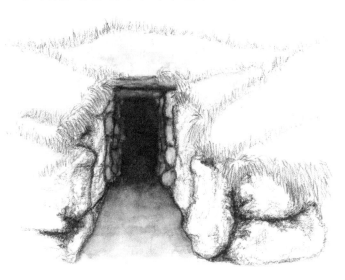

마을 만들기

게임에 깊이를 부여하고 마스터가 진행을 쉽게 할 수 있도록, 여러분은 캐릭터 플레이북을 사용해 플레이어 캐릭터를 만드는 동시에 마을 지도도 그릴 수 있습니다. 책 뒤의 빈 지도를 사용해 마을을 만들어 보세요. 이야기와 놀이 자료실에서도 (http://blog.storygames.kr/downloads) 찾아볼 수 있습니다.

빈 지도에는 여관이 마을 한 가운데 위치해 있습니다. 판타지 문학에서 마을 여관이나 술집은 흔히 모험의 시작점이자 전우애가 피어나는 장소이며, 마을 생활의 중심지 역할을 합니다. 그래서 저희는 이러한 사실을 고려해 여관을 게임에서 중요한 장소로 정했습니다. 또한 지도 한 가운데 있으니 보기에도 좋습니다.

또한, 지도 오른편에는 마을에서 중요한 사람을 적어두는 란이 있습니다. 마음껏 적으세요. 그리고 만약 중요하다고 생각한다면 여관 주인을 목록에 올리세요.

 플레이어와 마스터는 이제 차례대로 지도에 장소와 주요 NPC를 추가합니다. 자기 캐릭터의 플레이북이나 시나리오 묶음의 표에서 왼쪽 기호를 볼 때마다, 플레이어들은 지도에 장소를 한 군데 추가할 수 있습니다. 추가한 장소는 방금 표에서 굴린 결과와 직접 연관이 있을 수도, 없을 수도 있습니다. 자유롭게 그리세요. 무언가 영감을 받아서 그려도 좋고, 그냥 재미있을 것 같아서 그려도 좋습니다.

예: 질리안은 마을의 영웅 캐릭터를 만드는 중 성장하면서 캐릭터가 여러가지 시합에 능하다는 결과를 굴렸습니다. 질리안은 캐릭터가 운동 경기에서 여러 차례 승리를 거둔 장소인 연습장을 마을 교외에 추가하기로 했습니다. 분명 주사위 결과에 어울리는 장소입니다. 하지만 연습장 대신 캐릭터가 혼자 시간을 보내거나 친구들과 모여 이야기를 나누는 장소로 자주 사용한, 룬이 새겨진 오래된 나무 '떡갈나무 할아버지'를 지도에 추가할 수도 있습니다.

 또한 플레이어와 마스터는 마을에 사는 다른 사람들도 만듭니다. 자기 캐릭터의 플레이북이나 시나리오 묶음의 표에서 왼쪽 기호를 볼 때마다, 플레이어들은 마을 지도 오른편의 빈 란에 중요한 NPC를 추가할 수 있습니다. 장소와 마찬가지로 이 NPC는 방금 표에서 굴린 결과와 직접 연관이 있을 수도, 없을 수도 있습니다.

캐릭터 만들기 단계가 끝날 때면, 게임에서 활용할 흥미로운 장소와 NPC들이 있는 마을의 지도가 대충 완성되어 있을 것입니다. 이 장소와 NPC들은 시나리오 묶음의 표에 집어넣을 수 있는 좋은 후보이기도 합니다. 물론 마을 지도에 모든 NPC나 장소를 그릴 수는 없습니다. 괜찮습니다. 플레이어들은 플레이 중 언제든지 지도를 보고 자신들이 어디에 있는지 대략 알 수 있고, 게임이 진행되면서 캐릭터들이 계속 지도에 없는 곳으로 간다면 마스터와 상의해서 추가할 수 있습니다.

게임 진행하기

이제 모험에 나설 시간입니다. 마스터는 플레이어들의 흥미를 자아내고 모험에 끌어들이기 위해 필요한 모든 준비를 끝냈을 것입니다. 캐릭터들은 시나리오 묶음에 있는 최근 사건을 겪은 후 친구와 고향을 구하겠다는 다짐을 했을 것입니다. 다음은 마스터가 세션을 진행하는 데 도움이 될 몇 가지 조언입니다.

이야기가 끊임없이 움직이게 하세요

플레이 속도가 느려지기 시작하면, 극적인 요소를 늘리세요. 플레이가 이상적으로 흘러간다면 플레이어들은 플레이 시작부터 적극적으로 이야기를 진행해 나갈 것입니다. 최근 들어 수상한 사건들이 여러 차례 발생했고, 이곳은 캐릭터들이 지켜야 할 고향이기 때문입니다. 하지만 때로는 어떤 이유인지 이야기 진행이 늘어질 때도 있고, 캐릭터들이 무엇을 할지 감을 잡지 못한 채 우왕좌왕할 수도 있습니다.

이런 문제가 발생하면, 무언가 새로운 요소를 플레이어들 앞에 던지세요. 가장 전형적인 예는 갑작스러운 공격입니다. 이 방법은 확실하게 통합니다. 뜻밖의 중요한 단서를 가진 이방인이 나타나거나 마을 구석의 고대 사원에서 먼지 쌓인 책이 발견되는 전개도 효과가 있습니다.

여기서 한 가지 비밀을 알려드리겠습니다: 많은 플레이어는 주사위를 굴리고 싶어 하고, 굴린 판정에 의미가 있기를 원합니다. 마스터는 캐릭터 시트에 있는 능력치나 기능, 가족, 개인사 같은 캐릭터 정보를 흥미로운 장애물, 또는 단서와 연결해서 이런 욕구를 채울 수 있습니다.

개인적인 문제로 만드세요

마스터는 캐릭터 플레이북과 시나리오 묶음을 활용해 모험에서 벌어지는 사건을 캐릭터의 삶과 친구들, 가족들에 엮을 수 있습니다. 캐릭터들에게 또 다른 이야기 고리가 필요하다고 생각한다면, 이런 식으로 계속 엮으세요!

*울타리 너머*에서 나타내는 마을과 그 밖의 무대는 비교적 작은 장소이므로, 마을 사람들은 서로를 잘 알고 지냅니다. 만약 누군가가 실은 변장한 요정이라는 사실이 밝혀질 필요가 있다면, 먼저 캐릭터 플레이북에 있는 PC들의 친구를 훑어보세요. 만약 누군가가 용의 동굴에 우연히 들어간다면, PC의 낚시 친구 중 하나여야 합니다. 시나리오 묶음에 있는 NPC 이름 목록을 적극적으로 활용해서 모든 NPC를 좀 더 독특하고 생생한 사람처럼 느껴지게 하세요.

하지만 캐릭터들의 친구나 가족을 반드시 끔찍한 사건의 희생자로만 만들 필요가 없다는 사실도 명심하세요. 만약 플레이 속도가 지지부진하다면, 캐릭터의 아버지가 은광에 사는 사악한 고블린들에게 납치당하는 전개를 만들어도 괜찮습니다. 하지만 같은 일이 가족 모두에게 반복된다면, 캐릭터는 차라리 가족이 없는 편이 나았을지도 모른다고 생각할 수도 있습니다. 가족과 친구는 중요한 정보나 단서를 제공할 수도 있고, 정말 도움이 필요할 때는 캐릭터들을 위해 힘을 보태줄 것입니다.

특별한 물품

플레이북 결과에 따라 어떤 캐릭터들은 특이한 물품을 가지고 게임을 시작합니다 (숲의 어두운 중심부에서 가져온 나뭇가지, 무늬가 새겨진 반지 등). 이러한 잡다한 물품은 캐릭터에게 별 쓸모가 없을지도 모르지만, 마스터에게는 무척 훌륭한 이야기 고리가 될 수 있습니다.

여러 판타지 작품에 등장하는 영웅들은 늘 가지고 다니던 특별한 물품이 무척 유용하다는 사실을 깨닫곤 합니다. 마스터 역시 캐릭터들의 사소한 물품 한두 가지를 모험에서 중요한 역할을 하는 소소한 마법 물품으로 정해두면 플레이에 유용하게 활용할 수 있습니다.

예를 들어, 숲사람이 숲속의 산사나무에서 꺾은 나뭇가지가 사실은 요정에 대항하는 부적이기 때문에, 위험한 전투에서 몇 라운드 동안 요정들이 오지 못하도록 막아줄 수도 있습니다. 귀족의 딸이 가진 고대의 군기는 마을 사람들에게 용기를 불어넣어 가장 위급한 순간 PC 곁에서 함께 북부인의 공격에 맞서 싸울 수 있도록 하는 힘을 갖추었을지도 모릅니다.

이러한 물품은 게임이 시작할 때 미리 계획을 세워서 플레이어들에게 귀띔해 준다면 가장 이상적으로 활용할 수 있지만, 캐릭터들이 심각한 곤경에 빠져 도움이 필요할 경우 주저하지 말고 즉석에서 활용할 방법을 만들어 쓰세요.

선택의 환상을 피하세요

'선택의 환상'은 롤플레잉 게임에서 마스터가 무심코 저지르곤 하는 특정한 문제를 일컫는 용어로, 캐릭터들이 무엇을 선택하든 옳은 방향으로 (혹은 잘못된 방향으로) 가도록 만들려고 할 때 발생합니다. 예를 들어, 캐릭터들이 어느 작은 동굴에 들어가 갈림길에 섰다고 합시다. 한쪽으로 가면 모험의 마지막 부분으로 이어지고, 다른 쪽으로 가면 무언가 다른 일이 발생합니다. 마스터는 캐릭터들이 어느 길을 선택할지 기다리다가, 선택이 끝나자마자 그쪽 길에 모험의 마지막 부분을 집어넣습니다.

선택의 환상이 무조건 나쁘다는 것은 아니지만, 어떤 플레이어들은 자신의 선택이 아무 의미도 없다고 느낄 수 있습니다. 만약 사악한 마법사가 오른쪽을 선택했을 때 오른쪽에서, 왼쪽을 선택했을 때 왼쪽에서 기다린다면, 선택을 굳이 할 필요가 있나요? 마스터는 왜 그냥 마음속에 정해둔 목적지로 곧바로 향하는 일방향 길을 내놓지 않나요?

아무리 즉석에서 이야기를 만든다고 해도, 선택의 환상은 쉽게 피할 수 있습니다. 만약 두 갈래 길이 나온다면, 어느 방향으로 가야 사악한 마법사가 나올지 그냥 정하세요. 정하는 데 5분밖에 (혹은 5초밖에) 걸리지 않는다고 해도 좋습니다.

플레이어들이 실패하도록 놔두세요. 실패를 겪으면 성공이 그만큼 더욱더 값지니까요. 플레이어들이 길을 벗어나도, 잘못된 결말로 들어서도 좋습니다. 만약 플레이어들이 너무 쉽게, 너무 빨리 성공해도 좋습니다. 때로는 그런 성공을 누릴 만한 자격이 있습니다.

분위기

울타리 너머는 본질적으로 젊은 영웅들이 힘겨운 사건에 말려들어 고생을 겪고 성장하는 게임입니다. 세상은 어둡고 힘들지만, 결코 절망적이지는 않습니다. 캐릭터들은 고향과 친구, 가족을 지킬 기회를 얻지만, 반드시 성공한다는 보장은 없습니다.

의미 있는 이야기를 만들려면 고향과 친구, 가족이 캐릭터들에게 지킬 가치가 있어야 한다는 사실을 명심하세요. 마을에 사는 모든 NPC가 캐릭터들을 속이고 등쳐 먹으려 드는 불한당이라면, 마을에 남아 사람들을 지켜야 할 이유가 없습니다. 물론 마을 사람 모두가 착하고 바른 인물이어야 한다는 말은 아닙니다. 분명히 마을 사람 중에서도 나쁜 사람은 있습니다. 하지만 고생을 이겨낸 아버지나 사려 깊고 진실한 남자친구 같은 사람들이 있어도 좋습니다. 비록 세션 중에는 위험한 장소처럼 보일 수 있지만, 결국 고향 마을은 살기 좋은 안식처라고 플레이어들이 느끼도록 만드세요.

다른 몇몇 게임과 비교했을 때, **울타리 너머**의 캐릭터들은 처음 시작할 때 비교적 강한 편이지만 분명 무적은 아닙니다. 몇몇 능력치가 높은 1레벨 전사는 고블린을 쉽게 베어 넘길 수 있지만, 정통으로 맞은 공격 한 두 번에 쓰러질 수도 있습니다. 플레이어와 마스터는 이러한 한계를 명심하고 캐릭터를 과도한 위험에 노출해서는 안 됩니다. 위험에 처한 아버지나 남자친구를 지키기 위해서라면 도끼를 든 침략자들과 맞설 가치는 있겠지만, 불필요한 일에는 굳이 위험을 감수하지 않는 편이 나을 것입니다.

마법은 신비롭고 위험합니다. 마스터가 원하지 않는 한 이 세계에 '마법사 길드'나 '마법 물품 가게'는 없습니다. 마법사 PC는 아마도 마을에서 마녀를 제외하고는 마법을 사용하는 유일한 인물일 것입니다. 게다가 마녀는 보통 교묘하고 소소한 마법을 쓰는 편입니다. 만약 캐릭터가 **불타는 손**이나 **어둠 만들기** 같은 화려한 주술을 공공연하게 쓴다면, 마을에서 오랫동안 이야깃거리가 될 것입니다.

평범한 세계의 바로 아래에는 눈에 보이지 않는 세계가 존재합니다. 정령과 혼돈의 악마들은 무수하게 많고, 부모들이 아이들을 놀래주기 위해 이야기 속에 등장시키는 생물들이 숲속에서 살아 숨을 쉽니다. 캐릭터들은 보통 게임이 시작할 때 이러한 초자연적인 요소를 막 접합니다. 하지만 캐릭터들은 이미 초자연적인 요소와 마주쳤을지도 모르는 특출한 사람들입니다. 아마도 캐릭터 플레이북에 이러한 세계를 암시하는 부분이 있을 것입니다.

마을 밖의 세상은 위험하지만, 동시에 아름답고 매혹적입니다. 숲의 요정들은 사람들을 죽일 수도, 오랫동안 가두어 둘 수도 있지만, 어쩌면 훌륭한 선물이나 달콤한 노래를 줄 수도 있고, 인간들이 상상하지 못한 아름다움을 보여줄 수도 있습니다. 시나리오 묶음에 나오는 위협에서 마을을 구한 후, 캐릭터들은 이 아름답고도 위험한 세계를 제대로 체감할 것입니다. 그리고 울타리 너머 모험으로 가득 찬 세상으로 나가 자신들의 이야기를 이어 나갈 충분한 동기도 얻을 것입니다.

주문과 마법

캔트립과 주술, 의식, 마법 물품을 소개합니다.

소개

이번 장은 **울타리 너머, 또 다른 모험으로**에서 마법 물품과 캔트립, 주술, 의식을 사용할 때 필요한 모든 규칙을 담았습니다. 명확한 설명을 위해 각 항목 앞부분에는 해당 종류의 마법을 사용하는 규칙을 반복해서 설명했습니다. 편의상 '핵심 규칙' 장에서 설명한 부분을 상당 부분 그대로 옮겼으며, 새롭게 알아야 할 마법 규칙은 없습니다.

이번 장에서 소개하는 주문 목록은 게임에서 가장 빈번하게 접할 흔한 종류의 마법을 수록했을 뿐입니다. 반드시 여기 있는 주문만 사용할 필요는 없습니다.

마스터와 플레이어는 새로운 주문을 직접 만들 수도 있고, 다른 게임에서 마음에 드는 주문을 차용할 수도 있습니다. 만약 새로 만든 주문이 지나치게 강하거나 약한 것이 아닌지 의문이 든다면, 그냥 테이블의 다른 사람들에게 의견을 묻는 것이 가장 좋은 해결책입니다.

마법 물품은 마법적인 의식으로 만들 수 있을지도 모르는 일부 간단한 물약을 제외하고는 제작 규칙을 수록하지 않았습니다. 마스터와 플레이어는 자신들만의 마법 물품을 제작할 수 있는 흥미진진하고 재미있는 방법을 얼마든지 만들어도 좋습니다.

모든 주술과 의식은 (캔트립은 제외합니다) 다음 특성을 지닙니다:

범위: 유효 거리는 마법사가 얼마나 멀리까지 마법을 사용할 수 있는지를 의미합니다. '자신'은 오직 마법사 자신에게만 사용할 수 있는 마법입니다. '접촉'은 말 그대로 목표와 접촉해야 합니다. '근거리'는 마법사와 가까운 거리에 있는 상대에게만 영향을 미칩니다 (탁 트인 벌판에서는 50야드(45m) 정도이며, 실내에서는 같은 방입니다). '장거리'는 더욱 먼 거리까지 영향을 미칠 수 있습니다. 각 주문별로 얼마나 멀리 사용할 수 있는지 설명이 나와 있습니다. 일부 마법은 유효 거리가 '전 우주'입니다. 이러한 마법은 혼돈의 영역이나 요정 세계의 깊숙한 부분처럼 캐릭터들이 사는 세계 바깥의 차원까지 영향을 미친다는 의미입니다.

지속시간: 지속 시간은 마법이 얼마나 지속하는지를 의미합니다. 보통 라운드나 분, 시간, 일 같은 실제 시간 척도를 기준으로 삼습니다. 지속시간이 "OO/레벨"인 마법은 마법사의 레벨이 높아질수록 지속시간이 늘어납니다. 예를 들어 지속시간이 "5라운드/레벨"인 마법을 2레벨 마법사가 사용한다면 해당 마법은 10라운드 동안 지속됩니다.

극복 판정: 사람에게 영향을 주는 마법은 보통 상대가 극복 판정을 해서 저항할 기회가 있습니다. 극복 부문은 해당 마법의 대상이 극복 판정을 할 수 있는지 없는지를 알려줍니다. 별다른 언급이 없는 한 상대는 주문 극복 판정을 합니다.

캔트립은 위 특성이 없습니다. 캔트립의 유효 거리는 항상 근거리로 간주하며, 지속 시간은 해당 캔트립 설명에 적혀 있습니다. 캔트립의 대상이 된 목표는 언제나 극복 판정을 할 수 있습니다. 그러므로 캔트립은 유효 거리와 지속 시간, 극복 부문을 설명하지 않습니다.

또한 캔트립과 의식은 능력치 판정이 필요하므로, 사용할 때 **지능**이나 **지혜** 중 어느 능력치를 판정해야 할지 각 마법마다 나와 있습니다.

마법사의 마법서

저희는 마법사들이 자신이 배운 캔트립이나 주술, 의식을 모두 기억한다고 간주합니다. 그렇기 때문에 아는 주문을 적은 마법서를 들고 다닐 필요는 없습니다.

하지만, 마법사는 주문을 배울 필요가 있습니다. 즉, 처음에는 어딘가에 적힌 주문을 읽고 공부해야 한다는 의미입니다. 그러므로 마법사 캐릭터는 자신이 아는 의식이나 주술을 기록해 둔 책을 가지고 다닌다고 선택할 수 있습니다. 어쩌면 모험 중에 다른 주문이 적힌 책을 찾아 새로운 마법을 배울 기회를 얻을지도 모릅니다.

만약 플레이어가 자기 캐릭터는 주문을 수록한 책을 가지고 다닌다고 선언하면 당장 얻는 이득은 없어도, 이후 다른 NPC 마법사를 만났을 때 서로 마법 지식을 교환할 수 있는 협상력을 가지게 됩니다.

캔트립

마법사는 캔트립을 쓸 때마다 **지능** 또는 **지혜** 판정을 합니다 (각 캔트립 설명마다 어느 능력치로 판정할지 나옵니다). 판정에 성공하면 캔트립은 정확히 원하는 효과를 발휘합니다. 판정에 실패하면, 플레이어의 선택에 따라 두 가지 일 중 하나가 발생합니다: 마법사는 휴식할 때까지 마법의 힘이 바닥나거나, 사용한 마법이 제멋대로 효과를 발휘합니다.

마법의 힘이 바닥난다고 선택했다면, 마법사는 탈진해서 하룻밤 푹 쉴 때까지 어떠한 종류의 마법도 쓸 수 없습니다. 추가로, 마법사가 이미 외워서 효과가 아직 남아있는 모든 주술이나 의식의 효과가 즉시 사라집니다 (물론, 지속 시간이 영구한 마법은 제외합니다).

마법이 제멋대로 효과를 발휘한다고 선택한다면, 마법은 심각하게 잘못됩니다. 이 선택은 위험합니다. 마법 때문에 어떤 일이 발생할지는 마스터가 정하기 때문입니다. 어떤 상황에서도 제어를 벗어난 마법은 캐릭터나 아군에게 해로운 효과를 발휘합니다. 조명이 필요할 때 사용한 주문이 반대로 주위를 어둡게 만들 수도 있고, 적에게 건 저주가 마법사에게 대신 걸릴 수도 있습니다.

일반적으로, 캔트립은 오직 자질구레한 효과만 발휘합니다. 캔트립으로는 상대에게 피해를 줄 수 없고, 근거리에서만 발휘되며, 어떠한 영구적 효과도 만들 수 없습니다. 각 캔트립으로 무엇을 할 수 있는지는 해당 캔트립 설명을 참조하세요. 마스터는 마법사가 무리하게 능력을 발휘한다고 생각한다면 캔트립 판정에 페널티를 줄 수 있습니다.

저주 같은 캔트립은 적의 판정에 페널티를 주기도 합니다. 하지만 캔트립은 약한 마법이기 때문에 판정에 -2 페널티보다 심한 효과는 발휘할 수 없습니다.

드루이드의 손길 (지혜)

드루이드의 손길을 가진 마법사는 어떤 식물이든 꽃을 피우고, 꺾꽂이를 하면 뿌리를 내리게 하는 능력을 가졌습니다. 또한 정원이 얼마나 작든 풍성하게 수확할 것입니다. 보통 이 주문은 식물 하나가 엄청난 속도로 싹을 틔우고 자라게 하거나 (때로는 눈에 보이는 속도로 자라납니다), 정원 전체의 식물이 두 배의 속도로 자라게 하는 용도로 사용합니다.

마법사는 판정에 -3 페널티를 받고 심하게 다치거나 손상된 식물을 다시 건강하게 바꿀 수 있습니다. 또한 마법사는 바람이 적당한 방향으로 불 때 나무에게 비밀을 털어놓도록 할 수도 있습니다. 비록 나무의 대화 방식은 사람에게 이질적이고 기이하게 느껴지지만, 마법사는 판정에 -6 페널티를 받고 대화를 시도할 수 있습니다.

마법사의 빛 (지능)

마법사의 빛은 중간 정도 밝기의 마법적인 빛을 만드는 주문입니다. 마법사는 지팡이 끝이나 부적처럼 물건에서 빛이 뿜어져 나오게 할 수도 있고, 그냥 떠다니는 구 형태로 빛을 만들 수도 있습니다. 이 마법은 30야드(27m) 정도를 충분히 밝힐 만한 빛을 만듭니다. 빛의 세기는 흐릿하지만, 책을 읽을 수 있을 정도로 밝습니다.

마법사는 판정에 페널티를 받고 더욱 강한 빛을 만들 수도 있습니다. 방 하나에 횃불 몇 개 정도의 빛을 만들려면 -3 페널티를 받으며, 대낮처럼 환한 빛을 만들려면 -5 페널티를 받습니다. 스스로 움직이는 몇 개의 총천연색 빛을 만들거나, 멀리 떨어진 특정한 곳에 빛을 만들려고 시도할 때에도 (예를 들어, 적의 눈앞에 빛을 만들어서 혼란하게 만들기 등) 비슷한 페널티를 받습니다.

마법사의 빛은 마법사가 집중하는 동안 계속 유지됩니다. 전투 상태에 들어가거나 다른 캔트립 판정에 실패한다면 효과가 즉시 끝납니다.

소리 만들기 (지능)

소리 만들기를 가진 마법사는 환청의 대가로, 손을 흔드는 것만으로도 발걸음이나 덜컹거리는 소음, 비명 등 온갖 소리를 허공에서 만듭니다. 이 주문으로 만들어지는 소리는 보통 또렷하지 않고 조용합니다.

마법사는 페널티를 받고 소리를 더욱 크게 만들거나 특정한 소리를 흉내 낼 수 있습니다. 예를 들어 상대 오른편에 흐릿한 음악 소리를 낸다면 -3 페널티를 받으며, 상대의 바로 뒤에서 특정 곡을 정확하게 들리게 한다면 -6 페널티를 받습니다.

영혼 시야 (지능)

영혼 시야는 유령이나 요정, 각종 악마처럼 모든 종류의 영적인 존재를 볼 수 있는 능력을 부여하는 주문입니다. 마법사는 단지 영적 존재를 감지할 수 있을 뿐이며, 실제로 대화를 나누려면 상대의 언어를 알아야 합니다.

영혼 시야를 사용한 마법사는 영적 존재의 진실한 이름을 안다면 명령을 내릴 수도 있습니다. 진실한 이름에 관한 나머지 정보는 '핵심 규칙' 장의 p.25에서 다룹니다.

저주 (지혜)

마법사는 저주를 내뱉어 상대를 혼내줄 수 있습니다. 마법사는 반드시 "칼을 휘두를 때" "나무에 오를 때" "귀족에게 이야기할 때"처럼 특정한 행동을 지정해야 하며, **저주**에 걸린 상대는 해당 행동을 할 때 다음 판정에 -1 페널티를 받습니다.

마법사는 좀 더 강력한 **저주**를 걸어서 상대가 -2 페널티를 받도록 할 수 있지만, 그러려면 판정에 -3 페널티를 받아야 합니다. -6 페널티를 받고 주문을 사용하면 저주의 효과가 동틀 때까지, 또는 해가 질 때까지 계속되도록 할 수 있습니다.

짐승 소통 (지혜)

짐승 소통을 가진 마법사는 동물과 말을 할 수 있을 뿐만 아니라, 늑대가 무리에게 울부짖는 것처럼 동물들을 불러모으는 능력도 얻습니다. 마법사는 비마법적인 동물과 말할 수 있으며, 다른 때라면 도망치거나 공격해올 동물들도 마법사와 대화를 나누도록 할 수 있습니다.

한 번에 여러 종류의 동물과 대화를 나누려고 시도하는 마법사는 추가로 대화를 나누는 동물 종류마다 -3 페널티를 추가로 받습니다. 또한, 동물에게 자기 이익과 관련 없는 것처럼 보이는 행동을 하도록 시도할 때에도 -3 페널티를 받습니다. 일반적으로 동물들은 이 캔트립을 사용한 마법사를 위해 위험을 감수하지는 않지만, 마법사는 판정에 -6 페널티를 받고 시도할 수 있습니다.

축복 (지혜)

마법사는 손길과 함께 기운을 북돋는 말 한 마디로 아군이 앞으로 할 다음번 판정에 +2 보너스를 주어 도울 수 있습니다. 마법사는 주문을 외울 때 반드시 주문 대상이 어떤 일을 할 때 보너스를 받을지 선언해야 합니다. (예: "적을 칠지어다!"나 "공작을 위해 멋진 검을 만들지어다!" 등)

마법사는 좀 더 큰 보너스를 주는 **축복**을 시도할 수도 있지만, 추가로 주는 +1 보너스마다 -5 페널티를 받습니다.

환상 짜기 (지능)

환상 짜기를 가진 마법사는 소리 없는 환영을 만들어 내는 환상술사입니다. 이 환영은 실제로 만질 수도 없으며 무게도 느껴지지 않는 단순한 영상입니다. 이 주문은 보통 작고 움직이지 않으며 허술한 환상을 만들 때 사용합니다.

마법사는 -2 페널티를 받고 좀 더 크고 정교한 환상을 만들 수 있습니다. 움직이는 환상을 만드는 것은 좀 더 어렵기 때문에 -4 페널티를 받습니다.

주술

주술은 명확하게 정해진 효과를 발휘하는 가장 간단하면서도 안정적인 형태의 마법으로, 책에서 터득하거나 스승에게 배울 수 있습니다. 각 주술은 매번 쓸 때마다 똑같은 효과를 발휘합니다. 주술의 효과는 캔트립보다는 강력하고 의식보다는 약하지만, 양쪽 모두보다 더욱 안전하고 신뢰할 수 있습니다.

마법사는 하루에 자기 레벨만큼의 주술을 쓸 수 있습니다. 주술을 모두 쓴 마법사는 지쳐서 더 주술을 쓸 수 없지만, 캔트립이나 의식은 여전히 시도할 수 있습니다.

마법사는 주술을 자기 것으로 만들기 위해 배우고 기록하는 데에 오랜 시간을 들입니다. 새로운 주술을 배우려면 마법사는 스승의 가르침을 받거나 책을 읽으면서 일주일을 연구에 투자해야 하고, 일주일이 끝나면 **지능** 판정을 합니다. 판정에 성공한 마법사는 주술을 정상적으로 쓸 수 있습니다. 만약 판정에 실패하면 마법사는 다음 레벨을 얻을 때까지 기다렸다가 다시 배우려고 시도해야 합니다.

거미 등반
범위:접촉
지속시간: 3라운드/레벨
극복 판정: 없음
마법사는 주문 대상에게 가볍게 손을 대고 비밀스러운 표식을 그려서 거미처럼 수직 벽이나 천장을 탈 수 있는 능력을 부여할 수 있습니다. 주문 대상은 반드시 맨손과 맨발이어야 하며, 주문의 지속 시간 동안 마치 거미처럼 모든 표면을 탈 수 있습니다.

거미줄
범위: 근거리
지속시간: 2라운드/레벨
극복 판정: 실시
마법사는 정교한 손동작과 함께 주문을 외워 지름 약 10피트(3m) 일대를 두껍고 끈적끈적한 그물로 뒤덮을 수 있습니다. 유효 거리 안에 있는 모든 생물은 극복 판정을 해서 실패하면 주문의 지속 시간 동안 그물에 갇힙니다. 그물에 갇힌 상대는 지속 시간 동안 아무 행동도 할 수 없으며, 오직 -2 페널티를 받고 **근력** 판정을 해서 그물을 벗어나는 시도만 할 수 있습니다. 능력치가 없는 생물은 대신 극복 판정을 해서 그물을 벗어나는 시도를 할 수 있습니다.

거짓 친구
범위:근거리
지속시간: 1일/레벨
극복 판정: 실시
마법은 매혹적인 힘입니다. 극복 판정에 실패한 상대는 마법사를 신뢰할 수 있는 아군이자 절친한 친구로 생각합니다. 비록 상대는 마법사를 위해 목숨을 바치지는 않겠지만, 마법사를 친구로 생각해서 기쁘게 해 주기 위해 최선을 다할 것입니다. 만약 상대가 마법사나 마법사의 아군에게 위협을 받는 중이라면, 상대는 극복 판정에 +5 보너스를 받습니다. 전투 중에 **거짓 친구**를 쓴다면, 상대의 자기 보존본능이 마법의 힘을 억누르기 때문에 주술은 효과를 발휘하지 않습니다.

격려
범위:근거리
지속시간: 3라운드/레벨
극복 판정: 없음
마법사는 자신과 아군을 돕는 신비한 힘을 끌어내어 아군의 용기와 행운, 그리고 기량을 끌어올립니다. 마법사와 유효 거리 안의 모든 아군은 명중 판정과 모든 극복 판정에 +1 보너스를 받습니다.

경이로운 인내력
범위:근거리
지속시간: 1시간/레벨
극복 판정: 없음
짧은 시간 동안 마법사와 아군은 경이로울 정도로 혈기 왕성해집니다. 주문의 지속 시간 동안 주문 대상은 모든 건강 판정에 성공하며, 모든 독 효과를 무시합니다. 또한 피로 등으로 받는 페널티 역시 무시합니다.

고급 환상
범위:근거리
지속시간: 집중
극복 판정: 실시
마법사는 고대로부터 전해져 온 권능의 언어로 환영을 소환할 수 있습니다. 환영은 진짜처럼 보이지만 실체는 없으며, 그럴듯한 소리를 낼 수는 있지만 지성을 가지고 말을 하거나 생각하지는 못합니다. 환영은 마법사의 집중이 깨질 때까지 계속됩니다. 환영을 보는 이들은 환영이 진짜가 아니라고 믿을 만한 이유가 있다면 주문

극복 판정을 할 수 있습니다. 판정에 성공하면 환영이 그저 공허한 영상이라는 사실을 알아차립니다. 고급 환상 주문은 말 한 필보다 더 큰 환영을 만들 수 없으며, 한 번에 최대 세 개까지 분리된 영상을 만들 수 있습니다.

고독의 저주
범위:근거리
지속시간: 1시간/레벨
극복 판정: 실시
고독의 저주는 오래된 마녀의 저주로, 주변 사람들이 상대를 무례하고 역겨운 사람으로 생각하도록 만드는 무서운 주문입니다. 지속 시간 동안 상대는 자동으로 모든 종류의 매력 판정에 실패합니다. 머리 좋은 상대라면 다른 사람들의 눈에 뜨이지 않는 조용한 장소를 찾을 것입니다.

깃털 낙하
범위:접촉
지속시간: 1라운드/레벨
극복 판정: 없음
마법사가 손을 재빨리 흔들고 말 한 마디를 속삭이면, 주문 대상은 깃털처럼 느릿느릿 떨어져서 추락 피해를 받지 않습니다. 물론 주문 대상이 공중에 있는 동안 주문이 사라지면, 그때부터 새롭게 아찔한 하강이 시작됩니다.

꿰뚫는 눈
범위:자신
지속시간: 1시간/레벨
극복 판정: 없음
마법사는 권능의 표식을 그린 다음 손으로 눈을 훑어서, 다른 마법사가 만든 환상을 꿰뚫어 볼 수 있습니다. 주문의 지속 시간 동안 마법사는 눈앞에 나타난 것이 진짜인지 환상인지 즉시 구분할 수 있습니다. 비록 눈앞에 환상은 보이지만, 마법사는 그것이 거짓인지를 즉시 파악합니다. 이 주문으로 투명체나 영적 존재를 볼 수는 없다는 사실을 명심하세요.

눈부신 섬광
범위:근거리
지속시간: 순간
극복 판정: 실시
마법사는 양 손가락으로 고대로부터 내려오는 빛의 표식을 그린 다음 손뼉을 쳐서 눈부신 섬광을 만들 수 있습니다. 마법사 자신을 제외한 유효 거리 안의 모든 상대는 주문 극복 판정을 해서 실패하면 2d6라운드 동안 눈이 멉니다.

두려운 존재감
범위: 근거리
지속시간: 2라운드/레벨
극복 판정: 실시
마법사가 주문을 외우면, 움직임 하나하나와 말 하나하나에 압도적인 권위가 실려 적에게 겁을 줍니다. 마법사는 주문 지속 시간 동안 라운드마다 아무나 상대 한 명에게 존재감을 발휘해서 상대가 지속 시간 동안 숨거나, 도망가거나, 벌벌 떨도록 만들 수 있습니다. 상대는 극복 판정에 성공하면 주문의 효과를 무시합니다.

땜장이의 축복
범위:접촉
지속시간: 영구
극복 판정: 없음
땜장이의 축복은 부서진 물건을 완전하게 고치는 주문입니다. 마법사는 끊어진 사슬이나 반지, 그 외 금속이나 세라믹, 나무로 된 물품 등을 이 주문으로 고칠 수 있습니다. 대상 물품은 단검이나 물병 이하의 크기여야 합니다. 마법 물품은 이 주문의 영향을 받지 않습니다.

마녀의 웃음
범위:근거리
지속시간: 1라운드/레벨
극복 판정: 실시
마녀의 웃음에 걸린 상대는 모든 것이 참을 수 없을 정도로 우스워져서 자신을 주체하지 못하고 고통스러운 지경에 이를 때까지 웃음을 터뜨립니다. 마법사가 권능의 언어를 말하면, 상대는 킥킥대다가 라운드가 지날수록 더욱 크게 웃습니다. 상대는 처음 2라운드 동안 모든 판정에 -3 페널티를 받지만, 주문에 걸린 후 2라운드 후부터는 주문의 지속 시간 동안 아무것도 하지 못한 채 그저 바닥을 구르면서 웃음을 터뜨립니다. 극복 판정에 성공한 상대는 영향을 받지 않습니다.

마법 화살
범위:근거리
지속시간: 순간
극복 판정: 없음
마법사가 빠르고 치명적인 주문을 외우면, 마력으로 만들어진 화살이 마법사가 볼 수 있는 상대에게 정확히 명중합니다. 이 화살은 1d6+1 피해를 줍니다. 마법사는 3레벨이 될 때마다 화살을 하나 더 만들 수 있습니다. 즉 3레벨에는 2개, 6레벨에는 3개, 9레벨에는 4개의 화살을 만듭니다. 마법 화살 주문을 사용할 때 마법사는 화살을 한 명에게 집중시킬 수도 있고, 각각 다른 상대에게 나누어서 쏠 수도 있습니다.

망각
범위:근거리
지속시간: 1시간/레벨
극복 판정: 실시

이 사악한 주문에 걸린 상대는 주문의 지속 시간 동안 자신에게 중요한 모든 것을 잊어버립니다. 상대는 자신이 누구이며 누가 자기 친구인지 알지만, 중요한 일의 세부사항을 기억해 내려면 **지능** 판정에 성공해야 합니다. 게다가 상대는 주문의 지속 시간 동안 자신이 아는 모든 기능을 잊어버립니다.

망자 피하기
범위:접촉
지속시간: 4라운드/레벨
극복 판정: 없음

언데드는 망자 피하기 주문이 걸린 대상을 보지도, 알아차리지도 못합니다. 주문의 지속 시간 동안 모든 종류의 언데드는 어떤 수단으로도 주문 대상을 감지할 수 없습니다. 하지만 주문 대상이 언데드를 어떤 수단으로든 공격하면, 주문의 효과는 곧바로 끝납니다.

명령의 말
범위:근거리
지속시간: 1라운드
극복 판정: 실시

마법사는 순수한 의지의 힘을 사용해서 상대에게 마법사가 내린 한 마디의 명령에 따르도록 강제할 수 있습니다. 상대는 자기 자신을 직접 해치는 일은 하지 않지만, 그 밖의 명령은 즉시 따릅니다. 극복 판정에 성공한 상대는 명령을 무시합니다.

무리 소환
범위:근거리
지속시간: 집중
극복 판정: 없음

마법사가 낮고 귀에 거슬리는 목소리로 주문을 외우면, 대지가 부름에 답하여 주변에 있는 박쥐나 벌레, 쥐 같은 작은 동물들의 무리를 끌어옵니다. 무리는 마법사가 명령하는 대로 얼추 움직입니다. 어떤 동물들이 소환될지는 그 지역 환경에 따라 다릅니다. 무리의 범위 안에 있는 모든 대상은 차례마다 1점씩 피해를 받습니다. 소환된 무리는 흩어지거나 마법사가 집중을 깰 때까지 남아 있습니다. 집중하는 동안 마법사는 아무것도 하지 않고 무리를 움직이는 데에만 집중해야 합니다.

문 잠그기
범위:접촉
지속시간: 1분/레벨
극복 판정: 없음

마법사는 힘의 언어를 읊으면서 평범한 문에 손을 대서 누구도 통과하지 못하도록 만들 수 있습니다. 완력으로 문틀을 부순다고 하더라도 문은 꼼짝도 하지 않을 것입니다.

밀수꾼의 운
범위:접촉
지속시간: 1시간
극복 판정: 없음

마법사는 이 주문을 사용해 자신이 가지고 있는 물품 하나를 일반적인 수단으로는 절대 발각되지 않도록 할 수 있습니다. 물품의 크기는 소검이나 꽉 채운 소형 자루 이하여야 하며, 반드시 자신의 몸에 충분히 숨길 수 있을 수단이 있어야 합니다. 주문의 지속 시간 동안 일반적인 수색으로는 절대로 물품을 찾아낼 수 없으며, 오직 주문이나 마법적인 감지로만 찾아낼 수 있습니다.

바람의 가호
범위:근거리
지속시간: 1라운드/레벨
극복 판정: 없음

마법사가 바람의 이름을 부르면, 강한 돌풍이 부름을 받아 짧은 시간 동안 마법사와 일행을 지켜줍니다. 지속 시간 동안 마법사와 근거리에 있는 모든 아군은 화살이나 투석, 투척 무기 같은 일반적인 장거리 공격으로부터 완벽하게 보호를 받습니다. 또한 비행 생물은 지속 시간 동안 마법사에게 근거리 내로 접근할 수 없으며, 이미 근거리 안에 있는 비행 생물은 즉시 땅으로 내려와야 합니다. 이 효과는 양방향으로 작용하기 때문에, 보호를 받는 마법사와 아군 역시 원거리 무기나 비행 능력을 사용할 수 없습니다.

본성 감지
범위:근거리
지속시간: 순간
극복 판정: 실시

마법사는 재치와 통찰력, 그리고 속삭이는 듯한 주문 한 구절로 상대가 어떤 인물인지 많은 부분을 파악할 수 있습니다. 이 간단하지만 강력한 주문으로 마법사는 바로 근처에 있는 특정 대상 한 명의 가치관을 저절로 파악합니다. 또한 마법사는 상대가 악마에게 홀렸는지, 변장한 요정인지, 변신한 용이나 마법사인지 등 초자연적인 정보 역시 눈치챌 수 있습니다. 만약 상대가 주문 극복 판정에 성공하면, 마법사는 아무것도 알 수 없습니다.

불꽃 맞서기
범위:자신
지속시간: 2라운드/레벨
극복 판정: 없음

아무리 늙은 용이라도 마법의 명수 앞에서는 어느 정도 두려움을 품습니다. **불꽃 맞서기**를 사용하면, 짧은 시간이지만 불꽃 속을 걷고 이글거리는 불길 안으로 손을 집어넣는 능력을 얻기 때문입니다. 지속 시간 동안 마법사는 평범한 불 뿐만이 아니라 마법적인 불이나 용의 입김 같은 어떠한 종류의 불에도 피해를 받지 않습니다.

불꽃 홀리기
범위:근거리
지속시간: 집중
극복 판정: 없음

어떤 마법사는 불꽃과 대화를 나누기도 합니다. 마법사는 불꽃을 누그러뜨려서 무척 작은 불덩이로 바꿀 수도 있고, 분노를 불어넣는 말로 불꽃을 키워서 일렁이게 할 수도 있습니다. 마법사는 이 주문으로 불을 창조할 수는 없어도, 현재 타오르는 불의 강도나 밝기를 높이거나 낮출 수 있습니다. 다른 불과 마찬가지로 마법사가 조종하는 불꽃은 일반적인 양의 연료가 필요하며, 불꽃을 조종하기 위해서는 다른 일을 하지 않고 오직 불을 조종하는 데에만 집중해야 합니다.

불타는 손
범위:근거리
지속시간: 즉시
극복 판정: 실시

불타는 손을 사용한 마법사는 눈이 불타는 듯 환하게 이글거리며, 손을 활짝 펼쳐 손가락 끝으로 맹렬한 불꽃을 발사할 수 있습니다. 불꽃은 부채처럼 큰 호를 그리면서 5피트(1.5m)까지 펴져 1d3의 피해를 주며, 불꽃의 범위에 있는 모든 살아있는 대상은 마법사의 레벨당 2점의 피해를 추가로 받습니다. 주문 극복 판정에 성공한 상대는 절반 피해만 받습니다.

속박
범위:근거리
지속시간: 10라운드
극복 판정: 실시

근거리 안에 있는 모든 식물이 마법사의 명령에 따라 줄기를 뻗고 구불구불 얽혀서 마법사 자신을 제외한 모든 상대를 단단히 붙듭니다. 극복 판정에 성공한 캐릭터는 느릿느릿 도망칠 수 있지만, 라운드당 10피트(3m) 밖에 이동할 수 없습니다.

속삭이는 바람
범위:장거리
지속시간: 순간
극복 판정: 없음

마법사는 자신이 아는 다른 사람에게 전갈을 보내도록 바람에게 부탁할 수 있습니다. 마법사가 보낸 말은 무척 먼 거리, 마법사의 레벨당 약 1마일(1.6km)의 거리를 날아서 멀리 떨어진 아군에게 닿을 수 있습니다.

시체 움직이기
범위:근거리
지속시간: 3시간/레벨
극복 판정: 없음

시체 움직이기는 죽은 자를 움직이게 하는 흑마법입니다. 마법사는 권능의 언어를 말해 근거리에 있는 1d4구의 시체를 해골이나 좀비로 바꾸어 (시체 상태에 따라 적합한 쪽으로) 움직일 수 있습니다. 이 언데드들은 마법사의 조종에 따라 움직이며, 주문의 지속 시간이 끝나면 다시 원래대로 생명이 없는 시체로 되돌아갑니다.

신비한 방패
범위:자신
지속시간: 5라운드/레벨
극복 판정: 없음

마법사는 마법의 힘을 자기 앞으로 끌어내어 물리적인 방어막으로 만듭니다. 주문의 지속 시간 동안 마법사는 정면에서 자신을 노리는 모든 공격에 +6 **장갑**을 받습니다.

야생의 부름
범위:장거리
지속시간: 순간
극복 판정: 없음

마법사가 손을 들고 이 지역에 고유하게 서식하는 동물의 종류 중 하나를 지정하면, 1마일(1.6km) 안에서 응답 가능한 동물 중 최대 2d6마리가 부름을 받고 옵니다. 거리에 따라 동물이 오는 시간이 어느정도 달라질 수도 있습니다. 선착장에서 쥐 떼를 부른다면 1라운드 안에 오겠지만, 숲에서 늑대 떼를 부른다면 몇 분 정도 시간이 들 것입니다. 동물들은 가능하면 마법사를 도우려 하겠지만 노예처럼 복종하지는 않을 것이며, 자신의 자유의지에 따라 행동할 것입니다. 예를 들어 전투 상황에서 동물들은 마법사를 지키려고 하겠지만 마법사를 위해 죽지는 않을 것입니다.

어둠 만들기
범위:근거리
지속시간: 3라운드/레벨
극복 판정: 없음

마법사의 중심으로 근거리 일대 모두가 어둠의 장막에 뒤덮입니다. 마법적인 수단을 포함한 그 어떠한 빛도 이 깊은 어둠을 꿰뚫을 수 없습니다. 오직 주문 사용자보다 레벨이 높은 다른 마법사가 만든 마법적인 빛만이 이 어둠을 없애고 **어둠 만들기** 주문을 즉시 끝낼 수 있습니다.

언데드 퇴치
범위:근거리
지속시간: 10분/레벨
극복 판정: 실시

이 주문은 모든 종류의 언데드에게 맹목적인 공포를 불어넣습니다. 마법사가 주문을 외우면, 마법사 주변에 있는 모든 언데드는 주문 극복 판정을 해서 실패하면 그 자리에서 즉시 도망친 다음 주문의 지속 시간 동안 숨습니다. 언데드는 지속 시간이 끝난 후에 자유롭게 행동합니다.

열쇠의 손길
범위:접촉
지속시간: 순간
극복 판정: 없음

마법사는 신비한 표식을 그리면서 평범한 문이나 자물쇠를 강제로 열 수 있습니다. 하지만 마법적으로 잠긴 자물쇠에는 아무 효과가 없으며, 육중한 쇠창살 문이나 석관처럼 너무 무거워서 마법사가 힘으로 열 수 없는 물체를 움직일 수도 없습니다 (물론 이런 물체에 있는 자물쇠를 열 수는 있습니다)

용기의 말
범위:근거리
지속시간: 3라운드/레벨
극복 판정: 없음

마법사는 몸을 꼿꼿이 세운 다음 고대로부터 내려오는 힘과 권능의 언어를 외쳐서 근거리 안에 있는 모든 아군에게 큰 지신감과 용기를 심을 수 있습니다. 마법사와 유효 거리 안에 있는 모든 아군은 도망가는 중이었다면 즉시 발걸음을 멈추고, 주문의 지속 시간 동안 모든 공포 효과에 저항할 수 있습니다. 주문의 지속 시간 동안 자연적, 또는 마법적인 공포와 관련된 극복 판정을 해야 한다면 자동으로 성공합니다.

울부짖음

범위:근거리
지속시간: 1라운드/레벨
극복 판정: 실시

마법사가 마력이 담긴 고통스러운 말을 내뱉으면, 목소리가 마치 울부짖는 함성처럼 커집니다. 곧, 바람을 타고 수많은 목소리가 섞이면서 마법사 주변에 고통스러운 불협화음이 울려 퍼집니다. 근거리 안에 있는 모든 상대는 아군과 적을 가리지 않고 주문 극복 판정을 해서, 실패하면 주문의 지속 시간 동안 아무것도 하지 않은 채 귀를 막아야 합니다. 극복 판정에 성공한 상대도 모든 행동에 -2 페널티를 받습니다. 소리를 들을 수 없는 생물이나 좀비, 해골처럼 의식이 없는 상대는 영향을 받지 않습니다.

은폐

범위:자신
지속시간: 4라운드/레벨
극복 판정: 없음

마법사는 간단한 손짓으로 마치 안개처럼 흐려지면서 남들의 이목을 피합니다. 대부분 생물은 마법사를 제대로 보거나 알아차리지 못합니다. 주문의 지속 시간 동안 마법사는 눈에 띄지 않기 위한 모든 은신 판정에 +3 보너스를 받습니다.

자취 없는 걸음

범위:접촉
지속시간: 1분/레벨
극복 판정: 없음

마법사의 손길이 대지의 축복을 전해주면서, 주문 대상은 진창이나 숲속, 눈밭 등 어느 지형이든 아무 흔적이나 자취를 남기지 않고 지나갈 수 있습니다.

잠의 장막

범위:근거리
지속시간: 5라운드/레벨
극복 판정: 실시

마법사는 조곤조곤한 마법의 언어를 외워서 상대를 깊은 잠에 빠뜨립니다. 이 주문은 근거리 안에 있는 2d4 체력 주사위만큼의 생물들에게 영향을 미칩니다. 주문에 걸린 상대는 매우 깊이 잠들지만, 그 밖의 다른 부분은 평범하게 잠든 것이나 다름없습니다. 주문의 지속 시간 동안 상대는 평범한 소음 정도로는 깨지 않지만, 물리적인 해를 입으면 곧바로 깰 것입니다. 극복 판정에 성공한 상대는 주문의 영향을 받지 않습니다.

재빠른 발

범위:자신
지속시간: 1라운드/레벨
극복 판정: 없음

마법사는 오래된 마법의 말을 외치면서 다른 사람들 눈에 흐릿하게 보일 정도로 초인적인 속도와 반사신경을 발휘할 수 있습니다. 주문의 지속 시간 동안 마법사는 믿을 수 없을 정도로 속도가 빨라져서 전투에서는 행동 순서 수치와 상관없이 맨 처음 움직이고, 모든 **민첩성** 판정에 +2 보너스를 받으며, 말이 전속력으로 질주하는 속도로 달릴 수 있습니다.

죽음의 문턱

범위:접촉
지속시간: 순간
극복 판정: 없음

마법사는 HP가 0 이하인 죽어가는 상대에게 치료의 말을 속삭일 수 있습니다. 상대는 즉시 안정이 되어 HP가 1로 돌아옵니다. 이 주문은 적을 무찌른 다음 패배한 상대에게도 1분 이내에 사용할 수 있습니다.

진실한 일격

범위:자신
지속시간: 1라운드
극복 판정: 없음

마법사는 검에 손을 얹은 다음, 힘과 정확성을 자신에게 부여할 수 있습니다. 마법사는 **진실한 일격**을 사용한 다음 라운드에 공격할 때 명중 판정에 +10 보너스를 받고, 평범한 공격에 면역인 존재나 비실체인 존재를 공격할 수 있으며, 명중 시 마법사의 레벨당 2점씩의 추가 피해를 줍니다. 주문을 사용한 다음 라운드에 공격하지 않으면 주문 효과는 사라집니다.

추방

범위:근거리
지속시간: 즉시
극복 판정: 실시

마법사는 추방의 기호를 그려서 실체가 없는 영을 원래 세계로 쫓아낼 수 있습니다. 상대는 극복 판정을 해서 실패하면 즉시 원래 세계로 쫓겨납니다. 이 주문은 오직 다른 차원에서 이쪽 세계로 온 영에게만 영향을 줍니다.

치유의 손길
범위:접촉
지속시간: 순간
극복 판정: 없음

아마 사람들이 가장 많이 반길 마법인 **치유의 손길**은 심하게 다친 사람도 구할 수 있는 주문입니다. 마법사가 상처 입은 상대에게 손을 대면, 손에서 생명력이 흘러 들어갑니다. 상대는 활기를 되찾으면서 1d8점의 HP를 회복합니다.

친구의 부름
범위:장거리
지속시간: 1일/레벨
극복 판정: 없음

커다란 위험에 처했을 때, 마법사는 친구들에게 자신의 위치를 마법적으로 알려주면서 도움을 요청할 수 있습니다. 이 주문은 다른 PC 일행이든, 동료든, 가족이든 한 사람을 대상으로 합니다. 상대는 마법사가 위험에 처했음을 곧바로 알아차리며, 주문의 지속 시간 동안 마법사의 위치를 감지할 수 있습니다.

침묵
범위:근거리
지속시간: 2라운드/레벨
극복 판정: 없음

마법사가 손을 들어 마법의 손짓을 하면, 완벽한 침묵의 장막이 마법사 주변에 깔립니다. 주문의 지속 시간 동안, 말소리든 전투의 소음이든 어떠한 종류의 소리도 유효 거리 밖으로 나가거나 안으로 들어올 수 없습니다.

평화의 성역
범위:자신
지속시간: 3라운드/레벨
극복 판정: 실시

마법사는 자신 주변에 성역을 만듭니다. 마법사에게 어떠한 방식으로든 물리적으로 해를 가하려 드는 상대는 극복 판정을 해서 실패하면 시도조차 하지 못합니다. **평화의 성역**은 마법사가 적대적인 행동을 하자마자 효과가 끝납니다.

포박의 시선
범위:근거리
지속시간: 1라운드/레벨
극복 판정: 실시

마법사는 시선만으로 상대를 얼어붙게 만듭니다. 극복 판정에 실패한 상대는 주문의 지속 시간 동안 완전히 움직일 수 없지만, 그 외의 다른 해는 입지 않습니다. 움직이지 못하는 상대를 공격한다면 자동으로 공격에 성공하지만, 주문 역시 끝납니다.

허상의 가면
범위:자신
지속시간: 10라운드/레벨
극복 판정: 없음

마법사가 자신의 얼굴을 손으로 훑으면서 신비한 표식을 만들면, 갑자기 다른 사람의 얼굴이 나타납니다. 마법사는 **허상의 가면**으로 외모와 옷, 키, 몸무게를 원래의 자신과 전혀 다르게 바꿀 수 있습니다. 하지만 이 주문으로 특정한 타인을 모방할 수는 없습니다.

환상의 기능
범위:근거리
지속시간: 1일
극복 판정: 없음

마법사는 축복의 말과 함께 손짓을 해서 바로 근처에 있는 사람 한 명에게 마법사가 선택한 기능 하나를 선사할 수 있습니다. 주문 대상은 자기가 어떻게 그런 기능을 알게 되었는지는 이해하지 못하지만, 하루 동안 마법사가 준 기능을 완벽하게 사용할 수 있습니다. 또한 새로 받은 기능으로 다른 사람의 판정에 도움을 줄 수도 있습니다.

의식

마법사가 강력한 마법을 사용하려면 보통은 오랜 시간 동안 공을 들여 우주의 힘을 자기 뜻대로 구부려야 합니다. 의식은 **울타리 너머**에서 설명한 마법의 종류 중 가장 강력하지만, 긴 시간을 들여야 사용할 수 있습니다.

모든 의식은 의식 레벨이 있으며, 마법사는 의식을 쓰기 위해 자신의 레벨이 의식 레벨과 같거나 높아야 합니다. 예를 들어 1~2레벨 마법사는 3레벨 의식을 쓸 능력이 되지 않으므로 시도조차 할 수 없습니다.

의식을 쓰려면 해당 의식의 레벨만큼의 시간을 들여야 하며, 각 의식 설명에 나온 대로 특별한 재료도 사용해야 합니다. 마법사는 이 시간 동안 완전히 집중해야 하며, 만약 방해를 받으면 의식은 처참하게 잘못됩니다.

마법사는 의식에 필요한 시간과 재료를 쓴 다음, **지능** 또는 **지혜** 판정을 해야 합니다 (각 의식 설명마다 어느 능력치로 판정할지 나옵니다). 판정에 성공하면 의식은 원래대로 효과를 발휘합니다. 판정에 실패하면, 의식은 원래 취지에 맞게 전반적인 효과를 발휘하지만 일종의 부작용이 발생합니다. 어떻게 잘못될지는 마스터가 정합니다. 커다란 안개를 소환하는 의식은 부자연스러운 색의 안개를 만들거나 의도보다 훨씬 넓은 지역에 안개를 만들 것이며, 속삭이는 말을 먼 거리로 전달하는 의식은 이차원의 이해할 수 없는 말을 전달할 것입니다.

새로운 의식을 배우는 과정은 어렵고 시간도 많이 듭니다. 마법사는 보통 고대의 무덤이나 부서지기 일보 직전의 양피지에서 새로운 의식을 발견할 것입니다. 물론 자신의 비밀을 기꺼이 나누려는 다른 마법사에게 배울 수도 있지만 말입니다. 새로운 의식을 익히기 위해 마법사는 해당 의식을 익힐 수 있을 만한 레벨이 되어야 하며, 의식 레벨당 1주를 들여 의식을 연구해야 합니다. 그다음, 마법사는 **지능** 판정을 해야 합니다. 판정에 성공하면, 마법사는 이제 의식을 터득해서 원하는 때에 쓸 수 있습니다. 만약 판정에 실패하면 마법사는 다음 레벨을 얻을 때까지 기다렸다가 다시 배우려고 시도해야 합니다.

의식을 상세하게 적은 책이나 양피지처럼 적절한 자료가 있다면 마법사는 의식을 모르더라도 시도해 볼 수 있습니다. 하지만 모르는 의식을 시도하는 것은 매우 위험합니다. 의식의 마지막 단계에서 판정에 -10 페널티를 받기 때문입니다. 판정에 실패하더라도 의식은 효과를 발휘되지만, 의도치 않은 부작용이 같이 일어난다는 사실을 명심하세요. 즉, 마법사는 운 좋게도 원하는 효과를 만들 수는 있어도 제어할 수는 없을 것입니다. 여러 어리석은 수습 마법사가 이런 짓을 저질러 큰 곤경에 빠집니다.

서로 다른 형태의 의식

각 의식 설명에는 의식에 필요한 재료와 의식의 집행 방법을 포함했습니다. 어떤 캐릭터에게는 이러한 의식 재료나 집행 방법이 어울리지 않을 수도 있습니다. 이 경우, 마스터와 플레이어는 캐릭터가 다른 재료와 집행 방법을 사용해 같은 의식 효과를 낼 수 있다고 정할 수도 있습니다.

예를 들어, 외부의 침입에서 숲을 지키는 드루이드는 **힘의 지팡이**를 외우기 위해 숫양의 뿔 대신 마른 떡갈나무 가지를 재료로 사용할 수도 있을 것입니다.

1레벨 의식

마녀의 파수꾼 (지능)
범위: 근거리
지속시간: 10시간
극복 판정: 없음

마법사는 아군의 안식처 주변에 보호의 원을 그려서 적의 기습을 막을 수 있습니다. 의식을 완성한 후, 누구든 지름 20피트(6m) 정도 되는 보호의 원 내로 들어오면 마치 밴시의 노래처럼 날카롭고 으스스한 목소리가 울려 퍼져 침입을 알립니다.

마법사는 의식을 진행하는 동안, 보호원의 경계선을 넉넉한 양의 모래로 천천히 표시하면서 보호원의 동, 서, 남, 북 지점을 지날 때마다 주문을 외워야 합니다. 보호원을 다 그린 다음에는 원의 중앙에 순수한 구리로 만든 종을 놓습니다. 이 종은 침입자가 들어와 의식이 발동하면 부서지지만, 별다른 일이 없으면 이후 다시 의식에 사용할 수 있습니다.

마력 조사 (지능)

범위:근거리

지속시간: 순간

극복 판정: 없음

마력 조사는 마법 물품의 일반적인 특성을 확인하는 의식입니다. 마법사는 이 물품에 어떤 종류의 마법이 깃들여 있는지 확인할 수는 있지만, 명확한 용도까지는 파악할 수 없습니다. 예를 들어, 착용자를 뱀으로 바꾸는 마법을 조사한다면 반지가 강력한 변신 마법과 연관이 있다는 사실을 알 수 있지만, 어떻게 작용하는지는 알 수 없습니다. 이 의식을 치르려면, 방해받지 않는 조용한 장소에서 한 시간 동안 몇 가지 사소한 마법과 여러 가지 실험을 동원해 해당 물품을 면밀하게 조사해야 합니다. 조사에는 소금이나 약초, 다소 구하기 힘든 다양한 물약 같은 연금술 재료가 필요합니다.

의식 판정에 실패하면 보통 거짓 정보가 도출됩니다. 일부 강력한 아티팩트는 **마력 조사**로도 아무런 정보를 얻을 수 없지만, 대략적인 특성은 파악할 수 있습니다.

마법사의 갑옷 (지능)

범위:자신

지속시간: 1개월

극복 판정: 없음

마법사는 자신의 피부에 땅거북의 피로 룬을 그려서 적의 공격에 좀 더 잘 견디도록 만들 수 있습니다. 의식의 결과로 마법사는 **장갑 +4**를 받지만, 매번 피해를 받을 때마다 몸에 건 마법이 약해집니다. 마법사가 9점의 피해를 받으면, 의식의 효과는 사라집니다. 마법사의 갑옷이 사라지기 전까지 견딜 수 있는 피해는 마법사의 레벨마다 1점씩 높아집니다. 즉, 3레벨 마법사는 11점의 피해를 받아야 **장갑** 보너스를 잃습니다.

마법사는 룬을 그린 다음, 은화 5냥을 녹인 은을 왼손 위에 부어야 합니다. 이 때문에 화상을 입지는 않으며, 녹은 은은 룬이 그려진 주먹에 닿을 때 보글보글 끓으면서 연기가 되어 사라집니다. 이 시점에서 피로 그린 룬은 사라지며, 마법사는 의식의 효과를 받습니다.

마법사의 표식 (지능)

범위:근거리

지속시간: 1시간/레벨

극복 판정: 없음

모든 마법사는 보통 정교하고 독특한 룬으로 구성된 자신만의 표식을 가집니다. 마법사의 표식은 마법사가 돌이나 금속 등을 포함해서 모든 비마법적인 물질 위에 자신의 표식을 남길 수 있게 하는 의식입니다. 마법사가 남긴 룬은 물품이나 표면이 부서지기 전까지는 영구하게 남습니다. 마법사는 이 표식을 누구든 볼 수 있게 하거나, 오직 마법 시야를 가진 존재만 볼 수 있게 하도록 선택할 수 있습니다. (이 경우 보통 사람들은 볼 수 없지만, 마법사 클래스를 가졌거나 주문을 사용하는 존재라면 표식을 볼 수 있습니다)

표식을 새기기 위해 마법사는 표식을 새기려는 표면 위에 새 촛불을 세워 놓아서 촛농을 떨어뜨려야 합니다. 그 다음 은 바늘로 손가락을 찔러서 나오는 피로 매우 천천히, 세심하게 룬을 그립니다. 이렇게 룬을 일곱 번 그리면 피는 사라지고, 초는 쓰러지며, 바늘은 부러지고, 표식은 완성됩니다.

보호의 원 (지능)

범위: 접촉

지속시간: 영구

극복 판정: 없음

마법사는 복잡하게 뒤얽힌 일련의 원과 보호의 룬을 그려서 혼돈의 생물을 막는 보호막을 만들 수 있습니다. 혼돈 가치관을 가진 상대는 어떠한 생물이든 우선 주문 극복 판정에 성공하지 않는 한 원 안에 들어올 수 없습니다. 상대는 원 안에 들어오는 데 성공하더라도 모든 공격 판정에 -2 페널티를 받으며, 원 안에 있는 이들은 보호막을 뚫고 들어온 상대와 싸울 때 극복 판정에 +2 보너스를 받습니다.

질서나 용, 망자, 요정 등 다른 위험을 막는 보호의 원도 있습니다.

원을 그리려면 많은 분필과 은가루가 (은화 20냥 상당) 필요합니다.

안개 모으기 (지능)

범위:근거리

지속시간: 1시간/레벨

극복 판정: 없음

마법사는 이 의식으로 근처에 짙고 자욱한 안개를 끌어모을 수 있습니다. 이 안개는 모든 시야를 차단하기 때문에 안개 안에 갇힌 이들은 거의 아무것도 볼 수 없으며, 안개 바깥에서도 안을 볼 수 없습니다. 마법의 안개는 일반 날씨에 영향을 받지 않지만, 큰 폭풍 정도라면 안개를 날려 버릴 수 있습니다.

이 의식을 쓰려면, 한 시간 동안 정교한 동작을 펼치면서 바람의 언어로 주문을 외쳐야 하며, 의식 도중에 향을 불살라야 합니다. 의식이 정점에 다다르면, 마법사는 마지막 단어를 읊조리며 맹금류의 긴 깃털을 삼킵니다.

요술사의 말 (지능)
범위:근거리
지속시간: 11시간
극복 판정: 없음

옛 마도사와 요술사들은 털이 검고 눈이 활활 타오르는 유령 같은 말을 타고 다니곤 했습니다. **요술사의 말**은 마법사를 따르는 흑마를 소환하는 의식입니다. 흑마는 마법사 외에는 누구도 태우지 않으며, 11시간이 지난 다음에는 안개 속으로 사라집니다. 흑마는 보통 말보다 빠르며, 아무런 소리 없이 움직입니다. 발굽 소리조차 나지 않습니다.

마법사는 의식을 진행하면서 한 시간 동안 미동도 하지 않은 채 앉아있다가, 의식이 정점에 다다를 때 흑마의 이름이 될 한 마디의 이해 불가능한 단어를 외쳐야 합니다. 흑마가 소환되면, 한 번도 사용하지 않은 검은색 가죽 안장을 말에게 씌웁니다. 안장은 말이 떠날 때 같이 사라집니다.

치유의 딸기 (지혜)
범위:접촉
지속시간: 영구
극복 판정: 없음

의식을 통해 눈에 보이지 않는 세계의 축복을 받은 딸기는 강력한 치유력을 발휘합니다. **치유의 딸기**는 2d4개의 딸기를 축복하며, 딸기를 먹은 사람은 즉시 피해 1점을 치료합니다.

마법사가 손수 키운 딸기가 의식에 쓰기 가장 좋지만, 신선하고 깨끗한 딸기라면 모두 쓸 수 있습니다. 마법사는 딸기를 맑은 샘에서 퍼온 깨끗한 물에 씻은 다음, 직접 바느질해서 만든 부드러운 가죽 주머니에 넣습니다. 이 주머니는 이전에 한 번도 사용하지 않았어야 합니다.

투명 하인 (지능)
범위:근거리
지속시간: 1일/레벨
극복 판정: 없음

"주술사의 친구"라고도 불리는 이 의식은 마법사의 의지와 주문을 사용해 눈에 보이지 않는 정령을 다른 세계에서 소환하는 주문입니다. 하인은 실체가 없으며 눈에 보이지 않지만, 작은 물품을 들거나 나를 수 있고, 문을 열 수 있으며, 방을 정리할 수 있습니다. 하인은 아무 소리도 없이 맹목적으로 마법사를 따르며, 주인의 근거리 범위 내를 벗어나지 않습니다. 비록 하인은 주인을 위해 싸울 수도 없고 매우 강하지도 않지만, 40파운드 (20kg) 정도의 짐을 들거나 움직일 수 있습니다.

투명 하인을 사용하려면 마법사는 의식을 진행하는 시간 동안 추한 외모의 작은 인형을 만듭니다. 어떤 마법사는 나무를 깎아 만들기도 하고, 또 다른 마법사는 나뭇가지와 이파리를 묶어서 만들기도 합니다. 인형이 완성되면 칼 끝으로 룬을 새긴 다음, 신선한 샘에서 퍼온 물에 담급니다. 마지막으로, 인형을 불에 던지고 장막 너머에 있는 정령의 이름을 크게 부릅니다.

패밀리어 엮기 (지능)
범위: 장거리
지속시간: 영구
극복 판정: 없음

마도의 길을 걷는 이는 때로 자신을 이해하지 못하는 평범한 사람들에게 따돌림을 당합니다. 이 때문에 어떤 마법사는 작고 영특한 마법 동물 친구인 패밀리어와의 우정에서 위안을 얻기도 합니다. **패밀리어 엮기**를 사용하면, 마법사는 적합한 동물을 찾아 자신의 패밀리어로 만들 수 있습니다. 패밀리어는 동료로 간주합니다.

패밀리어 엮기를 사용하려면, 주문을 외우기 적합한 조용한 장소를 찾아서 패밀리어로 삼을 동물의 배설물과 희귀하고 향이 강한 약초, 동물이 먹을 법한 음식을 은 접시 위에 올려 놓은 다음 태웁니다. 만약 적합한 종류의 동물이 반경 10마일 (16km) 내에 있다면, 해당 동물은 마법사의 부름을 눈치채고 의식이 끝날 무렵 마법사에게 옵니다. 하지만 이 단계에서 이 동물은 아직 패밀리어가 아닙니다. 마법사는 패밀리어가 될 동물을 사랑과 정성으로 보살펴 주고, 절대 따로 두지 말아야 합니다. 이렇게 한 계절을 같이 지내야 이 동물은 패밀리어가 될 수 있습니다.

패밀리어는 같은 종류의 평범한 동물보다 훨씬 똑똑하며, 평범한 사람의 **지능**과 맞먹습니다. 또한 패밀리어는 동물의 울부짖음과 인간의 말, 몸짓, 정신적인 이해를 기묘하게 뒤섞어 자신의 주인과 의사소통을 나눌 수 있습니다. 마법사는 정신을 집중해 패밀리어의 눈을 통해 볼 수 있습니다. 마법사와 패밀리어는 절대로 서로 떨어지려고 하지 않습니다. 만약 서로 거리가 1마일 (1.6km) 이상 떨어지면, 양쪽 모두 짜증과 분노에 가득 차서 어떠한 수단을 동원해서라도 서로를 찾으려 합니다.

어떤 종류의 동물을 패밀리어로 선택할지는 마법사의 마음에 달렸습니다. 대부분 토끼나 새, 개구리 같은 작은 동물을 선택하는 경우가 많습니다. 대부분의 패밀리어 크기는 보통 고양이 정도가 최대입니다. 패밀리어의 수치는 보통 '괴물도감' 장에 있는 소형 동물과 (p.85)과 동일합니다. 박쥐와 개는 별도로 수치가 있으며, 역시 훌륭한 패밀리어가 될 수 있습니다. 처음부터 **패밀리어 엮기**를 가진 캐릭터는 이미 의식을 사용한 것으로 간주하고 패밀리어를 가진 채 게임을 시작합니다.

특별한 패밀리어

패밀리어 대부분은 의식에서 설명한 대로 평범한 새나 설치류, 도마뱀 등의 소형 동물입니다. 하지만 어떤 플레이어는 드물거나 기이한 생물을 패밀리어로 삼으려 할 수도 있습니다.

테이블에서 동의한다면 마법사는 체력 주사위가 2인 특별한 패밀리어를 가질 수도 있습니다. 이 때문에 마법사가 어느 정도 강력해질 수는 있어도, PC 일행이 점점 레벨을 올린다면 그 차이는 점점 무의미해집니다. 하지만 1레벨 때는 아무도 다른 PC의 애완동물보다 뒤쳐지기를 바라지는 않을 것입니다. 그러므로 만약 1레벨 캐릭터로 단편 플레이를 한다면 그냥 소형 동물을 패밀리어로 삼는 편이 가장 좋습니다.

체력 주사위 2를 가질 만한 패밀리어는 맹금류, 카트시, 새끼 거미, 늑대, 꼬마용 등이 있습니다. 플레이어가 유난히 큰 동물이나 특별한 탈 것을 패밀리어로 삼기를 바란다면, 군마나 승용마도 체력 주사위 2의 패밀리어가 될 수 있습니다. 물론 플레이어는 특이한 패밀리어를 어떻게 만들지 마스터와 논의해야 합니다.

힘의 지팡이 (지혜)

범위: 접촉
지속시간: 1일/레벨
극복 판정: 없음

마법사는 자신의 곤봉이나 지팡이에 마법의 힘을 불어넣어서 적을 강하게 칠 수 있습니다. 이 무기는 명중과 피해에 +1 보너스를 받으며, 모든 특별 규칙을 무시하고 어떠한 적이든 피해를 줄 수 있습니다. 이 의식은 오직 평범한 나무에만 사용할 수 있습니다.

마법사는 의식을 진행하는 동안 산양의 뿔을 절구에 넣어 빻은 다음, 가루를 나무 무기에 뿌리면서 마법의 힘이 깃든 이름을 붙여서 축복합니다. 절구와 절굿공이는 의식이 끝나도 사라지지 않지만, 무기에 뿌린 가루는 의식이 진행되는 동안 사라집니다.

2레벨 의식

날씨 견디기 (지혜)

범위: 접촉
지속시간: 1일/레벨
극복 판정: 없음

마법사는 이 의식으로 지속시간 동안 자신과 일행 모두를 일반적인 더위와 추위에서 보호할 수 있습니다. 의식으로 보호받는 대상은 불과 마법적인 냉기에는 피해를 받겠지만, 일반적인 열과 더위에는 아무런 해를 입지 않습니다.

날씨 견디기를 사용하려면, 우선 일행을 주변으로 모아서 계절을 관장하는 옛 신들의 이름을 부릅니다. 그리고 두 시간의 의식 동안 주목나무 장작으로 불을 계속 피우면서, 순수한 구리로 만든 새 병에 담근 잉크로 자신과 동료들의 살갗 위에 신들의 이름을 써야 합니다.

마력의 오라 (지능)

범위: 접촉
지속시간: 영구
극복 판정: 없음

마법사는 기이하고 변덕스러운 이들로, 꾀가 많고 속임수에 능합니다. 이 의식을 사용하면 마법사는 평범한 물체를 마법적인 물품처럼 보이도록 만들 수 있습니다. 실제로 이 물품은 마법 물품이 되며, 마법적으로 탐지를 한다면 분명히 마력의 기운이 느껴질 것입니다. 그 밖에 다른 효과는 없지만 말입니다.

의식을 시작하려면 우선 구하기 어려운 고가의 비단으로 물품을 덮습니다. 그 다음 마법사는 두 시간 동안 의식을 진행하면서, 은 비늘로 자기 손가락 하나하나를 찔러 방울을 비단 위에 떨어뜨립니다.

마법의 돌 (지혜)

범위: 접촉
지속시간: 영구
극복 판정: 없음

옛 신들의 사제는 전사들이 전투에 나가기 전 슬링에 쓸 돌멩이를 축복하곤 했습니다. 이 의식은 슬링에 사용하거나 직접 던질 수 있는 돌 여섯 개를 축복하는 의식입니다. 각 돌은 명중에 +1 보너스를 받으며 2d6의 피해를 줍니다.

인간의 손길이 닿지 않은 채 순수하게 강물로 매끈하게 다듬어진 돌만이 의식으로 축복하기에 적합합니다. 마법사는 의식이 진행되는 동안 철바늘로 각 돌에 오래전부터 전해지는 힘과 전쟁의 표식을 새깁니다. 한 번 사용한 철바늘은 이후 의식에도 여러 번 쓸 수 있습니다.

소환 (지능)

범위: 전 우주
지속시간: 순간
극복 판정: 실시

마법사는 다른 차원으로 통하는 관문을 만든 다음 영을 소환할 수 있습니다. 어떠한 영도 소환이 가능하지만, 분명 대악마나 신을 소환하려 들지 않는 명백한 이유가 있을 것입니다. 소환 대상은 극복 판정이 가능하지만, 마법사의 레벨만큼 판정에 페널티를 받습니다. 소환당한 영은 소환자의 명령에 복종할 의무 같은 것은 가지고 있지 않습니다.

마법사가 의식 판정에 실패하면, 원래 소환 대상과는 다른 존재가 관문을 뚫고 이 세계에 들어올 가능성이 무척 큽니다. 행운을 빕니다.

의식을 치르려면, 분필로 여러가지 복잡한 문양의 원과 기호를 그린 다음 소환하려는 영의 이름을 부릅니다. 영의 진실한 이름을 안다면 의식 판정에 +5 보너스를 받기 때문에, 좀 더 정확하게 소환할 수 있습니다.

연회의 축복 (지혜)

범위: 근거리
지속시간: 순간
극복 판정: 없음

연회의 축복은 더럽고 변변찮은 식량도 진수성찬으로 바꾸는 의식입니다. 마법사는 음식물이 얼마나 상하고 부패했든 간에 이 의식을 사용해 음식물을 먹을 수 있도록 완벽히 정화시킬 수 있습니다. 게다가 정화된 음식물은 무척 맛이 좋으며, 먹는 사람 모두의 배를 완벽히 채워줍니다.

의식을 치르려면 식량과 물 외에도 음식물에 축복을 내릴 작은 은제 성물과 호랑가시나무의 가지가 필요합니다. 은제 성물은 음료에, 나뭇가지는 음식에 집어넣습니다.

폭풍 부르기 (지능)

범위: 장거리
지속시간: 1시간/레벨
극복 판정: 없음

비바람과 천둥번개의 정령이 오래된 권능의 표식에 응답합니다. 마법사는 사방의 바람을 부르고 구름에게 명령을 내려 의식의 지속시간 동안 계속되는 강력한 뇌우를 소환합니다.

마법사는 권능이 담긴 이름을 읊조리면서 두 시간 동안 하늘 아래에서 엎드립니다. 그 다음 마력의 룬이 적힌 양피지를 청동화로에 태워서 바람을 부르고, 번개를 맞은 나무를 무릎으로 부러뜨려 정령을 소환합니다. 청동화로는 이후 의식에 다시 쓸 수 있습니다.

3레벨 의식

네펜시 음료 (지혜)

범위: 접촉
지속시간: 영구
극복 판정: 없음

마법사는 이 의식으로 나중에 사용할 수 있는 치유 물약을 ("네펜시"라는 별칭을 가진) 일정량 제조할 수 있습니다. 의식이 완성되면, 마법사는 자신의 레벨과 동일한 수의 치유 물약을 만들어 냅니다. 물약은 병 뚜껑을 열 때까지 계속 보관할 수 있으며, 각각 피해 1d8점을 치료합니다.

치유 물약은 개인 실험실이나 신성한 숲처럼 조용한 장소에서 만들어야 하며, 손에 넣기 힘든 각종 재료와 여러 약초가 필요합니다. 또한 마법사는 물약 하나하나마다 투명한 크리스탈 유리병에 담아야 합니다. 유리병은 하나당 은화 30냥 정도이며, 보통 구하기 어렵습니다. 빈 병은 깨끗한 시냇물에 씻으면 다시 사용할 수 있습니다.

마법사의 자물쇠 (지능)

범위: 접촉
지속시간: 영구
극복 판정: 없음

마법사는 비밀의 말을 영창해서 문이나 상자를 잠근 다음 오직 자신과 출입에 필요한 암호를 배운 사람만이 열 수 있도록 선택할 수 있습니다. 물리력을 동원한다면 문을 강제로 열 수는 있겠지만, 그 외의 다른 방법으로는 열 수 없을 것입니다.

이 의식은 아주 작은 은열쇠와 딱총나무에서 처음 핀 꽃이 필요합니다. 마법사는 꽃과 다른 평범한 재료들을 으깨어 섞은 다음, 반죽을 문에 바릅니다. 의식이 정점에 다다를 때, 마법사는 열쇠를 삼킨 다음 암호가 될 단어 하나를 말해야 합니다.

영원한 빛 (지능)

범위: 접촉
지속시간: 영구
극복 판정: 없음

영원한 빛은 특정 물체를 마치 대낮처럼 밝게 빛나도록 만드는 의식입니다. 물체에서 나오는 빛은 태양빛으로 간주하며, 광원에서 근거리 내에 있는 모든 대상은 태양빛에 노출된 것과 같은 효과를 받습니다. 이 의식으로 만들어진 빛은 영원히 지속됩니다.

의식을 진행하려면, 세 시간 동안 보름달 빛을 받으면서 큰 소리로 물품에 주문을 건 다음, 의식을 실행하는 바로 그 날 정오의 햇살을 간직한 신선한 샘물에 물품을 집어 넣습니다. 의식이 완성되면, 물품은 환하게 빛을 발산합니다.

작은 물체 생명 부여 (지능)

범위: 접촉
지속시간: 영구
극복 판정: 없음

마법사는 평범한 물체에 자신의 힘을 일부 나누어 주어서 **지능**은 없지만 충성을 바치는 마법 물체로 만들 수 있습니다. 이 의식은 검이나 빗자루 같은 중간 크기의 평범한 물체를 살아있는 물체로 ('괴물도감' 장 참조) 만듭니다.

의식을 치르려면 마법을 걸 물체와 조용한 안식처, 은가루 1파운드가 (0.5kg) 필요합니다. 의식이 완성되면, 마법사는 **건강** 1점을 잃습니다. 마법사는 언제든지 자신의 살아있는 물체를 파괴하고 잃어버린 **건강**을 되찾을 수 있습니다. 다른 사람이 파괴하더라도 마법사는 잃어버린 **건강**을 되찾습니다.

친구 (지혜)

범위: 자신
지속시간: 1일/레벨
극복 판정: 없음

마법사는 마력의 힘이 담긴 신뢰감과 지도력을 자신에게 불어넣을 수 있습니다. 의식이 효과를 발휘하는 동안, 마법사와 만나는 모든 상대는 마법사의 말과 행동거지에 감명을 받기 때문에 충고든, 거짓말이든 마법사의 말에 넘어갈 확률이 훨씬 높아집니다. 의식이 완성되면, 마법사는 지속시간 동안 **매력**이 2d4점 높아집니다.

의식을 치르려면 여러 신비한 약초를 섞은 걸쭉한 물약을 마셔야 합니다. 솜씨 좋은 약초 재배자라면 공들여 직접 키운 약초를 사용할 수 있습니다. 약초를 구입하려면 최소 은화 200냥은 들며, 커다란 도시에서만 구할 수 있습니다. 또한, 마법사는 자신의 말을 달콤하게 들리도록 하기 위해 의식이 정점에 다다를 때 자신의 피를 입술에 바릅니다.

트린트의 피부 (지혜)

범위: 접촉
지속시간: 2시간/레벨
극복 판정: 없음

트린트의 피부는 나무의 정령을 주문 대상에게 덮어 씌워, 피부에서 말 그대로 나무껍질이 자라나도록 만들어서 주문의 지속시간 동안 **장갑**에 +2, 모든 극복 판정에 +1 보너스를 주는 의식입니다.

의식을 치르려면 숲의 어두운 중심부에 있는 살아있는 나무에서 나무껍질을 채취한 다음, 나무의 끈적한 수액과 마법사 자신의 피를 섞어 만든 풀로 나무껍질을 주문 대상의 맨 피부에 붙입니다.

4레벨 의식

신탁 (지혜)

범위: 전 우주
지속시간: 1개월
극복 판정: 없음

마법사는 자신의 의지를 다른 차원으로 확장시켜서, 저 너머에 사는 존재들에게 가까운 미래에 관해 질문을 던진 다음 수수께끼 같은 대답을 들을 수 있습니다. 의식을 치를 때, 마법사는 자신 앞에 놓인 시련을 한가지 명시합니다 (오크 두령의 군세와 마주치기, 왕의 궁정에서 자신을 소개하기, 용의 여왕 브라칠릭스와 싸우기). 마법사는 의식의 지속시간 동안 시련과 관련된 모든 능력치 판정과 극복 판정에 +2 보너스를 받습니다.

신탁은 매우 위험한 의식입니다. 마법사는 바깥 차원으로 관문을 여는 위험을 감수해야 합니다. 만약 의식 판정에 실패하면 악마나 사악한 영이 이쪽 세계에 들어올 수 있습니다. 침입한 존재는 즉시 나타나지는 않지만, 자신을 이쪽 세계로 불러들인 마법사에게 매우, 매우 큰 관심을 가질 것입니다.

의식을 치르려면 차가운 철로 만든 깨끗한 향로가 필요합니다. 향로는 희생용 동물이나 달콤한 향, 마법사 자신에게 귀중한 물건 등 다양한 번제를 바쳐 저 너머의 정령을 달래는 데 쓰입니다.

천의 얼굴 (지능)

범위: 자신
지속시간: 1일/레벨
극복 판정: 없음

천의 얼굴을 사용한 마법사는 자신의 외모와 키, 몸무게, 특징 등을 다른 사람이나 다른 인간형 종족처럼 보이게 바꿀 수 있습니다. 특정 개인을 흉내내려면 의식과 별도로 **매력** 판정에 -5 페널티를 받고 성공해야 합니다.

마법사는 같은 무리에서 자란 흠 하나 없는 한 살배기 동물 세 마리의 털과 염색하지 않은 새 면직물로 짠 숄을 구해야 합니다. 털을 머리 위에 얹고 얼굴과 어깨를 숄로 덮으면, 마법사의 모습이 새로운 형상으로 바뀝니다.

투명화 (지능)
범위: 접촉
지속시간: 1일/레벨
극복 판정: 없음

투명화는 주문 대상을 완전히 보이지 않게 하는 주문입니다. 주문 대상은 일반적인 방법으로는 절대 보이지 않지만, 본인이 내는 소리나 발자국은 숨길 수 없으며, 물건에 부딪히면 충격음이 발생할 것입니다. 만약 투명화에 걸린 캐릭터가 누군가를 공격한다면 주문의 효과가 곧바로 끝납니다. 그 밖의 이동이나 행동은 정상적으로 할 수 있습니다.

이 강력한 마법을 치르려면 바람의 정령이나 비밀을 관장하는 악마 같은 강력한 영을 희생시키거나 이들의 진실한 이름을 알아내야 합니다. 영이 만약 의식에서 살아남는다면, 마법사에게 분노를 품을 것입니다.

황소의 혼 (지혜)
범위: 근거리
지속시간: 1시간/레벨
극복 판정: 없음

황소의 혼은 일행을 차례차례 축복해서 다른 세계의 힘을 부여하는 의식입니다. 이 축복은 마법사 자신을 포함해 근거리 내에 있는 일행 (최대 12명)에게 내릴 수 있습니다. 축복을 받은 캐릭터는 의식의 지속시간 동안 1d6점의 근력이 오릅니다 (최대 19). 의식을 치르는 동안, 마법사는 흑요석 단검으로 튼튼한 황소 한 마리를 제물로 바칩니다. 이 단검은 황소의 가슴뼈에 부딪혀서 부러뜨려야 합니다.

5레벨 의식

마법 무효화 (지능)
범위: 근거리
지속시간: 순간
극복 판정: 없음

마법 무효화는 근 거리 내에 있는 주문 대상의 모든 마법적 효과를 즉시 끝내는 의식입니다. 모든 주술과 의식, 캔트립은 그 즉시 중단되며, 마법적 생물의 능력과 마법 물품 역시 효과를 잃습니다. 심지어 마법 물품은 마법적 특성이 영구하게 사라질 수도 있습니다. 의식에 영향을 받은 각 마법 물품은 50% 확률로 모든 마법의 힘을 영구하게 잃습니다. 하지만 강력한 아티팩트의 힘은 이러한 방법으로 영구하게 없앨 수는 없습니다. 일시적으로 힘을 잃은 마법 물품은 다음 새벽이나 황혼에 다시 힘을 되찾습니다. 마법적 생물 역시 다음 새벽이나 황혼에 능력을 회복합니다.

지속시간이 순간인 주술과 의식은 마법적 효과가 남아있지 않기 때문에, 무효화할 수 없다는 사실을 알아두세요. 마법 무효화를 사용하는 마법사는 연구에 몰두해야 합니다. 의식 과정 동안 자잘한 마법을 사용해 마력을 발산하는 주문 대상을 분석해야 하기 때문입니다. 주문을 완성시키려면, 마법사의 실험실에서 흔하게 구할 수 있는 여러가지 마법 재료가 필요합니다. 가격은 은화 500냥 정도입니다.

진실한 파악 (지능)
범위: 접촉
지속시간: 순간
극복 판정: 없음

1레벨 의식인 **마력 조사**가 마법 물품의 대략적인 특성을 알려주는 마법이라면, **진실한 파악**은 마법 물품의 용도를 완벽하게 알려주는 마법입니다. 마스터는 의식이 성공하면 플레이어에게 대상 물품의 모든 효과를 알려주어야 합니다. 만약 강력한 아티팩트에 이 의식을 사용하면 **마력 조사**로 얻을 수 있는 정보 이상으로는 파악할 수 없습니다. 아티팩트 같은 물품은 완전히 파악할 방법이 없기 때문입니다.

의식 과정은 **마력 조사**와 크게 차이가 없으며, 마법사는 5시간 동안 조사와 실험에 완전히 몰두해야 합니다. 조사 및 실험에는 장비가 잘 갖춰진 연금술 실험실이 필요하며, 은화 1,000냥 가치의 금을 녹여서 대상의 갖가지 용도와 순도를 점검해야 합니다.

치유의 의식 (지혜)
범위: 접촉
지속시간: 순간
극복 판정: 없음

마법사는 성장과 생명의 힘으로 일행을 축복해서 심각한 상처도 눈앞에서 아물게 할 수 있습니다. 의식이 완성되면 마법사는 자신의 레벨당 1d10점의 피해를 치료할 수 있으며, 누구를 얼마나 치료할지 회복되는 점수를 여러 명에게 분배할 수도 있습니다.

의식을 치르려면 주문 대상의 상처를 깨끗한 마직포로 감싸고, 희귀한 약초를 이용한 습포제를 준비해야 합니다. 마법사는 다섯 시간 동안 주문을 읊고 축복을 내린 다음, 신들에게 바치는 공헌물로 금화 한 잎을 느릅나무 밑에 묻습니다.

폭풍의 분노 (지능)
범위: 장거리
지속시간: 1시간/레벨
극복 판정: 실시

폭풍의 분노는 울부짖는 바람과 호우, 엄청난 천둥을 동반한 거대한 폭풍을 소환하는 의식입니다. 폭풍은 약 1제곱마일 (2.6㎢) 범위를 뒤덮으며, 의식의 지속시간이 끝나면 자연스럽게 흩어집니다. 마법사는 지속시간 동안 근거리 내에 있는 적에게 번개를 내리칠 수 있습니다. 번개를 내리치는 횟수는 마법사 자신의 레벨만큼이며, 피해는 레벨당 1d6점입니다. 즉, 5레벨 마법사는 폭풍이 부는 5시간 동안 번개를 다섯 번 내리칠 수 있으며, 각각의 번개는 5d6점의 피해를 줍니다. 상대는 극복 판정에 성공하면 절반의 피해만 받습니다. 번개를 내리치기 위해 마법사는 반드시 폭풍의 범위 내에 있어야 하며, 마법사와 상대 모두 개방된 장소에 나와 있어야 합니다.

의식을 치르기 위해 마법사는 바람의 숨겨진 이름들을 거듭 외치면서, 은 단검으로 흠 하나 없는 어린양 한 마리를 제물로 바쳐서 바람과 먹구름을 조종합니다. 그 다음 의식에 사용한 단검을 거대한 불 속에 던지면, 폭풍에서 내리는 첫 비가 이 불을 끕니다. 적에게 번개를 내리치려면, 지난 한 달 내에 번개에 맞은 참나무 나뭇가지로 적을 가리켜야 합니다.

6레벨 의식

거대한 저주 (지혜)
범위: 장거리
지속시간: 영구
극복 판정: 실시

마법사는 상대가 남은 일생 동안 극심한 불운에 시달려 모든 종류의 판정에 영원히 -5 페널티를 받게 하는 강력한 저주를 내릴 수 있습니다. 이 가련한 희생자는 저주를 중화시킬 수 있는 다른 마법을 찾기를 바랄 것입니다.

이 의식을 실행하려면 순수한 금으로 만든, 주문 대상의 모습을 한 조각상이 필요합니다. 마법사는 강력한 흑마법의 단어를 외치면서 조각상을 불 속으로 집어넣습니다.

마법사의 비행 (지능)
범위: 접촉
지속시간: 1시간/레벨
극복 판정: 없음

주문 대상은 마치 새처럼 하늘을 날 수 있습니다. 의식의 지속 시간이 끝나면 주문 대상은 즉시 안전하게 착륙합니다.

이 의식을 치르려면, 숲의 어두운 중심부에 사는 갈가마귀의 꼬리 깃털이나 불사조의 깃털처럼 희귀한 새의 깃털로 망토나 외투 같이 몸에 두르는 천을 만들어야 합니다.

전염병 (지혜)
범위: 장거리
지속시간: 순간
극복 판정: 없음

전염병은 광범위한 지역이나 대도시 하나, 또는 여러 마을이 있는 지방에 흔히 볼 수 있는 독한 전염병을 퍼뜨리는 무서운 의식입니다. 의식이 완성되면, 해당 지역에 있는 구성원들은 모두 주문 극복 판정을 해서 실패하면 전염병에 걸립니다. 이 병은 흔한 병과 마찬가지로 일상적인 경과를 거칩니다. 의식으로 만들어진 전염병은 독하지만 반드시 치명적이지는 않습니다. 많은 노약자는 목숨을 잃겠지만, 대다수 건강한 성인은 회복할 것입니다. 만약 특정한 캐릭터가 병에 걸린 다음 살 수 있는지 알아야 한다면, 전염병에 걸린 며칠 후에 +3 보너스를 받고 회복할 수 있는지 **건강** 판정을 시키세요.

이 의식은 구하기 힘든 역겨운 재료 몇 가지가 필요합니다. 재료 종류는 마법사가 선택한 질병에 따라 달라집니다. 재료의 예로는 최근 질병으로 죽은 시신 십여 구, 역병 악마의 심장, 바실리스크의 이빨 등이 있습니다.

화염구 (지능)
범위: 근거리
지속시간: 순간
극복 판정: 실시

마법사는 적 위로 무시무시한 불을 쏟아 부어서 수많은 병력이나 위험한 괴물들을 흔적도 없이 없앨 수 있습니다. 비록 화염구는 시간이 많이 드는 의식이지만, 전장 근처의 언덕이나 탑에서 의식을 안전하게 완성시킬 수 있다면, 마법사의 손에서 쏟아진 작은 화염의 공이 직경 40피트 (12m)이상의 맹렬한 폭발을 일으켜 적을 파괴하는 모습을 볼 수 있을 것입니다. 폭발 범위 내에 있는 모든 대상은 마법사의 레벨 당 1d8의 피해를 받으며, 극복 판정에 성공한다면 절반의 피해만 받습니다. 또한, 폭발 범위 내에 있는 모든 대상과 근처의 인화성 물질은 불이 붙을 확률이 높기 때문에, 더 먼 범위까지 불이 번질 것입니다.

이와 같은 강력한 마법에는 극도의 집중과 불의 정령의 정수가 필요합니다. 정령의 정수는 오직 정령이나 원소의 진실한 이름을 알아 낸 다음, 무언가 작은 물품 안에 결박시켜야 얻을 수 있습니다. 이 물품은 의식 과정 동안 파괴됩니다.

7레벨 의식

숲 깨우기 (지혜)
범위: 장거리
지속시간: 1일/레벨
극복 판정: 없음

나무들은 살아 숨쉬는 생물이지만, 언제나 잠들어 있습니다. 숲 깨우기는 숲의 나무들을 깨우는 의식이지만, 조종까지 할 수는 없습니다. 그러므로 나무들이 무엇을 할지는 알 수 없습니다. 의식이 완성되면, 마법사가 서 있는 숲의 나무들이 깨어나 느리게 움직이면서 가지로 적을 묶거나 공격하는 능력을 얻습니다. 나무들은 매 차례 자신들을 화나게 한 존재를 공격합니다 (명중 +4, 피해 d6). 숲은 무척 크기 때문에 숲 안에서 갇힌 채 맞서 싸우기는 실질적으로 불가능합니다. 똑똑한 자라면 도망치는 편을 선택할 것입니다. 숲은 하루에 1마일 (1.6km)씩 이동할 수 있습니다.

의식을 치르려면, 의식 과정 동안 숲의 정령을 달랠 여러 가지 값진 공물이 필요합니다. 어떤 공물을 바쳐야 할지는 다양할 수 있습니다. 예: 가장 오래된 나무의 가지를 귀한 비단으로 장식하기, 가장 어린 나무의 뿌리에 마법사 자신의 피를 바치기, 나무 주변에 무언가 마법적인 샘물을 뿌리기 등등.

진실한 이름 파악하기 (지능)
범위: 전 우주
지속시간: 순간
극복 판정: 없음

마법사는 깊은 명상을 통해 우주로 의식을 확장해, 주문 대상이 어느 차원에 거주하든 진실한 이름을 알아낼 수 있습니다.

의식을 치르려면, 완벽한 비율로 만들어진 은 명판이 필요합니다. 명판 위에 향을 태우면, 불길 속에서 상대의 진실한 이름이 나타나 명판 위에 영구히 새겨집니다.

천리안 (지능)
범위: 장거리
지속시간: 1시간
극복 판정: 실시

천리안은 특정 개인을 주문 대상으로 지정해서 한 시간 동안 상대 주변에서 일어나는 모든 일을 보고 듣는 감시용 마법입니다. 만약 상대가 주문 극복 판정에 성공하면 의식이 실패할 뿐만 아니라, 무언가 수상한 일이 벌어졌다는 사실을 상대에게 들킵니다.

의식을 치르려면 상대를 보기 위해 깨끗한 물을 담은 은 대야를 준비해야 하며, 상대의 머리카락처럼 무언가 상대와 마법적으로 이어질 매개체도 필요합니다.

8레벨 의식

언데드 군단 일으키기 (지능)
범위: 근거리
지속시간: 영구
극복 판정: 없음

강력한 사령술사는 망자의 군단을 부릴 수 있습니다. 당연히 사람들은 이들이 사용하는 암흑의 마법을 두려워합니다. 언데드 군단 일으키기는 마법사 주변의 모든 시신을 상태에 따라 해골이나 좀비 같은 언데드로 바꾸는 의식입니다. 깨어난 시신들은 의식의 힘으로 움직이는 한 계속 마법사의 명령에 따릅니다.

이처럼 사악한 의식에는 가장 끔찍한 재료가 필요합니다: 바로 인신공양입니다. 마법사는 의식을 진행하는 동안 희생자를 계속 묶어 두었다가, 강철 단도로 살해합니다. 부디 영웅들이 제 시간에 의식을 멈출 수 있기를 바랍니다!

나무 수호자 (지혜)

범위: 접촉
지속시간: 영구
극복 판정: 없음

나무 수호자는 다 자란 나무 한 그루를 트린트의 수치를 가진 살아있는 수호자로 바꾸는 의식입니다. 수호자는 자신만의 의지와 성격을 지녔지만, 선천적으로 마법사에게 충성을 바칩니다. 수호자는 반드시 소환된 지점에서 300야드 (270m) 내에 머물러야 합니다. 그래서 대부분의 마법사는 바로 집 근처, 또는 보호하려는 곳 근처에서 이 의식을 치릅니다.

수호자가 될 나무는 마법사가 묘목 시절부터 직접 키워야 합니다. 즉, 젊은 마법사 중에서는 이 의식을 사용할 수 있는 사람이 거의 없을 것입니다. 물론 나무를 빨리 자라게 할 마법도 어딘가에는 있을 것입니다.

변신 (지능)

범위: 근거리
지속시간: 1일/레벨
극복 판정: 실시

마법사는 형태와 모습을 바꾸는 마법으로 자신이나 다른 이를 전혀 다른 생물로 바꿀 수 있습니다. 바뀔 형태는 어떠한 크기로도 될 수 있지만, 반드시 물리적인 육체를 가진 살아 있는 생물이여야 하며, 마법사의 레벨보다 더 많은 체력 주사위를 가질 수 없습니다. 주문 대상은 의식이 끝나기 전 언제든 본래 형태로 되돌아갈 수 있지만, 그렇게 할 경우 마법의 효과가 끝납니다. 만약 상대가 극복 판정에 성공하면 의식은 효과를 발휘하지 않습니다. 하지만 상대가 기꺼이 주문 대상이 되려고 한다면 극복 판정을 할 필요가 없습니다.

이 의식에는 용의 비늘이나 독수리의 깃털처럼 바뀔 형태의 구성 요소가 필요합니다. 마법사는 변화와 생명의 룬을 새긴 브로치를 손 닿는 곳에 가지고 있다가, 의식이 진행되는 동안 브로치를 부숩니다.

9레벨 의식

꿈 (지혜)

범위: 장거리

지속시간: 1주/레벨

극복 판정: 실시

이 의식을 치르는 마법사는 잠에 빠져 여러시간 동안 자각몽을 꿈니다. 자각몽 속에서 마법사는 자신이 원하는 꿈이나 악몽을 빚습니다. 의식이 완성되면, 마법사가 선택한 지역의 주민들은 극복 판정에 실패하면 모두 유사한 꿈을 꿈니다. 마법사는 사람들의 꿈을 완전하게 통제할 수는 없지만, 꿈을 통해 대략적인 전언이나 감정을 전달할 수 있습니다. 예를 들어 마법사는 공작령 백성들에게 다 같은 시간에 숨겨진 샘으로 찾아오라는 정확한 의도를 전달할 수는 없지만, 유사한 환상을 계속 체험하게 만들어서 샘 근처 숲을 헤매도록 강력하고도 기이한 욕망을 불어넣을 수는 있습니다.

마법사는 꿈을 끔찍하거나 혼란스럽게 만들어서 극복 판정에 실패한 사람들에게 의식의 지속 시간동안 모든 판정에 -3 페널티를 받도록 만들 수도 있습니다. 오래 전의 어느 위대한 주술사는 군대를 보내 지역을 침략하기 전에 이 의식을 사용했다고 전해집니다.

마법사는 의식을 치르기 위한 아홉 시간의 수면을 취하기 전, 요정의 비단으로 짠 망토를 착용하고 머리에는 은과 백금으로 만든 왕관 (은화 2,000냥)을 씁니다. 잠에서 깨면, 왕관은 꿈의 세계 속으로 사라집니다.

악몽 (지능)

범위: 장거리

지속시간: 1주

극복 판정: 가능

악몽은 끔찍한 그림자 괴물을 소환하는 주문입니다. 이 괴물은 일주일 동안 잠자는 상대의 가슴 위에 올라타서, 휴식을 방해하면서 기력을 빨아먹습니다. 상대는 매일 밤 -5 페널티를 받고 극복 판정을 할 수 있습니다. 만약 상대가 극복 판정 중 한 번이라도 성공하면 괴물은 소멸되어 다시 나타나지 않습니다. 의식이 효과를 발휘하는 동안 상대는 **악몽** 때문에 매일 밤 끔찍한 꿈을 꾸면서 1d10점의 피해를 받습니다. 또한 다음 날 휴식을 해서 사용한 주문을 다시 외우거나 피해를 치료할 수도 없으며, 모든 판정에 -3 페널티를 받습니다.

의식을 치르려면 주문 대상의 머리카락이나 진실한 이름처럼 상대와 마법적으로 이어질 매개체가 필요하며, 흑요석으로 끔찍한 조각상을 제작해야 합니다. 조각상은 재빠르게 움직이는 그림자로 변하여 상대를 괴롭히기 위날아갑니다.

10레벨 의식

돌의 벽 (지능)

범위: 장거리
지속시간: 순간
극복 판정: 없음

마법사는 대지를 흔들어서 **돌의 벽**을 끌어낼 수 있습니다. 땅에서 솟은 돌은 두께가 몇 미터 정도 되며, 길이는 0.5 마일 (0.8km) 정도로, 주변의 모습을 영원히 바꾸어 놓습니다. 마법사는 이 의식으로 자기 탑이나 성소 주변에 벽을 둥글게 치는 등 벽의 대략적인 모양도 정할 수 있지만, 돌의 표면은 깔끔하거나 균일하지 않은 자연 그대로의 모습일 것입니다.

의식을 치르려면, 황금 접시 위에 무척 비싼 (은화 5,000 냥 정도) 보석을 올려놓아야 합니다. 이 보석은 벽 속으로 빨려 들어가 바위 안에 깊숙이 박힙니다. 비록 이 의식의 지속시간은 순간이지만 (즉, **마법 무효화**로 벽을 사라지게 할 수 없습니다), 만약 벽의 중심을 파내서 보석을 제거한다면 벽이 무너질 것입니다.

부활 (지혜)

범위: 접촉
지속시간: 순간
극복 판정: 없음

위대한 마법사는 **부활** 의식으로 죽은 이를 살아있는 세계로 돌려보낼 수 있습니다. 주문 대상은 먼저 이 세계로 되돌아오기 위해 **건강** 판정을 성공해야 합니다. 실패할 경우 영원히 부활할 수 없습니다. 판정에 성공하면, 주문 대상은 모든 병과 부상이 치료된 채 건강하게 부활합니다.

이 궁극적인 마법에 따르는 위험은 무척 큽니다. 주문 대상이 **건강** 판정에 성공하든 실패하든, 산 자와 죽은 자의 땅을 잇는 관문이 열리기 때문에 누군가 이 관문을 찾아낼 것입니다. 의식이 완성되면 마스터는 PC들에게, 또는 의식을 거행한 지역에 괴물을 등장시켜 문제를 일으키는 편을 추천합니다.

의식을 치르려면 우선 주문 대상의 시신을 깨끗한 아마포로 덮은 다음, 신기하고 귀한 향초를 열 시간 동안 태웁니다. 의식을 진행하는 시간 동안 마법사는 손을 주문 대상의 머리에 얹고 자신의 혼을 죽은 자를 통해 망자의 땅으로 보냅니다. 이 곳에서 마법사는 자신의 일부 (능력치 중 하나를 영원히 1점 잃습니다), 또는 더욱 귀중한 무언가 (자신이 소중하게 생각하던 기억의 일부, 1레벨, 시력 등)를 사후 세계에 남겨 두는 커다란 희생을 치러야 합니다. 어떤 희생이 적절할지는 마스터와 플레이어가 함께 의논하세요.

10레벨 의식이 게임에서 어떤 의미를 가지는가

10레벨 의식은 무척 강력한 마법으로, **울타리 너머, 또 다른 모험으로**에서 등장하는 모든 마법의 최고봉을 상징합니다. 캐릭터가 10레벨 의식을 치렀다면, 무언가 커다란 일이 발생하고 모든 사람들이 그 사실을 알 것입니다.

이론상 플레이어는 10레벨 의식으로 원하는 것을 거의 모두 이룰 수 있습니다. 앞서 설명했듯 10레벨 의식을 사용하면 죽은 이를 살려내고 지형을 바꿀 수 있습니다. 또한 신들을 필멸자로 추락시키고, 다른 세계와 차원으로 여행을 떠나며, 나라를 만드는 위업을 이룰 수도 있습니다. 하지만 10레벨 의식으로도 이룰 수 없는 것이 있습니다. 우선 주문 하나로 모든 소원을 들어주는 만능 의식 같은 것은 없습니다. 또한 새로운 세상을 만들거나 시간에 영향을 끼칠 수도 없습니다. 이러한 일은 신이 직접 개입하는 등의 다른 수단으로나 가능합니다.

10레벨 의식의 사용은 장기 캠페인의 마지막 장을 알리는 신호일 수 있습니다. 최종 레벨인 10레벨에 오른 PC는 아마도 지배자 등극이나 은퇴, 또는 위험한 적과의 최후의 일전 등을 고려할 것입니다.

이를 위해 캐릭터가 10레벨 의식을 치른다면, 마스터는 이제 캠페인을 끝내기에 적절한 때가 됐는지 고려해야 합니다. 죽은 친구를 살리거나, 난공불락의 요새를 대지에서 솟아나게 하면서 정든 캐릭터의 여정을 마치는 방법도 썩 나쁘지 않습니다.

마법 물품

이 세계의 마법에는 그저 마법사의 주문만이 있는 것은 아닙니다. 어떤 물품은 마법사의 주문으로, 또는 신의 축복으로, 무엇보다도 운명의 장난으로 우연히 마법이 스며들어서 마법의 힘을 간직하게 되었습니다. 마법 물품은 하나하나가 별도의 규칙을 사용하는 독특한 보물입니다. 어떤 마법 물품은 사랑의 부적처럼 무척 간단하고 용도가 무척 국한되어 있지만, 또 어떤 마법 물품은 왕국을 뒤흔들 힘을 지녔습니다.

마스터는 마법 물품을 플레이어들에게 행동에 나서도록 이끄는 보상으로써 유용하게 사용할 수 있습니다. 수많은 이야기가 젊은 영웅들이 마법의 보물을 찾으러 가는 것으로 시작합니다.

다음은 여러분의 게임에서 유용하게 사용할 수 있는 마법 물품 예시입니다.

무기

모험자라면 누구나 마법의 칼 하나쯤은 가지기를 원할 것입니다. 마법 무기 대부분은 공격과 피해에 보너스를 줍니다. 예를 들어, +2 검은 사용자에게 모든 명중 판정에 +2 보너스를 주고, 검으로 명중시켰을 때 2점의 피해를 더 줍니다. 그 외 다른 효과도 지닌 마법 무기도 많습니다.

깊은 산의 도끼

오래 전 산 밑의 왕이 벼린 이 도끼는 표면을 아름다운 금으로 줄세공했습니다. 도끼의 사용자는 공격과 피해에 +2 보너스를 받습니다. 더 중요한 능력으로, 사용자는 완전한 어둠 속에서도 볼 수 있으며, 전쟁에서 사람들을 지휘하는 모든 판정에 +2 보너스를 받습니다.

뱀 살해자

왕에게 어울릴 정도로 이 훌륭한 검은 한 때 하늘을 지배한 강대한 용들을 살해하기 위해 옛 요정 군주가 벼린 무기입니다. 사용자는 명중과 피해에 +2 보너스를 받지만, 모든 종류의 용과 뱀에게 맞서 싸울 때는 +5 보너스를 받습니다. 또한 사용자는 용의 숨결에 극복 판정을 할 때 +5 보너스를 받습니다. 뱀 살해자의 칼날은 진짜 용이 있는 곳에서 창백한 빛을 발합니다.

웨이랜드의 철

믿을 수 없을 정도로 단순한 이 검은 오래 전 대장장이 웨이랜드가 직접 운석 철을 버려 만든 무기입니다. 사용자는 공격과 피해에 +1 보너스를 받으며, 상대가 어떠한 면역 능력을 가진 괴물이든 피해를 줄 수 있습니다.

자유로운 화살

명백하게 기이한 모양을 한 이 일곱 개의 화살은 촉 부분이 검고 빛나는 금속으로 되어 있습니다. 화살은 적에게 자동으로 명중하며, 일반적으로 활로 공격해서 주는 피해를 줍니다. 하지만 플레이어는 여전히 명중 판정을 해야 합니다. 만약 주사위 결과가 1이라면 화살은 대신 일행이나 친구를 맞춥니다. 각 화살은 한 번씩만 사용할 수 있습니다.

형제를 지키는 자

이 장검은 200년 전, 검을 벼린 바로 그 날, 동생이 형의 목을 치다가 칼날이 조금 떨어져 나갔습니다. 그 후부터, 사용자가 위험에 처할 때는 칼날이 떨어진 부분에서 피가 흐릅니다. 검의 사용자는 공격과 피해에 +1 보너스를 받으나, 자신의 혈육을 공격할 때는 +3 보너스를 받습니다. 그리고 검에는 바로 이 +3 보너스가 몹시 필요하게 될 골육항쟁을 부르는 저주가 걸려 있습니다.

방어구

마법 방어구는 보통 착용자에게 **장갑** 보너스를 줍니다. 마법 방어구를 사용할 때는 클래스에 따른 일반 갑옷 제한을 적용합니다. 안타깝지만, 아무리 훌륭한 마법의 판금 갑옷을 손에 넣더라도 마법사는 입을 수 없습니다.

사자의 방패

이 방패는 청동으로 주조한 사나운 사자의 머리가 중앙에 달린 고대풍의 원형 방패입니다. 착용자는 +3 **장갑** 보너스를 받으며, 하루에 한 번 사자의 머리에서 무시무시한 울음을 발산해 근거리 내에 있는 적들이 마법 물품 극복 판정에 실패할 경우 1d8라운드 동안 도망치게 만들 수 있습니다. 울음 능력을 사용하려면 그 능력이 있다는 사실을 알아야 합니다.

왕궁 도둑의 붉은 갑옷

붉은 오스월드가 돌의 왕이 쓰던 왕관을 훔쳤을 때 입은 갑옷입니다. 붉은 색으로 물들인 이 가죽 갑옷은 착용자에게 +2 **장갑** 보너스를 주며, 또한 모든 은신 판정에도 +2 보너스를 줍니다.

정의의 갑옷

눈부시게 빛나는 이 사슬 갑옷은 결코 녹이 슬지 않으며, 갑옷을 입을 가치가 있는 착용자에게 전신 판금 갑옷만큼의 **장갑**을 제공합니다. 가치관이 질서인 캐릭터는 +8 **장갑**을, 중립 캐릭터는 +4 **장갑** 보너스를 받으나, 혼돈 캐릭터는 -4 **장갑** 페널티를 받습니다.

물약

물약은 각종 판타지와 전설에서 빠질 수 없는 물품입니다. 비실비실한 캐릭터가 순식간에 기운을 차릴 수 있는 방법임은 말할 것도 없습니다. 마녀들과 연금술사들은 선하든 악하든 여러가지 이유로 잡다한 물약을 만듭니다. 다음은 예시로 소개하는 네 가지 물약입니다.

사랑의 물약

마녀라면 누구나 만드는 사랑의 물약은 제조자에 따라 효과가 다양합니다. 우리 동네 마을 마녀가 만든 사랑의 물약을 마시면 처음으로 눈에 들어오는 여성에게 홀딱 반할 것이며, 정신을 차리려면 다른 마녀 세 명의 도움이 필요합니다. 물약을 마신 캐릭터는 마치 **거짓 친구** 주문의 영향을 받는 것으로 간주합니다.

완전한 시야의 물약

이 만들기 어려운 휘발성 물약을 마신 캐릭터는 동이 틀 때, 해가 질 때까지 정령이나 유령, 각종 투명한 존재를 봅니다. 남의 음료에 이 물약을 타는 비열한 술수를 쓰는 이들도 있습니다.

치유 물약

영웅들이 가장 좋아하는 물약입니다. 마시는 캐릭터는 피해 1d8점을 회복합니다.

힘의 물약

이 진한 물약을 마신 캐릭터는 동이 틀 때, 또는 해가 질 때까지 (어느 쪽이든 일찍 끝나는 쪽으로) 근력이 19로 오릅니다.

막대와 지팡이, 봉

마법사는 특히 다양한 마법봉을 좋아합니다. 일부는 마법사만 사용할 수 있지만, 대부분 어느 클래스든 사용할 수 있습니다.

로완의 막대

젊고 적극적인 마법사가 주문 사용을 위해 만든 비비 꼬인 모양의 막대로, 오직 마법사만이 사용 가능합니다. 사용자는 하루에 주술 하나를 더 사용할 수 있으며, 적절한 명령의 말을 읊조리면 막대 끝에서 작고 푸른 불꽃이 타오릅니다.

마법사의 지팡이

마법사의 지팡이는 마법의 힘을 나타내는 강력한 상징입니다. 다음에 소개할 지팡이는 가장 강력한 마법사가 만든 여러 마법 지팡이 중 하나입니다:

이 마법사의 지팡이는 명령을 내리면 횃불처럼 빛을 발하며, 사용자는 **장갑**에 +3 보너스, 명중과 피해에 +2 보너스를 받습니다. 하지만 이 지팡이의 가장 강력한 힘은 사용자의 주문 실력을 강화시켜 주는 능력입니다. 사용자는 하루에 한 번, 캔트립 판정이나 의식 판정에 자동으로 성공합니다.

뱀의 지팡이

뱀의 모양으로 새긴 지팡이로, 사람의 피 한 방울을 떨어뜨린 다음 명령을 내리면 4라운드 동안 거대한 뱀으로 변합니다 (p.75 '거대 뱀' 항목을 참조하세요). 이 뱀은 지팡이에 사용한 피의 주인에게 복종합니다. 이 능력은 하루에 한 번 사용 가능합니다.

주목나무 가지

이 부드러운 가지는 망자에게 강력한 힘을 발휘합니다. 사용자는 **지혜** 판정에 성공하면 **언데드 퇴치** 주술을 사용할 수 있습니다. 이 능력은 하루에 세 번 사용 가능합니다.

잡다한 마법 물품

위 분류 중 어디에도 들어가지 않는 마법 물품은 많습니다. 수많은 노래와 전설 속에서 마법 반지나 로브, 조각상, 그 외의 다양한 보물의 이야기가 등장합니다.

마음의 신발

수수하지만 절대로 찢어지지 않는 이 한 쌍의 가죽 조각은 어느 낡은 부츠의 밑창으로 쓰이며, 표면에는 친절을 상징하는 문양이 그려져 있습니다. 착용자는 지난 한 시간 이내에 낯선 사람이나 적에게 이타적인 행동을 베풀었다면 **매력**이 4 올라갑니다.

수호자의 팔찌

이 단순한 모양의 은색 팔찌는 착용자를 다양한 위험에서 보호합니다. 착용자는 **장갑**에 +4 보너스를 받으며, 모든 극복 판정에 +2 보너스를 받습니다.

아가미 반지

물고기가 자신의 꼬리를 무는 모양으로 만들어진 구리 반지입니다. 착용자는 물 속에서 숨을 쉴 수 있습니다.

저주받은 주머니

이 저주받은 마법 물품은 낡아빠진 작은 가죽 주머니입니다. 전설에 따르면, 오래 전 어느 영리한 마녀가 탐욕스러운 상인에게 교훈을 가르쳐 주기 위해 만들었다고 합니다. 이 주머니는 처음 볼 때는 축복처럼 보입니다. 주머니에는 동전 30냥을 넣을 수 있으며, 매 보름달이 뜰 때마다 안에 든 돈을 두 배로 불려줍니다. 하지만 주머니의 소유자는 주머니를 가지고 있는 동안 심각한 위험에 처합니다: 캐릭터는 모든 극복 판정에 -5 페널티를 받으며, 휴식을 취하거나 치료 기능을 가진 사람의 도움을 받더라도 자연적으로 HP가 회복되지 않습니다.

혼란의 선반

현자가 말했습니다. "모든 것은 엔트로피이다." 그러자 선반 주인이 말했습니다. "엔트로피는 어디에 올려 놓으면 되나요?" 이 마법 물품은 표면에 옹이 구멍이 가득한 소나무 선반으로, 겉보기에는 전혀 무해해 보이지만 근처에 놓인 것은 무엇이든 모두 뒤섞는 효과를 발휘합니다. 혼란의 선반 주변 5피트 (1.5m) 내에 있는 작은 물품들은 아무도 신경 쓰지 않는 때를 틈타 무작위로 뒤섞여 버립니다. 마법사는 선반이 있는 방에서는 의식을 치를 수 없다는 사실을 깨달을 것이며, 만약 고집스럽게 의식을 계속 이어 나간다면 마법이 끔찍하게 잘못될 위험에 처합니다.

언젠가, 이 선반이 부엌 식탁 위에 놓였을 때는 성의 경비병들 모두가 복통에 시달려 끙끙댔습니다.

아티팩트

아티팩트는 다른 마법 물품과는 전혀 다릅니다. 아티팩트는 다른 마법 물품을 아득히 뛰어넘는 강력한 힘을 지녔으며, 자의식도 갖추었기 때문입니다. 아티팩트의 기원은 종종 매우 복잡하며, 알려졌다 하더라도 전설로만 전해집니다. 아티팩트는 보통 신이 손수 제작했고, 역사 속에서 매우 큰 비중을 차지합니다. 아티팩트를 오크 소굴 같은 장소에서 찾기는 어려울 것이며 (아티팩트 스스로 그러기를 원하지 않은 한 말입니다), 캠페인에 등장하면 보통 그 아티팩트를 중심으로 이야기가 바뀝니다. 아티팩트를 매우 강력하지만 제한된 능력을 가진 NPC로 생각하세요. 아티팩트는 마치 훌륭한 숙적처럼 이야기거리를 빚어냅니다. 다음은 게임의 큰 흐름을 만들 수 있는 아티팩트의 예입니다.

평화의 주춧돌

이 아티팩트는 정육면체 모양의 석회석으로, 크고 무거워 보이지만 사실 근력 10 이상의 캐릭터라면 누구든지 들 수 있을 정도로 가볍습니다. 전설에 따르면 질서의 차원에 거주하는 어느 존재가 악마 침략자들로부터 인간의 세상을 보호하기 위해 만들었다고 합니다.

만약 평화의 주춧돌이 석재 건물의 기반으로 쓰인다면, 이 건물은 몇 가지 마법적인 힘을 지닙니다. 우선, 질서 가치관의 캐릭터만 이 건물에 들어올 수 있습니다. 중립과 혼돈 가치관의 캐릭터는 아예 발을 디디지도 못합니다. 만약 건물의 주인이 주춧돌을 만진다면, 즉시 주변에 있는 이들 중 누가 자신에게 거짓말을 하는지 알아차릴 수 있습니다.

주춧돌의 진정한 힘은 이 돌이 군주나 지배자가 지배하는 성의 기반으로 쓰였을 때 나타납니다. 누구든 건물의 주인에게 충성 서약을 맹세한 (그리고 그 맹세를 지키는) 이는 몇 가지 이점을 받습니다. 우선, 맹세한 이는 군주의 영토 내에서 장갑에 +5 보너스를 받으며, 주춧돌에서 얼마나 멀어지든 간에 혼돈 가치관의 생물이나 캐릭터가 사용한 주문에 저항하는 판정에 +10 보너스를 받습니다. 마지막으로, 충성을 맹세한 이들은 누가 친구이고 누가 적인지 즉시 알아볼 수 있습니다.

하지만 평화의 주춧돌은 어떤 미사여구로 꾸미든 간에, 사람들을 위해 마법의 힘을 제공하는 것은 아닙니다. 이 주춧돌은 왕국을 행복하게 만들 목적으로 만든 도구가 아니라, 그 무엇보다도 안정과 질서를 추구하기 위해 만든 엄격한 질서의 아티팩트인 것입니다. 앞에서 설명한 대로 이 주춧돌이 군주가 지배하는 성의 기반으로 쓰이면, 모든 신하들은 점차 자신이 창의성과 혁신을 잃어버린다는 사실을 깨닫지만, 왜 그런지는 정확히 알 수 없을 것입니다. 주춧돌이 기반으로 쓰인 후 매 1년이 지날 때마다 군주의 신하들은 매번 마법 물품에 극복 판정을 해서 판정에 실패하면 즉시 가치관이 질서로 바뀝니다. 한번 바뀐 가치관은 주춧돌이 제거되거나 성이 무너지지 않는 한 영원히 지속됩니다. 주춧돌이 제거되거나 성이 무너진 후, 사람들의 가치관은 다음 1년 동안 천천히 원래대로 되돌아갑니다.

마지막으로, 이 주춧돌은 왕국 내의 모든 마법적인 힘을 빨아들입니다. 왕국의 영토 내에 사는 모든 마법사 클래스의 캐릭터는 매년 마법 물품에 극복 판정을 해서 실패하면 1레벨을 잃습니다. 이렇게 잃은 레벨은 마법사가 왕국의 영토를 떠날 때 즉시 회복됩니다. 마법 생물 역시 영향을 받으며, 매년 레벨 대신 체력 주사위를 잃습니다.

괴물 도감

괴물 목록과 직접 괴물을 만드는 방법을 소개합니다.

소개

이번 장에서는 **울타리 너머**에서 사용할 수 있는 괴물과 적수의 예시를 소개합니다. 각 괴물 항목은 괴물에 대한 간단한 설명과 수치를 제공합니다. 다른 판타지 RPG들에 등장하는 괴물 역시 쉽게 고쳐서 사용할 수 있습니다.

또한, 이번 장에서는 판타지 RPG의 단골인 악마와 용, 고블린을 여러분 취향에 맞춰 만들 수 있는 지침과 규칙을 제공합니다.

명심하세요. 괴물들은 플레이어 캐릭터와는 다른 수치를 사용합니다. 우선 괴물은 능력치가 없으며, 가치관은 캐릭터와 동일합니다. 또한 괴물은 레벨 대신 체력 주사위를 사용합니다. 체력 주사위는 괴물이 얼마나 강한지 간략히 나타내는 정도이자, 괴물의 HP를 정하기 위해 주사위를 얼마나 굴려야 하는지를 알려주는 수치입니다.

괴물의 기본 공격 보너스는 괴물의 강함과 전투 능력을 나타내며, 괴물 항목에 기재되어 있습니다. 만약 다른 RPG의 괴물을 **울타리 너머**로 고쳐서 사용한다면, 그냥 체력 주사위 만큼의 수치를 공격 보너스로 정하세요. 행동 순서 역시 체력 주사위 수치와 동일합니다.

괴물은 전사와 동일한 극복 판정 표를 사용하며, 별도로 설명이 없는 한 체력 주사위를 괴물의 레벨로 간주합니다. 많은 괴물은 비늘이나 두꺼운 가죽으로 몸을 보호하기 때문에 무척 튼튼하며, 자연적으로 높은 **장갑** 수치를 가집니다.

괴물 중에서는 체력 주사위가 10 이상인 괴물도 많으므로, 아래 표에서 체력 주사위가 1~20일 때 극복 판정 수치를 소개하겠습니다.

체력 주사위	독 극복	입김 무기 극복	신체 변형 극복	주문 극복	마법 물품 극복
1	14	17	15	17	16
2	14	17	15	17	16
3	13	16	14	14	15
4	13	16	14	14	15
5	11	14	12	12	13
6	11	14	12	12	13
7	10	13	11	11	12
8	10	13	11	11	12
9	8	11	9	9	10
10	8	11	9	9	10
11	7	10	8	8	9
12	7	10	8	8	9
13	5	8	6	5	7
14	5	8	6	5	7
15	4	7	5	4	6
16	4	7	5	4	6
17	3	6	4	4	5
18	3	6	4	4	5
19	3	6	4	4	5
20	3	6	4	4	5

괴물

가고일

가고일은 악마들의 탑이 질서와 혼돈의 전쟁에 휘말린 후 그 안에 있던 석상들이 생명을 얻어 태어난 끔찍하고 포악한 사냥꾼입니다. 흔히 가고일은 날개를 가졌으며, 항상 놀랄 정도로 빠릅니다. 또한 가고일은 완벽한 공격의 기회가 올 때까지 비가 오든 눈이 오든 아주 오랜 기간 동안 숨어서 사냥감을 기다릴 수 있습니다. 가고일은 하나하나 외형이 다르지만, 모든 가고일은 서투르게나마 서로 말을 주고받을 수 있습니다.

체력 주사위: 4d8 (18 HP)
장갑: 15
공격: 명중 +3, 피해 1d4 (발톱), 1d6 (물기)
가치관: 혼돈
경험치: 250
참고: *비행* (가고일은 날 수 있습니다), *피해 면역* (가고일은 마법적 공격에만 피해를 받습니다), *재빠름* (가고일은 자신과 근접전 거리 내에 있는 적의 숫자와 같은 횟수로 공격을 합니다. 한 라운드에 최대 두 번 할퀴고 한 번 물 수 있습니다)

거대 독수리

평범한 독수리를 커다랗게 키운 모습인 거대 독수리는 날개 길이가 30피트 (9m) 이상 되는 위풍당당하고 고귀한 종족입니다. 거대 독수리는 모든 생물의 말을 이해하며, 높은 곳의 둥지에서 살면서 산을 지배합니다. 이야기에 따르면 옛 시대에 거대 독수리 중 일부가 암흑의 군주 때문에 타락하여 오늘날까지도 여전히 하늘을 날면서 주인의 명령을 수행하고 있다고 합니다.

체력 주사위: 5d8 (23 HP)
장갑: 17
공격: 명중 +5, 피해 1d12 (발톱)
가치관: 아무거나
경험치: 200
참고: *비행* (거대 독수리는 날 수 있습니다), *진실한 언어* (거대 독수리는 어떠한 언어든 관계없이 모든 생물의 말을 할 줄 압니다)

거대 뱀

20~40피트 (6m~12m) 길이의 거대 뱀은 늪지대 나무 위에 매달려 있거나 금지된 신의 제단에서 똬리를 틀고 있다가, 무방비 상태의 사냥감 뒤로 몰래 숨어들어가 상대를 칭칭 감아 으스러뜨린 다음, 통째로 삼킵니다. 거대 뱀은 보통 지형에 구애받지 않고 활동할 수 있기 때문에, 매우 좁은 틈새에 숨어서 불운한 모험자들이나 다른 사냥감 동물들을 공격할 기회를 노립니다.

체력 주사위: 3d10 (16 HP)
장갑: 15
공격: 명중 +3, 피해 2d4 (물기)
가치관: 중립
경험치: 145
참고: *조이기* (거대 뱀은 물기 공격 대신 상대를 잡아서 조이기를 시도할 수 있습니다. 공격이 명중하면 상대는 -4 페널티를 받고 **근력** 판정을 합니다. 실패하면 매 차례마다 1d10 피해를 받습니다)

거대 쥐

거대 쥐는 역겹고, 난폭하며, 병균을 옮기는 쥐로, 보통 쥐보다 덩치가 두 배 크며 검은 털로 뒤덮였습니다.

체력 주사위: 1d6 (3 HP)
장갑: 13
공격: 명중 +0, 피해 1d4 (물기)
가치관: 중립
경험치: 5

거미

여느 집에서 볼 수 있는 평범하고 무해한 벌레와는 달리, 이 세상에는 수많은 종류의 크고 작은 거미가 있습니다. 거미의 기원은 명확하지 않습니다.

어떤 전설에서는 먼지와 거미줄로 만들어져서 산 자와 유령을 모두 잡아먹는 잔인한 먼지거미의 이야기를 소개합니다. 패밀리어의 유령이 변해 만들어진 외로운 요괴인 먼지거미는 이제 수만 마리로 불어나 인간 세계의 가장자리에서 무시무시한 집단을 이루고 산다고 합니다.

다른 거미 괴물들은 인간이 등장하기 훨씬 전부터 이미 세상에 있었던 것으로 보입니다. 이들은 단지 굶주린 배를 채우기 위해 음모를 꾸미고 계획하는, 잊힌 시대의 혐오스럽고 퉁퉁 불어터진 악의 존재입니다.

무엇보다도 가장 끔찍한 소문은, 날쌔고 어린 거미들로 우글거리는 거미의 제국이 우리 발 밑에서 수천 마일에 걸친 땅굴을 지배하고 있다는 이야기입니다. 이 소문이 사실이라면, 거미들이 인간들의 땅을 침략하겠다고 결심할 경우 무슨 일이 벌어질까요?

기원이 어찌 되었든, 아래는 여러 종류의 거미를 나타내는 수치입니다. 새끼 거미는 거미괴물 중에서도 가장 작은 종류로, 몸 크기는 1피트(30cm) 정도 되며 다리는 훨씬 큽니다. 대형 거미는 작은 개나 조랑말 정도입니다. 거미 왕은 인간들에게 매우 큰 위협이 되는 존재입니다. 극소수의 고대 거미들은 작은 집 크기만 하며, 잊힌 동굴이나 폐허에서 머물면서 사냥합니다. 이들 고대 거미는 다른 작은 거미들과 전혀 교류하지 않으며, 거미든 다른 생물이든 가리지 않고 먹어 치웁니다.

거미 무리

평범한 거미는 아무런 해를 끼칠 수 없지만, 많은 수의 거미는 위협이 될 수 있습니다. 캐릭터들에게 커다란 거미 무리를 내보내고 싶다면 벌레 무리(p.83) 수치를 사용하세요.

새끼 거미

체력 주사위: 2d6 (7 HP)
장갑: 14
공격: 명중 +1, 피해 1d4 (물기)
가치관: 질서
경험치: 50
참고: 독 (새끼 거미에게 물린 생물은 독 극복 판정을 해서 실패하면 다음 날까지 모든 판정에 -2 페널티를 받습니다. 반복해서 물릴 때마다 판정에 -1 페널티가 붙습니다)

대형 거미

체력 주사위: 4d8 (18 HP)
장갑: 14
공격: 명중 +4, 피해 1d8 (물기)
가치관: 질서
경험치: 160
참고: 독 (대형 거미에게 물린 생물은 독 극복 판정을 해서 실패하면 다음 날까지 모든 판정에 -2 페널티를 받습니다. 반복해서 물릴 때마다 판정에 -1 페널티가 붙습니다)

거미 왕

체력 주사위: 5d8 (23 HP)
장갑: 14
공격: 명중 +5, 피해 1d8 (물기)
가치관: 질서
경험치: 230
참고: 독 (거미 왕에게 물린 생물은 독 극복 판정을 해서 실패하면 다음 날까지 모든 판정에 -2 페널티를 받습니다. 반복해서 물릴 때마다 판정에 -1 페널티가 붙습니다), 아군 소환 (거미 왕은 하루에 한 번 거미 무리를 소환해서 적을 공격할 수 있습니다)

고대 거미

체력 주사위: 14d10 (77 HP)
장갑: 23
공격: 명중 +12, 피해 1d10+2 (물기)
가치관: 혼돈
경험치: 6,000
참고: 독 (고대 거미에게 물린 생물은 독 극복 판정을 해서 실패하면 1d10 라운드 동안 마비됩니다), 재빠름 (고대 거미는 자신과 근접전 거리 내에 있는 적의 숫자와 같은 횟수로 공격을 합니다. 한 라운드에 최대 세 번까지 공격할 수 있습니다), 거미줄 (고대 거미는 14레벨 마법사처럼 *거미줄* 주문을 자유롭게 사용할 수 있습니다) 태양에 약함 (고대 거미는 태양빛과 접촉하면 몸놀림이 느려져서 *재빠름* 능력을 사용할 수 없습니다. 또한 모든 명중과 극복 판정에 -2 페널티를 받습니다)

이야기 고리
거미집

새끼 거미들이 마을 근처 광산을 소굴로 만든 다음, 많은 광부들을 붙잡았습니다. 사실 광부들은 너무 깊숙하게 굴을 판 나머지 먼 옛날부터 그 자리에 있던 거미들의 지하 거처를 침범했습니다. 몇몇 새끼 거미들은 격분해서 인간들의 마을과 전쟁을 하자고 왕에게 간언했으나, 거미 왕은 전쟁을 해야 할지 망설이고 있습니다. 캐릭터들은 광부들을 구출할 수 있을까요? 거미들과 전쟁을 시작할 위험을 감수할까요?

거인

울타리 너머에서 등장하는 거인은 신들과 겨루는 북유럽 신화의 거인보다는 덩치 큰 산적에 가깝습니다. 10피트 (3m) 크기의 거인들은 머리보다는 몸을 즐겨 쓰는 무뢰한이며, 음식이든, 유희든, 휴식이든 눈 앞의 쾌락 외에는 아무 생각도 없습니다. 거인들은 아첨과 뇌물, 술을 무척 사랑하며, 이를 얻을 수 있다면 싸움도 기꺼이 포기합니다. 또한 거인들은 화가 나서든, 노는 목적이든 바위를 잘 던지는 것으로 유명합니다.

체력 주사위: 8d10 (55 HP)
장갑: 16
공격: 명중 +8, 피해 2d8 (곤봉)
가치관: 아무거나
경험치: 1,200
참고: *바위 던지기 (거인은 매우 먼 거리에서 바위를 던질 수 있습니다. 명중하면 3d6 피해를 줍니다)*

고블린

고블린과 그 친족들은 수많은 판타지 이야기 속에서 전통적인 적으로 등장합니다. 여러 다른 종류의 고블린과 다양한 파생 종족을 직접 만들려면 p.105의 '고블린 만들기'를 참조하세요. 다음은 가장 흔한 두 가지 종류입니다.

고블린

평범한 고블린은 동굴이나 버려진 굴에서 살면서 유희거리와 약탈을 찾아 나서는 사악한 녀석들입니다.

체력 주사위: 1d6 (4 HP)
장갑: 14
공격: 명중 +1, 피해 1d6 (소검)
가치관: 혼돈
경험치: 15

오크

오크는 야만적이고 무력을 숭앙하는 전사로, 강자의 지배를 받으며 살아갑니다. 오크들은 굳은 의지를 가진 암흑의 군주의 지휘 아래에서 강한 군대를 조직할 수도 있습니다.

체력 주사위: 1d10 (6 HP)
장갑: 14
공격: 명중 +1, 피해 1d8 (장검)
가치관: 혼돈
경험치: 20

골렘

골렘은 동쪽의 어느 잊힌 도시에서 한 미친 마법사가 진흙으로 빚어 만든 거대한 인간 형태의 괴물입니다. 골렘의 말없는 혀 아래에는 양피지가 붙어 있는데, 이 양피지가 골렘에게 힘을 불어 넣습니다. 골렘은 오직 주인이 불어 넣은 권능의 언어로 지시 받은 대로만 움직이는 변하지 않는 기계이며, 지성이나 창의력도 없습니다. 그러므로 작전을 세울 줄도 모르고, 조롱이나 도발에 흔들리지도 않습니다. 골렘의 부드러운 살은 끊임없이 재형성되기 때문에, 골렘은 어떠한 수단으로도 멈추지도 않고, 죽지도 않습니다. 하지만 전설에 따르면 흙투성이 입에서 양피지를 떼어내면 골렘을 완전히 파괴할 수 있다고 합니다.

어떤 이들은 골렘이 우물을 파라는 명령을 받기 전까지는 저 서쪽의 끝없는 구덩이가 작은 강바닥에 불과했다고 말합니다. 골렘이란 그저 주인의 명령에 맹목적으로 따르는 괴물이기 때문입니다. 많은 마법사들은 지금도 여전히 이 훌륭한 하인을 만들어 내는 의식을 찾아 헤맵니다.

체력 주사위: 8d6 (28 HP)
장갑: 11
공격: 명중 +11, 피해 2d6 (주먹)
가치관: 중립
경험치: 1,300
참고: *재생 (골렘은 라운드마다 3점씩 회복합니다. HP가 0점 이하로 떨어져도 재생은 멈추지 않습니다)*

곰

곰은 크고 힘 센 동물로, 자신을 위협하거나 지나치게 가까이 다가오는 모험자 일행에게 심각한 피해를 줄 수 있습니다. 코볼드와 고블린들은 때로 곰을 길들여서 자신들이 사는 동굴의 보초로 씁니다.

체력 주사위: 3d8 (14 HP)
장갑: 13
공격: 명중 +3, 피해 1d6 (발톱), 1d8 (물기)
가치관: 중립
경험치: 80
참고: *재빠름* (곰은 자신과 근접전 거리 내에 있는 적의 숫자와 같은 횟수로 공격을 합니다. 한 라운드에 최대 두 번 할퀴고 한 번 물 수 있습니다. 물러나세요!)

공포와 불꽃의 괴물

아주 오래된 전설 속에서도 등장하는 공포와 불꽃의 괴물은 언제나 인간 세계에 출몰하면서 희망을 부수고 마을을 붙태웁니다. 공포와 불꽃의 괴물은 두건 달린 모자를 덮어쓰고 가운을 입은 인간의 모습으로 나타납니다. 괴물의 얼굴은 두건의 그림자에 가려 보이지 않지만, 얼굴에 박힌 불타는 보석만이 희미하게 반짝입니다. 괴물이 가는 곳에는 어디든지 짙은 먹구름 같은 끔찍한 공포가 들이닥치며, 지나가는 자취마다 불길만이 남습니다.

만약 공포와 불꽃의 괴물을 무찌른다면, 괴물의 자취는 감쪽같이 사라지고 오직 보석만이 남아 굴러 떨어집니다. 이 보석은 언제나 새로운 육신을 찾는다고 전해집니다.

체력 주사위: 11d8 (50 HP)
장갑: 20
공격: 명중 +8, 피해 1d10 (대형검)
가치관: 혼돈
경험치: 3,100
참고: 공포 (괴물 주변 근거리 내의 모든 적은 주문 극복 판정을 해서 실패하면 그 즉시 1d6라운드 동안 괴물을 피해 도망칩니다), 불꽃 (괴물은 매 3라운드마다 한 번씩 일반 공격 대신 6레벨 마법사처럼 **불타는 손**을 사용할 수 있습니다. 또한 하루에 한 번, 3라운드 동안 아무 것도 하지 않고 집중해서 마치 6레벨 마법사가 **화염구** 의식을 사용한 것처럼 거대한 화염구를 발사할 수 있습니다), 마법 저항 (괴물은 35% 확률로 마법에 저항합니다)

괴수

모든 괴물을 체계적으로 분류할 수는 없습니다. 대신 "돌연변이 짐승"이나 "끔찍한 혼종" 등으로 나타내는 경우가 대부분입니다. 괴수 항목은 캐릭터들이 세상 곳곳에서 마주칠 크고 끔찍한 괴물 대다수를 나타냅니다. 각 괴수는 십중팔구 서로 다른 모습과 특징을 가졌으며, 어떻게 묘사할지는 마스터의 몫입니다.

괴수는 야생에서 부딪히는 물리적인 난관이자, 모든 여행자들에게 큰 위험이며, 사람들이 다니는 길에서 캐릭터들이 얼마나 멀리 벗어났는지를 알려주는 신호이기도 합니다. 각 괴수는 다음 중 두 가지 능력을 가집니다:

산 – 괴수가 죽을 때 산성 피를 상대에게 내뿜습니다. 근접전 범위 내에 있는 모든 적은 입김 무기 극복 판정을 해서 실패하면 1d10점의 피해를 받습니다.

수륙양용 – 괴수는 물과 육지 양쪽을 모두 주무대로 삼습니다. 만약 괴수가 호흡을 한다면, 물 속과 육지 위에서 모두 호흡을 합니다. 또한 매우 깊고 어두운 물 속에서도 자유롭게 움직일 수 있습니다.

가시달린 꼬리 – 괴수는 매 라운드 자신의 뒤에 있는 상대에게 추가로 공격할 수 있습니다. 피해는 발톱 공격과 동일합니다.

입김 무기 – 괴수는 하루에 한 번 불꽃이나 독가스를 내뿜을 수 있습니다. 근거리에 있는 모든 공격 대상은 입김 무기 극복 판정을 해서 실패하면 괴수의 물기 공격과 같은 피해를 받습니다.

마비의 시선 – 괴수는 일반 공격을 하는 대신 한 라운드에 상대 한 명을 응시할 수 있습니다. 상대는 신체 변형 극복 판정을 해서 실패하면 1d6라운드 동안 그 자리에서 얼어붙습니다.

독 – 괴수는 자연적, 또는 마법적 독을 품었습니다. 괴수의 발톱에 공격당한 생물은 독 극복 판정을 해서 실패하면 1d8라운드 동안 1점씩 추가 피해를 계속 받습니다.

가시털 – 괴수는 길고 날카로운 가시털로 뒤덮여 있기 때문에, 괴수를 공격하는 상대는 위험을 무릅써야 합니다. 누구든 괴수를 근접 공격으로 공격하는데 성공하면 곧바로 **민첩성** 판정을 합니다. 판정에 실패하면 피해 1d4점을 받습니다.

무시무시한 포효 – 괴수는 전투에 한 번씩 포효를 해서 이 지역에 있는 모든 적들을 공포에 떨게 할 수 있습니다. 모든 적은 각각 주문 극복 판정을 해서 실패하면 1d4라운드 동안 도망치거나 움츠리며 물러납니다.

소형 괴수

다음 수치는 인간 크기부터 큰 말이나 곰 크기에 이르는 괴수를 나타냅니다. 소형 괴수는 미숙한 모험가 일행에게 큰 위협이며, 수가 불어나면 강한 영웅들에게도 위험한 적이 될 수 있습니다.

체력 주사위: 5d10 (28 HP)
장갑: 14
공격: 명중 +5, 피해 1d4 (발톱), 1d8 (들이받기 또는 물기)
가치관: 혼돈
경험치: 350
참고: 괴수 능력 (각 괴수는 위 목록에서 두 개의 능력을 추가로 가집니다), *재빠름* (괴수는 자신과 근접전 거리 내에 있는 적의 숫자와 같은 횟수로 공격을 합니다. 한 라운드에 최대 두 번 할퀴고 한 번 물거나 들이받을 수 있습니다.

대형 괴수

소형 괴수도 충분히 무서운 괴물이지만, 대형 괴수는 정말로 강한 적입니다. 대형 괴수는 지역 일대를 벌벌 떨게 할 만한 힘을 가졌으며, 아무리 단단히 대비한 적이라도 산산이 부술 수 있습니다.

체력 주사위: 9d10 (50 HP)
장갑: 17
공격: 명중 +9, 피해 1d6 (발톱), 1d12 (들이받기 또는 물기)
가치관: 혼돈
경험치: 2,100
참고: 괴수 능력 (각 괴수는 위 목록에서 두 개의 능력을 추가로 가집니다), *재빠름* (괴수는 자신과 근접전 거리 내에 있는 적의 숫자와 같은 횟수로 공격을 합니다. 한 라운드에 최대 두 번 할퀴고 한 번 물거나 들이받을 수 있습니다.

흉물

흉물은 여관 크기만한 거대한 괴수입니다. 흉물은 자연적인 생물을 엉터리로 모방한 듯한 뒤틀리고 추악한 모습을 합니다. 흉물은 무척 크고 강력하기 때문에 아무리 강한 영웅들이라고 하더라도 승리를 장담하기 어렵습니다.

체력 주사위: 15d10 (83 HP)
장갑: 23
공격: 명중 +15, 피해 1d8 (발톱), 1d12+2 (들이받기 또는 물기)
가치관: 혼돈
경험치: 7,000
참고: 괴수 능력 (각 괴수는 위 목록에서 두 개의 능력을 추가로 가집니다), *재빠름* (괴수는 자신과 근접전 거리 내에 있는 적의 숫자와 같은 횟수로 공격을 합니다. 한 라운드에 최대 두 번 할퀴고 한 번 물거나 들이받을 수 있습니다.

구울

구울은 구울 열병으로 죽은 시체가 깨어나 육식 언데드로 바뀐 괴물입니다. 구울은 산 자의 살을 먹겠다는 갈망으로 가득 찬 움직이는 시체이며, 어쩔 수 없는 경우에만 죽은 자의 시체를 먹습니다. 구울은 망자들의 전당이나 사령술사의 소굴에서 거주합니다. 구울의 손길은 매우 위험합니다. 구울에게 상처를 입고 죽은 상대는 그 자신도 구울이 되어 되돌아오기 때문입니다.

체력 주사위: 2d8 (9 HP)
장갑: 14
공격: 명중 +3, 피해 1d4 (손톱)
가치관: 혼돈
경험치: 250
참고: 죽음의 손길 (구울의 손길에 닿은 상대는 독 극복 판정을 해서 실패하면 1d4라운드 동안 얼어붙은 듯이 몸을 움직이지 못합니다. 구울의 손톱으로 죽은 상대는 구울이 되어 깨어납니다)

그리폰

그리폰은 독수리의 머리와 앞발, 사자의 하반신을 지닌 강력한 동물입니다. 그리폰은 타의 추종을 불허하는 영리한 사냥꾼이며, 고집이 세고 쉽게 흥분하기로 악명이 높습니다.

체력 주사위: 6d8 (27 HP)
장갑: 17
공격: 명중 +6, 피해 1d6 (발톱), 1d8 (부리)
가치관: 중립
경험치: 400
참고: 비행 (그리폰은 날 수 있습니다), *재빠름* (그리폰은 자신과 근접전 거리 내에 있는 적의 숫자와 같은 횟수로 공격을 합니다. 한 라운드에 최대 두 번 할퀴고 한 번 부리로 쫄 수 있습니다)

꼬마용

꼬마용은 작고 귀여운 소형 용으로, 진짜 용만큼이나 모습이 다양합니다. 어떤 꼬마용은 날개가 없으며, 또 다른 꼬마용은 멋진 뿔이나 발톱이 있으며, 또 어떤 꼬마용은 무지개빛으로 반짝거립니다. 꼬마용이 진짜 용과 어떤 관계를 맺는지는 확실하지 않습니다.

모든 꼬마용은 수다스럽고, 배가 고프며, 호기심이 많습니다. 또한 사람들의 언어로 이야기하는 것을 즐기며, 낯선 이들과도 기꺼이 대화를 나눕니다. 꼬마용은 보통 기이하면서도 소란스러운 공동체를 이루면서 함께 살지만, 때때로 홀로 사냥꾼 생활을 하거나, 은둔자가 되거나, 진짜 용을 위해 일하기도 합니다.

체력 주사위: 2d6 (7 HP)
장갑: 14
공격: 명중 +1, 피해 1d4 (물기)
가치관: 아무거나
경험치: 50
참고: 비행 (꼬마용은 날 수 있습니다), 입김 무기 (꼬마용은 하루에 한 번 숨결을 무기로 씁니다. 이 숨결은 꼬마용마다 성질이 다르며, 극복 판정으로 피해를 줄일 수 없습니다. 숨결은 5피트(1.5m) 부채꼴 모양으로 퍼져 범위 안의 모든 상대에게 1d4+2점의 피해를 줍니다. 숨결을 쓴 꼬마용은 매우 지치기 때문에, 이후 4라운드 동안 쉬어야 합니다.)

날개 인간

날개 인간은 산꼭대기와 구름 위의 도시에서 사는 수수께끼의 종족입니다. 날개 인간은 독자적인 문화를 갖추고 있으며, 때때로 방문자들을 자신들의 호화로운 전당에 초대합니다. 이 때, 날개 인간들은 땅 위로 내려와 자신들의 도시에 방문할 자격이 있는 자들을 데리고 구름 위로 날아갑니다. 날개 인간들은 질서의 신봉자로서, 어떠한 종류의 혼돈이든 극렬하게 맞섭니다.

체력 주사위: 1d8 (5 HP)
장갑: 14
공격: 명중 +1, 피해 1d8 (검)
가치관: 질서
경험치: 30
참고: 비행 (날개 인간은 날 수 있습니다)

노움

지하에서 사는 노움은 대지의 정령들과 친족 관계인 작은 종족입니다. 노움은 종종 작은 드워프로 오인을 받는데, 노움들은 드워프들과 무역을 하면서 때로 드워프의 도움을 받아 집을 짓기도 합니다. 노움은 맛있는 음식과 음료를 즐기며, 빛과 환상을 능숙하게 가지고 놉니다. 노움은 친족인 대지의 정령들과 마찬가지로 대지의 힘이 아무런 영향을 미치지 못하는 별의 금속에 취약합니다.

체력 주사위: 1d8 (5 HP)
장갑: 12
공격: 명중 +0, 피해 1d6 (검)
가치관: 아무거나
경험치: 20
참고: 환상 (모든 노움은 소리 만들기과 환상 짜기를 지능 12의 마법사인 것처럼 사용할 수 있습니다), 진실한 이름 (노움은 자신의 진실한 이름을 아는 적에게 취약해집니다), 철에 약함 (노움은 운석 철로 만든 무기에 두 배 피해를 받습니다)

녹색 사나이

녹색 사나이는 나무들을 지배하는 숲의 강력한 주인으로, 키는 인간보다 훨씬 크고, 나무껍질 같은 살갗은 덩굴과 나뭇잎에 덮여 있습니다. 어느 인간이나 요정 군주에게도 복종하지 않는 녹색 사나이는 아군이 될 수도 있고, 적이 될 수도 있습니다. 녹색 사나이의 성격은 계절에 따라 바뀐다고 합니다. 여행자들은 그가 봄이 되면 자신의 땅을 무단으로 침입하는 이들을 인정사정없이 공격하지만, 가을이 되면 방문자들을 후하게 환대한다고 말합니다.

체력 주사위: 11d10 (61 HP)
장갑: 21
공격: 명중 +12, 피해 2d6+4 (후려치기)
가치관: 아무거나
경험치: 3,400

참고: *나무 깨우기* (녹색 사나이는 한 달에 한 번 **나무 수호자** 의식을 치를 수 있습니다. 판정은 자동 성공합니다), *숲과 한 몸* (녹색 사나이는 숲 속에서 아무런 장애물에 방해 받지 않고 이동할 수 있으며, 하루에 한 번 숲 속에서 완벽히 투명하게 모습을 감출 수 있습니다), *숲 부르기* (인간 기준으로 한 세대 당 한 번, 녹색 사나이는 숲을 격렬하게 분노하도록 만들 수 있습니다. 하지만 분노한 숲을 조종할 수는 없습니다. 일주일 동안 모든 나무는 트린트로 각성하고, 모든 동물은 흉폭해집니다)

늑대

다양한 형태의 개과 동물은 문명 지역과 야생 지역에 걸쳐 흔하게 분포합니다. 개과 동물은 평범한 개부터 숲과 평원에서 무리를 지어 사냥하는 늑대, 다른 약한 짐승들을 지배하는 강하고 사악한 와르그, 그리고 인간의 형태를 취할 수 있는 거대하고 무서운 늑대인간에 이르기까지 다양합니다.

개

개들은 인간을 섬기면서 인간에게 의존하여 살아가는 평범하고 길들여진 개입니다. 다음 수치는 사냥개나 경비견들을 나타냅니다. 이 개들은 보통 군인들이나 평민, 혹은 어느 정도의 경호가 필요한 행상인과 같이 있습니다.

체력 주사위: 1d8 (5 HP)
장갑: 12
공격: 명중 +1, 피해 1d4 (물기)
가치관: 중립
경험치: 15

늑대

늑대는 무리를 지어 떠도는 훌륭한 사냥꾼들입니다. 늑대는 때때로 가축들을 공격하며, 여러 어두운 전설 속에도 등장하기 때문에 사람들의 두려움을 삽니다. 늑대가 반드시 이야기 속에 나온 것처럼 위험할 필요는 없지만, 분명 사람들에게는 위협적인 존재입니다.

체력 주사위: 2d8 (9 HP)
장갑: 13
공격: 명중 +1, 피해 1d4+1 (물기)
가치관: 중립
경험치: 35

와르그

와르그는 사악한 주인을 섬기는 거대한 늑대입니다. 와르그는 평범한 늑대 무리에 섞여 들어가 이들을 혼돈의 하수인으로 변질시킵니다. 고블린들은 때때로 와르그를 숭배하기도 하며, 사람들은 당연히 와르그를 두려워합니다.

체력 주사위: 3d8 (13 HP)
장갑: 15
공격: 명중 +3, 피해 1d8 (물기)
가치관: 혼돈
경험치: 75

늑대인간

늑대인간은 사악한 저주에 걸렸거나 어둠의 정령과 계약을 맺은 인간입니다. 늑대인간은 거대한 늑대의 모습을 취할 수 있으며, 마을 변두리에 있는 사람들을 자주 사냥합니다.

어떤 전설에 따르면 자신에게 걸린 저주를 제어하고, 예전에 살던 마을을 숲의 위험에서부터 보호하는 친절한 늑대인간도 있다고 합니다. 이러한 늑대인간들은 다른 방식으로 늑대인간의 저주를 옮기거나, 심지어는 근처의 늑대 무리와 어울려 사회적인 집단을 형성하고 정상적인 방법으로 자손을 낳을지도 모릅니다.

체력 주사위: 4d8 (18 HP)
장갑: 15
공격: 명중 +4, 피해 1d8 (물기)
가치관: 아무거나
경험치: 350
참고: *변신* (늑대인간은 평범한 인간의 모습을 취할 수 있습니다), *저주 옮기기* (늑대인간의 공격으로 HP를 최소 절반 이상 잃은 캐릭터는 질병을 치료하거나 저주를 풀지 않는 한 새로운 늑대인간이 됩니다)

님프

님프는 나무나 작은 동굴, 산의 샘처럼 특정한 장소에 묶여 있는 정령입니다. 전통적으로 님프는 아름다운 처녀의 모습을 하고 있으며, 종종 신의 사생아를 낳거나 사악한 행동의 희생자가 되곤 합니다. 하지만 드라이어드가 오크 벌목꾼에 맞서 용감하게 자신의 숲을 지키거나, 강의 요정이 이 지역의 비버들과 댐 건설을 두고 협상하는 이야기도 재미있을 것입니다.

체력 주사위: 2d8 (9 HP)
장갑: 15
공격: 명중 +3, 피해 1d6 (지팡이나 다른 무기)
가치관: 아무거나
경험치: 35
참고: *거짓 친구* (님프는 자유롭게 **거짓 친구** 주술을 사용할 수 있습니다), *터줏대감* (님프는 자신의 마법적인 거처에서 1마일(1.6km) 이내에 머물러야 합니다)

도깨비불

도깨비불은 마법적인 축축한 기체로 이루어진 반고체의 구로, 야생지대의 위험한 지역에 나타나 떠돕니다. 도깨비불은 마음에 드는 사람을 발견하면 정신을 홀리는 춤을 추어서 상대를 늪으로 유인해 빠뜨려 죽입니다.

체력 주사위: 2d8 (9 HP)
장갑: 15
공격: 명중 +0, 피해 1d6 (충격)
가치관: 혼돈
경험치: 50
참고: 유혹 (세 마리 이상의 도깨비불은 상대 한 명을 자신들에게 오도록 유인할 수 있습니다. 상대는 주문 극복 판정을 해서 실패하면 곧장 도깨비불을 향해 다가갑니다)

도플갱어

도플갱어는 오랜 세월 동안 어떠한 사람으로든 그 모습으로 둔갑해서 끊임없이 말썽을 일으킨 심술궂은 요정입니다. 어떤 이야기에서는 도플갱어의 수가 무수하다고 전해지는 반면, 또 다른 이야기에서는 도플갱어의 이름으로 활약하는 장난꾼은 오직 한 명 밖에 없다고 합니다.

체력 주사위: 4d8 (18 HP)
장갑: 15
공격: 명중 +3, 피해 1d8 (검)
가치관: 혼돈
경험치: 200
참고: 형태 변형 (도플갱어는 자신의 진정한 실체가 없습니다. 대신 하루에 한 번 다른 인간, 또는 인간형 종족의 모습으로 즉시 변신할 수 있습니다), 진실한 이름 (도플갱어는 자신의 진실한 이름을 아는 적에게 취약해집니다), 철에 약함 (도플갱어는 철로 만든 무기에 두 배 피해를 받습니다)

동물 떼

동물 떼는 사냥꾼과 목동들에게 시달리는 양이나 염소, 엘크, 들소 같은 초식동물 무리입니다. 동물 떼는 가능하면 달아나며, 피할 수 없다면 새끼들을 지키며, 도망치기 위해서 가장 약한 개체를 남깁니다. 동물 떼가 싸울 때는 박치기를 하고 발굽으로 짓밟습니다. 목가적인 장면을 연출하거나 사냥을 할 때 동물 떼를 사용하세요.

체력 주사위: 2d8 (9 HP)
장갑: 12
공격: 명중 +0, 피해 1d4 (발굽과 박치기)
가치관: 중립
경험치: 30

드워프

드워프는 대지의 종족이며, 땅 아래에 거대한 전당을 짓거나 인간의 왕국에서 멀리 떨어진 언덕에서 소박한 집을 짓고 살아갑니다. 이들은 훌륭한 장인이며, 바위처럼 굳건합니다. 드워프는 서로 굳게 단결된 공동체에서 사는 편을 선호하며, 외부인을 불신합니다. 일부 타락한 드워프는 탐욕으로 완전히 물들어 광산에 쓸 노예들을 찾아 나섭니다.

체력 주사위: 1d12 (7 HP)
장갑: 14
공격: 명중 +1, 피해 1d8 (도끼)
가치관: 아무거나
경험치: 20
참고: 드워프 시야 (드워프는 빛이 조금만 있더라도 앞을 볼 수 있습니다), 진실한 이름 (드워프는 자신의 진실한 이름을 아는 적에게 취약해집니다)

리치 군주

리치 군주는 한 때 고결한 마음을 지닌 어느 위대한 고대의 마법사가 죽음을 두려워한 나머지 위험한 금단의 마법을 사용해 육체와 영혼을 가짜 불사의 형태로 바꾼 결과라고 합니다. 아마 리치 군주는 아무도 모르는 장소에서 언데드 하인들의 시중을 받으며 수 세기 동안 여러 마법 물품을 모으면서 지낼 것입니다. 만약 리치 군주가 여전히 활동한다면 분명히 이 세계에서 무척 강력한 세력을 구축하고 있을 것이며, 결코 얕잡아 볼 수 있는 상대가 아닐 것입니다.

체력 주사위: 16d6 (61 HP)
장갑: 18
공격: 명중 +7, 피해 1d6+5 (마법 지팡이)
가치관: 질서
경험치: 8,500
참고: 마법 (리치 군주는 강력한 주문 사용자이므로, 10레벨 마법사처럼 주술과 의식을 사용할 수 있습니다. 마스터는 리치 군주가 어떤 주술과 의식을 아는지 정하세요. 주문 판정을 할 때 **지능**과 **지혜**는 16으로 간주합니다), 유물함 (리치 군주는 자기 생명의 정수를 비밀 상자에 숨겨놓습니다. 성물함을 찾아서 파괴하기 전까지는 리치 군주를 완전히 죽일 수 없습니다)

말

말은 권력과 지위의 상징입니다. 말은 인간을 위해 일하기 때문에, 말을 보면 주인의 본성도 어느 정도 알 수 있습니다. 자기 말을 잘 보살피는 악당은 말이 죽든 말든 상관없이 함부로 대하는 경솔한 불한당과는 무척 다른 느낌의 적일 것입니다. 오직 훈련받은 군마만이 주인을 태운 채로 공격할 수 있습니다.

체력 주사위: 2d8 (9 HP)
장갑: 13
공격: 명중 +3, 피해 1d6 (발길질)
가치관: 중립
경험치: 40

메두사

메두사는 머리카락이 살아 있는 뱀으로 바뀐 불운한 인간입니다. 메두사의 시선을 마주본 캐릭터는 신체 변형 극복 판정을 해서 실패하면 영원히 돌로 변합니다. 고독하고 저주받은 괴물인 메두사는 버려진 궁전이나 옛 무덤에서 시간을 보내는 경우가 많습니다. 종종 메두사 한 쌍이 같이 나타나기도 하는데, 이들은 보통 더욱 강력한 존재의 하수인으로 일하거나 작고 끔찍한 메두사 자식을 키웁니다.

체력 주사위: 4d8 (14 HP)
장갑: 13
공격: 명중 +4, 피해 1d6 (활)
가치관: 혼돈
경험치: 175
참고: 석화 (메두사의 시선을 마주본 상대는 신체 변형 극복 판정을 해서 실패하면 돌로 변합니다)

멧돼지

멧돼지는 숲의 사냥꾼들이 마주치기 무서워하는 동물 중 하나입니다. 멧돼지는 언제든지 맹렬한 싸움꾼으로 돌변할 수 있으며, 종종 죽음의 상징으로 여겨지곤 합니다.

체력 주사위: 3d8 (13 HP)
장갑: 13
공격: 명중 +3, 피해 2d4 (엄니)
가치관: 중립
경험치: 65

박쥐

박쥐는 동굴 속에 살면서 종종 어둠의 마법사 밑에서 일하는 사악한 흡혈동물입니다. 한 마리의 박쥐는 성가신 존재에 지나지 않지만, 맹렬하게 덤비는 여러 마리의 박쥐는 심각한 위협이 될 수 있습니다. 10마리 이상의 박쥐에게 공격당하는 사람은 누구든지 집중을 하거나 주문을 사용할 수 없습니다.

체력 주사위: 1d4 (2 HP)
장갑: 12
공격: 명중 +0, 피해 1 (물기)
가치관: 중립
경험치: 5
참고: 비행 (박쥐는 날 수 있습니다)

밴시

밴시는 밤 중에 사람들을 찾아와 파멸을 노래하는 끔찍한 영입니다. 밴시는 규칙에 따라서만 행동하는 정체된 존재이므로, 오직 상대의 파멸이 다가왔을 때만 노래합니다. 밴시의 끔찍한 노래를 들은 후 파멸을 피하려면 오직 위대한 과업을 완수하는 방법 밖에 없다는 소문이 있습니다.

체력 주사위: 7d8 (45 HP)
장갑: 17
공격: 명중 +4, 피해 1d8 (으스스한 손길)
가치관: 질서
경험치: 900
참고: 비실체 (밴시는 물리적 육체가 없기 때문에 오직 마법과 철로 만든 무기로만 피해를 받습니다), 죽음의 노래 (밴시는 하루에 한 번 한 명의 상대에게 통곡을 할 수 있습니다. 신체 변형 극복 판정에 실패하면 상대는 다음 보름달이 뜰 때까지 1레벨을 얻지 않을 경우 자동으로 죽습니다.

벌레 무리

곤충 한 마리는 모험자 집단에게 상대가 되지 않지만, 거대한 벌레 무리는 강력한 전사도 쓰러뜨릴 수 있습니다.

체력 주사위: 2d8 (9 HP)
장갑: 13
공격: 특별, 참고를 보세요.
가치관: 중립
경험치: 85
참고: 무리 (벌레 무리는 지나가는 곳에 매 라운드 피해 1점을 줍니다. 만약 상대가 숨을 곳을 찾기 외에 다른 행동을 한다면 매 라운드 피해 3점을 줍니다)

붉은 모자

작고 쪼글쪼글한 사람처럼 보이는 붉은 모자는 살벌한 검과 단검을 들고 사람들을 사냥하는 사악한 요정입니다. 붉은 모자는 무리를 지어 요정의 땅을 떠돌아다니면서 자신들의 양털모자를 희생자의 피로 물들입니다.

체력 주사위: 2d8 (9 HP)
장갑: 14
공격: 명중 +3, 피해 2d4 (위험한 칼)
가치관: 혼돈
경험치: 40
참고: 진실한 이름 (붉은 모자는 자신의 진실한 이름을 아는 적에게 취약해집니다), 철에 약함 (붉은 모자는 철로 만든 무기에 두 배 피해를 받습니다)

살아있는 물체

살아있는 물체는 마법의 힘으로 움직이는 지성 없는 존재로, 검이나 탁자, 비석 등 중간 크기의 물체라면 무엇이든 살아있는 물체로 만들 수 있습니다.

체력 주사위: 3d8 (14 HP)
장갑: 12
공격: 명중 +0, 피해 1d8 (때리기)
가치관: 중립
경험치: 35

사자

백수의 왕으로 불리는 사자는 사납지만 우아한 동물입니다. 여러 전설 속에서 용감한 기사와 숙녀가 위험에 빠진 사자를 구한 다음 친구이자 충실한 부하로 삼았다는 이야기가 전해집니다.

체력 주사위: 5d8 (23 HP)
장갑: 14
공격: 명중 +5, 피해 1d4+1 (발톱), 1d10 (물기)
가치관: 중립
경험치: 240
참고: *재빠름* (사자는 자신과 근접전 거리 내에 있는 적의 숫자와 같은 횟수로 공격을 합니다. 한 라운드에 최대 두 번 할퀴고 한 번 물 수 있습니다)

상어

상어는 바다의 조용한 포식자입니다. 상어는 평상시에 선원들이나 어부한테 관심을 보이지 않지만, 피냄새를 맡거나 사악한 마법에 걸리면 광폭해질 수 있습니다. 어떤 선원들은 어둠의 마법에 걸려 사람들을 사냥하고 다니는 커다란 상어 떼가 있다는 이야기를 하기도 합니다.

체력 주사위: 3d8 (14 HP)
장갑: 15
공격: 명중 +3, 피해 2d6 (물기)
가치관: 중립
경험치: 80

새

대부분의 조류는 전투에서 위협이 될 만큼 강한 생물이 아닙니다. 만약 일반 새를 수치로 나타낼 필요가 있다면, p.85의 소형 동물 항목을 사용하세요. 하지만 맹금류와 거대 새는 각자 수치를 갖출 만한 새입니다. 전설적인 거대 독수리는 지성을 갖춘 종으로서 독자적인 항목으로 소개합니다.

맹금류

맹금류는 육식성 새입니다. 송골매나 독수리, 올빼미, 새매 등은 모두 맹금류에 속합니다. 맹금류를 땅굴 속에서 마주칠 일은 보통 없겠지만, 고블린으로부터 새끼를 지키기 위해 싸우거나, 현자의 심부름을 하는 맹금류는 좀 더 많이 마주칠 수 있을 것입니다. 비정상적인 위험이 야생지대에서 발생하면 보통 맹금류가 가장 먼저 위험을 알리는 한편, 가장 먼저 침입자들에 맞서 싸웁니다.

체력 주사위: 2d6 (7 HP)
장갑: 14
공격: 명중 +1, 피해 1d4 (발톱)
가치관: 중립
경험치: 40
참고: *비행* (맹금류는 날 수 있습니다)

거대 새

거대 새는 전설 속의 거대한 날짐승입니다. 로크는 드워프를 산불에서 구해 주거나, 농부의 가축을 잡아채서 날아갈 만큼 거대하다고 합니다. 거대 새가 마을에 온다면, 부디 친절한 마법사가 소환한 새이기를 바라세요. 그렇지 않다면 집 안에 숨으세요. 남편보다는 송아지를 다시 구하는 편이 훨씬 쉬울 테니까요.

체력 주사위: 3d8 (14 HP)
장갑: 15
공격: 명중 +3, 피해 1d10 (발톱)
가치관: 아무거나
경험치: 80
참고: *비행* (거대 새는 날 수 있습니다)

로크

믿을 수 없을 정도로 거대한 로크는 날개 폭이 작은 성에 비할 만큼 크며, 다 큰 말 여러 필을 한꺼번에 잡아챌 수 있습니다. 로크는 언제나 각종 물자와 식량을 모아 둥지에 비축해 두는 것처럼 보이지만, 정작 아무도 로크의 새끼를 본 사람은 없습니다.

체력 주사위: 10d8 (45 HP)
장갑: 19
공격: 명중 +10, 피해 1d12+4 (발톱)
가치관: 중립
경험치: 1,700
참고: *비행* (로크는 날 수 있습니다)

소형 동물

소형 동물은 **울타리 너머**에 등장하는 작은 조류와 포유류 대부분을 포괄하는 분류입니다. 소형 동물은 보통 전투에서 큰 역할을 하지 못하므로 굳이 수치를 정할 필요도 없고, 무찌른다고 해서 캐릭터들에게 경험치를 줄 필요도 없습니다. 하지만 적 마법사의 패밀리어나 동물 첩자 같은 생물이 등장하는 상황에서는 다음 수치를 난관의 일부로 사용할 수 있습니다.

체력 주사위: 1d4 (2 HP)
장갑: 12
공격: 명중 +0, 피해 특수
가치관: 중립
경험치: 5
참고: *방해* (소형 동물은 보통 피해다운 피해를 줄 수 없습니다. 대신 소형 동물이 공격 판정에 성공하면, 상대는 방해를 받아서 다음 주사위 판정에 -2 페널티를 받습니다), *비행* (일부 소형 동물은 날 수 있습니다)

수호령

몇몇 강력한 마법사는 무척 충성스럽고 눈에 보이지 않는 영들을 경호원으로 둡니다. 수호령들은 하나하나가 서로 다른 존재이며, 아래 항목은 수호령의 예시 중 하나일 뿐입니다.

체력 주사위: 10d8 (45 HP)
장갑: 18
공격: 명중 +10, 피해 2d6 (으스스한 손길)
가치관: 아무거나
경험치: 2,200
참고: *비실체* (수호령은 물리적 육체가 없기 때문에 오직 마법과 철로 만든 무기로만 피해를 받습니다), *귀신 같은 속도* (수호령은 매 라운드 두 번 공격합니다), *진실한 이름* (수호령은 자신의 진실한 이름을 아는 적에게 취약해집니다), *초자연적 감각* (수호령은 완벽한 감시자이므로, 숨은 적이나 매복한 적을 탐지할 때 주인에게 +2 보너스를 줍니다)

스펙터

스펙터는 죽은 자의 강력한 원혼으로, 보통 생전에 부당하게 살해당한 이들입니다. 스펙터는 선천적으로 산 자들을 증오하며, 단 하나의 스펙터가 나타난 것만으로도 한 달도 지나지 않아 마을 전체가 유령 마을로 바뀔 수 있습니다.

체력 주사위: 7d8 (45 HP)
장갑: 17
공격: 명중 +6, 피해 1d8 (으스스한 손길)
가치관: 혼돈
경험치: 900
참고: *비실체* (스펙터는 물리적 육체가 없기 때문에 오직 마법과 은 무기로만 피해를 받습니다), *태양에 약함* (스펙터는 태양빛 아래에서는 무력해지며, 반드시 피난처를 찾아야 합니다), *수를 불림* (스펙터에게 죽은 캐릭터는 1d4 라운드 후에 새 스펙터가 됩니다)

스프라이트

요정들은 그 천성상 분류를 하기 거의 불가능합니다. 스프라이트는 요정 궁정에서 그다지 큰 위치를 차지하지 않으며, 보통 일정한 거처도 없는 하급 요정들입니다. 스프라이트는 십중팔구 사람보다 작으며, 밝은 옷을 좋아하고, 자기들의 게임에 참가하지 않는 여행자들에게 커다란 해코지를 가할 수도 있습니다.

체력 주사위: 1d8 (5 HP)
장갑: 14
공격: 명중 +1, 피해 1d6 (검)
가치관: 혼돈
경험치: 25
참고: *환상* (스프라이트는 환상 짜기를 **지능** 10의 마법사인 것처럼 사용할 수 있습니다. 스프라이트는 판정에 실패해서 자신들이 만든 환상이 예측불허의 효과를 일으키는 것을 무척 좋아합니다), *진실한 이름* (스프라이트는 자신의 진실한 이름을 아는 적에게 취약해집니다), *철에 약함* (스프라이트는 철로 만든 무기에 두 배 피해를 받습니다)

슬루아

슬루아는 검은 구름이나 커다란 새 무리의 모습을 취한 사악한 망령으로, 희생자들을 덮치기 전, 종종 모습이나 형태를 바꾸곤 합니다. 슬루아는 항상 서쪽에서 동쪽으로 날아갑니다. 다음 수치는 전체 무리가 하나의 의지를 가지고 움직이거나 사냥을 하는 경우입니다. 슬루아의 극심한 굶주림 능력은 무척 흥미로운 도전을 제공합니다. 플레이어들은 아마도 전술을 수정해야 할 필요가 있을 것입니다.

체력 주사위: 4d8 (18 HP)
장갑: 14
공격: 명중 +4, 피해 1d4+2 (으스스한 바람)
가치관: 혼돈
경험치: 250
참고: *비행* (슬루아는 날 수 있습니다), *불사* (슬루아는 죽지 않습니다. 패배하면 쫓겨날 뿐입니다), *피해 면역* (슬루아는 마법적 공격이나 불에만 피해를 받습니다), *극심한 굶주림* (슬루아는 근거리 내에 있는 상대 중 몸을 숨기지 않은 적을 모두 공격합니다. 각 상대마다 공격과 피해를 각각 굴립니다)

악마

악마는 끝없는 변화가 일시적인 형태를 얻어서 생겨난 혼돈의 영입니다. 악마는 인간들의 공포와 결점을 먹이 삼아 세계에 재앙을 불러옵니다. 악마는 각각 자신만의 특징과 역사, 성격을 지닌 고유한 괴물입니다. 어떤 악마들은 이 세계에 육신을 얻어서 화신으로 나타나는 한편, 또 다른 악마들은 실체가 없는 영으로 나타납니다. 혼돈의 차원에 거주하는 악마를 직접 만들려면 p.100 '악마 만들기'를 참조하세요. 다음은 예시로 소개하는 세 악마입니다.

오만과 탐욕의 영 "파브로르" (소악마)

가끔 행복한 마을에서 사람들이 서로 더 좋은 옷이나 벽걸이, 침대보 등을 누가 더 잘 만드는지 경쟁심과 질투에 사로잡힐 때가 있습니다. 바로 사악한 친구인 파브로르 때문입니다. 파브로르는 마을의 장인들에게 빙의하여 훌륭한 걸작을 만들도록 도운 다음, 지붕 위에 앉아 사람들의 우정이 깨지는 모습을 즐겁게 지켜봅니다.

체력 주사위: 2d8 (9 HP)
장갑: 12
공격: 명중 +2, 피해 숙주를 따름
가치관: 혼돈
경험치: 275
참고: 탁월한 기능 (파브로르는 직물 짜기나 무두질, 바느질 판정에서 자동으로 성공합니다), 환상 (파브로르는 자유롭게 고급 환상을 사용할 수 있습니다. 한 번에 최대 두 개까지 환상 유지), 마법 저항 (파브로르는 10% 확률로 마법에 저항합니다), 빙의 (반드시 인간 숙주에게 빙의해야 합니다. 악마 규칙을 참조), 진실한 이름 (파브로르는 자신의 진실한 이름을 아는 적에게 취약해집니다), 흐르는 물에 약함 (파브로르와 숙주는 흐르는 물을 건너지 못합니다. 만약 파브로르를 물속에 완전히 담그면 추방됩니다)

폭식의 화신 "오비수스" (하급 악마)

오비수스는 거대한 사막을 가로지르는 시장과 교역 마을에 불화의 씨앗을 뿌리는 하찮은 악마입니다. 오비수스는 언제나 호화로운 비단옷을 입고 네 명의 경호원이 짊어진 가마에 탄 뚱뚱한 중년 남성의 모습으로 나타나는 편을 선호합니다. 네 명의 경호원은 젊고 튼튼한 남자이며, 오비수스는 이들에게 마법의 힘을 부여했습니다. 이 경호원들은 p.93의 인간 군인 수치를 사용하되, 참고에서 언급한 것처럼 추가 피해 보너스를 받습니다.

체력 주사위: 6d8 (26 HP)
장갑: 16
공격: 명중 +6, 피해 1d4 (단도)
가치관: 혼돈
경험치: 680
참고: 경호원 (오비수스는 직접 싸움에 나서기를 싫어하기 때문에, 항상 인간들을 고용해서 경호원으로 삼습니다. 이 경호원들은 피해에 +2 보너스를 받습니다), 피해 면역 (오비수스는 오직 마법적인 공격에만 피해를 받습니다), 진실한 이름 (오비수스는 자신의 진실한 이름을 아는 적에게 취약해집니다), 재산 (오비수스는 언제나 자신이 원하는 만큼 돈을 가지고 있습니다)

복수의 화신 "돔 일스카" (악마 대공)

노여움의 거대한 그림자 속에서, 돔 일스카는 언제나 짜증 부리는 어린아이 신처럼 천둥같은 걸음을 걷습니다. 원한이 곪을 정도로 오랫동안 방치되는 곳마다, 돔 일스카는 손을 뻗습니다. 살인과 유혈사태로 한 가족이 산산이 부서질 때마다, 돔 일스카는 목을 축입니다. 희생자들의 피가 말라붙은 갈색 가죽옷을 입고 염소털로 짠 두건을 쓴 돔 일스카는 처음 자신에게 잘못을 저지른 사람을 찾아서 대지를 영원히 배회합니다. 그가 가진 무기라고는 끝에 쇠를 입힌 지팡이와 거대한 분노만이 전부입니다.

체력 주사위: 20d10 (110 HP)
장갑: 24
공격: 명중 +24, 피해 1d6+20 (지팡이)
가치관: 혼돈
경험치: 17,300
참고: *괴력 (돔 일스카는 추가 피해를 줍니다. 위 수치에 반영되었습니다), 피해 면역 (돔 일스카는 오직 마법적인 공격에만 피해를 받습니다), 마법 저항 (돔 일스카는 30% 확률로 마법에 저항합니다), 신속함 (돔 일스카는 자신과 근접전 거리 내에 있는 적의 숫자와 같은 횟수로 공격을 합니다. 최대 세 번까지), 사악한 반사신경 (돔 일스카는 명중에 보너스를 받습니다. 위 수치에 반영되었습니다)*

악령

악령은 이 세계와 죽음의 세계 사이에서 갇혀 고통에 시달리는 실체가 없는 영으로, 자신이 겪는 고통을 남들에게 퍼뜨리려는 증오심에 사로잡혀 있습니다. 악령이 지나가는 곳에 있는 식물들은 말라 비틀어지며, 그 차가운 손길에 닿은 생물은 자아와 의지를 잃어버립니다.

악령은 망자의 영 중에서도 가장 악독한 존재이므로, 악령을 피할 방법은 없습니다. 오직 소멸만이 고통을 덜어주고 이 세계를 떠나게 하는 유일한 길입니다.

체력 주사위: 5d8 (22 HP)
장갑: 15
공격: 명중 +6, 피해 1d8 (손길)
가치관: 혼돈
경험치: 550
참고: *의지 흡수 (악령의 손길에 닿은 상대는 신체 변형 극복 판정을 해서 실패하면 매력 1점을 잃습니다), 비실체 (악령은 물리적 육체가 없기 때문에 오직 마법과 은으로 만든 무기로만 피해를 받습니다)*

야수 인간

야생에는 수많은 종류의 야수 인간이 살고 있으며, 일부는 문명 지역에 정착을 했습니다. 이들의 생김새는 다양합니다. 어떤 이들은 도마뱀 머리를 하고 있으며, 또 다른 이들은 다양한 종류의 짐승과 인간이 섞인 모습을 하고 있습니다.

체력 주사위: 1d8 (5 HP)
장갑: 12
공격: 명중 +0, 피해 1d6 (곤봉)
가치관: 아무거나
경험치: 15

엘프

엘프는 나무 위, 또는 인간들이 모르는 대도시에서 살면서 요정들을 다스리는 종족입니다. 일부는 엘프로만 구성된 공동체에서 사는 한편, 다른 엘프들은 여러 요정들의 왕국에서 궁정을 이루고 삽니다. 젊은 엘프들은 아직 진실한 이름을 받지 못했기 때문에, 다른 요정들보다도 인간에 더욱 가깝습니다.

체력 주사위: 1d8 (5 HP)
장갑: 14
공격: 명중 +1, 피해 1d8 (장검) 또는 1d6 (활)
가치관: 아무거나
경험치: 20
참고: *주문 (엘프는 하루에 한 번 주술 하나를 사용할 수 있습니다)*

이야기 고리
야수와 인간

두 야수 인간 부족이 마을 사람들과 접촉합니다. 한 쪽은 우호적이며, 그저 거래와 교류를 나누고 싶어할 뿐입니다. 하지만 다른 쪽은 무척 난폭한 부족으로, 마음에 드는 것을 모두 빼앗기 위해서 마을을 약탈하기 시작합니다. 마을 사람들은 두 부족을 서로 구별할 수 있을까요? 영웅들은 악한 야수 인간들을 쫓아내고, 선한 야수 인간들과 끈끈한 유대를 맺을 수 있을까요?

영

이 세상은 눈에 보이지 않는 영으로 가득 차 있습니다. 이들은 자연을 나타내는 원소일 수도 있고, 인간의 감정과 야망을 나타내는 정령일 수도 있습니다. 또한 이 세상 너머 바깥 세계에도 맹목적으로 인간 세상에 질서를 세우기 위해 온 힘을 다하는 질서의 영이나 여기저기의 크고 작은 신들처럼 수많은 정령들이 있습니다.

비록 영들은 실체가 없지만 자유롭게 인간들에게 모습을 드러낼 수 있고, 같은 크기와 모습의 생물처럼 세상에 영향을 미칠 수 있습니다. 예를 들어, 인간 모습의 영은 인간처럼 물건을 들거나 문을 여닫을 수 있습니다. 하지만 정령들은 원한다면 언제든지 단단한 물체를 통과할 수 있습니다. 다음은 예시로 소개하는 몇몇 영입니다.

질서의 정령 "태엽"

톱니바퀴들이 모여 인간과 비슷한 형태를 이룬 6인치 (15cm) 크기의 기이한 정령인 태엽은 원래 벌어질 일이 확실히 수행되도록 만듭니다. 특히 끔찍한 마법 사고가 일어난 다음에는 혼란한 현장을 수리하기 위해 나타나는 태엽들의 모습을 자주 볼 수 있습니다.

태엽들은 자아가 없으며, 다른 순수한 복종의 존재들과 마찬가지로 싸움을 위해서, 또는 다른 기이한 임무를 수행하기 위해 기꺼이 더 큰 조립체로 결합됩니다.

체력 주사위: 1d8 (4 HP)
장갑: 17
공격: 특수, '결합' 참조
가치관: 질서
경험치: 55
참고: 결합 (복수의 태엽들은 싸우기 위해 서로 결합할 수 있습니다. 각 태엽이 결합할 때마다 명중이 +1 증가하며, 피해가 1점 늘어납니다. 결합하려면 최소한 둘이 필요합니다), 비실체 (태엽은 물리적 육체가 없기 때문에 오직 마법과 철로 만든 무기로만 피해를 받습니다), 시간 감각 (태엽은 항상 정확한 순간에 정확하게 움직입니다. 태엽은 항상 필요한 자리에 있고, 언제나 행동 순서에서 최우선을 차지하며, 자신의 차례 때 언제든 질서의 차원으로 돌아갈 수 있습니다), 진실한 이름 (태엽은 자신의 진실한 이름을 아는 적에게 취약해집니다).

공기의 원소 "산들바람"

다음 수치는 일반적인 하급 원소를 나타냅니다. 산들바람은 대부분 지성이 없지만, 인간 마법사에게 구속당하거나, 분노에 빠질 수도 있습니다. 산들바람은 매 라운드 다음 중 한 가지 공격을 합니다:

돌풍: 근거리 내의 모든 상대는 **민첩성** 판정을 해서 실패하면 다음 라운드 동안 모든 행동에 -2 페널티를 받습니다.

유독한 공기: 명중 +3 (유독한 공기가 상대를 뒤덮습니다), 상대는 독 극복 판정을 해서 실패하면 다음 3라운드 동안 라운드마다 2d4점의 피해를 받습니다.

칼바람: 두 명의 상대를 공격합니다. 명중 +3, 피해 1d4+1

체력 주사위: 3d10 (16 HP)
장갑: 10
공격: 특수, 위 항목 참조
가치관: 중립
경험치: 250
참고: 비실체 (산들바람은 물리적 육체가 없기 때문에 오직 마법과 철로 만든 무기로만 피해를 받습니다), 진실한 이름 (산들바람은 자신의 진실한 이름을 아는 적에게 취약해집니다).

영감의 정령 "뮤즈"

뮤즈는 예술가와 가수를 찾아가 창의성을 불어넣고 위대한 작품을 남길 수 있도록 영감을 줍니다. 뮤즈는 인간에게 육체적인 한계가 있다는 사실을 이해하지 못하기에, 종종 상대를 지나치게 몰아붙입니다. 그래서 뮤즈에게 영감을 받은 인간은 지쳐 쓰러지거나, 심지어는 탈진해서 목숨을 잃기도 합니다.

체력 주사위: 3d8 (13 HP)
장갑: 10
공격: 특수, 영감 참조
가치관: 혼돈
경험치: 200
참고: 비실체 (뮤즈는 물리적 육체가 없기 때문에 오직 마법과 철로 만든 무기로만 피해를 받습니다), 영감 (뮤즈는 인간에게 예술작품을 만들겠다는 능력과 의욕을 제공할 수 있습니다. 상대는 주문 극복 판정으로 저항하지 않는 한 영감에 사로잡힙니다. 영감에 사로잡힌 상대는 즉시 사용한 행운 점수를 모두 회복하지만, 반드시 다음 24시간 동안 무언가 예술적이고 창의적인 일을 추구해야 합니다), 진실한 이름 (뮤즈는 자신의 진실한 이름을 아는 적에게 취약해집니다).

불의 원소 "불꽃혀"

중급 원소인 불꽃혀는 불과 연기의 차원에서 사절이나 대장의 역할을 맡습니다. 불꽃혀는 순수한 불꽃으로 된 인간의 형체를 하며, 마치 불꽃이 이글이글 타는 듯한 목소리로 말합니다. 불꽃혀는 때로 우호적인 전갈을 가져오기도 하지만, 보통 불과 파괴의 사자로서 찾아옵니다. 불꽃혀는 매 라운드 다음 중 한 가지 공격을 합니다:

불꽃의 도약: 불꽃혀는 모습을 감춘 다음 다음 라운드에 다른 장소에서 나타나서 명중에 +2 보너스를 받고 불꽃의 혀를 사용합니다.

불꽃의 혀: 두 명의 상대를 공격합니다 (몸에서 불꽃이 솟구칩니다), 명중 +4, 피해 1d4+2

열기의 파도: 상대는 건강 판정을 해서 실패하면 다음 라운드 동안 모든 판정에 -2 페널티를 받습니다.

체력 주사위: 4d8 (18 HP)
장갑: 12
공격: 특수, 위 항목 참조
가치관: 중립
경험치: 350
참고: 비실체 (불꽃혀는 물리적 육체가 없기 때문에 오직 마법이나 돌로 만든 무기로만 피해를 받습니다), 진실한 이름 (불꽃혀는 자신의 진실한 이름을 아는 적에게 취약해집니다).

땅의 원소 "땅굴쟁이"

땅굴쟁이는 굼뜨고 온화하지만, 강력한 땅의 원소입니다. 땅굴쟁이는 큰 동굴이나 능선 같은 작은 구역을 지배합니다. 땅굴쟁이는 성난 대지를 달래고, 바위를 떨어뜨려 광부들을 깔아뭉개며, 자격있는 자에게는 보석과 귀금속을 선물로 줍니다. 땅굴쟁이는 매 라운드 다음 중 한 가지 공격을 합니다:

땅의 손길: 근거리 내의 모든 상대는 근력 판정을 해서 실패하면 발이 땅에 붙은 것처럼 이동하지 못합니다.

바위 공격: 두 명의 상대를 공격합니다 (바위가 상대를 향해 날아갑니다), 명중 +9, 피해 1d12

바위 피부: 땅굴쟁이는 공격하지 않는 대신 해당 라운드에 장갑이 30이 되며, 평범한 무기로 땅굴쟁이를 공격할 경우 명중하든 빗나가든 25% 확률로 무기가 부서집니다.

체력 주사위: 9d8 (41 HP)
장갑: 20
공격: 특수, 위 항목 참조
가치관: 중립
경험치: 1,800
참고: 영토 지식 (땅굴쟁이는 1분 동안 집중해서, 자기 영토 내에서 무슨 일이 일어나는지 파악할 수 있습니다. 땅굴쟁이는 5라운드 이내에 자기 영토 내 어디든지 나타날 수 있습니다), 비실체 (땅굴쟁이는 물리적 육체가 없기 때문에 오직 마법이나 운석 철로 만든 무기로만 피해를 받습니다), 진실한 이름 (땅굴쟁이는 자신의 진실한 이름을 아는 적에게 취약해집니다)

물의 원소 "깊은물"

깊은물은 바다 전체, 또는 다른 광대한 수역을 통치하는 강력한 원소 군주로, 물의 신을 섬기는 직속 가신이기도 합니다. 깊은물은 자기 영토 내에서 전능에 가까운 힘을 발휘하지만, 물 위에서 벌어지는 일들에 대해서는 큰 관심을 두지 않습니다. 현명한 선원들은 깊은물의 분노를 피하려 애쓰며, 큰 위험 앞에서는 깊은물의 가호를 구합니다. 깊은물은 매 라운드 다음 중 한 가지 공격을 합니다:

익사시키기: 상대 한 명의 폐를 물로 채웁니다. 상대는 주문 극복 판정을 해서 실패하면 익사하기 시작하며, 아무 행동도 하지 못합니다. 상대는 10분 내에 폐를 비우지 않으면 죽습니다.

물의 일격: 근거리 내의 모든 적을 공격합니다 (강력한 파도), 명중 +15, 피해 1d12

수압: 근거리 내의 모든 적은 건강 판정을 해서 실패하면 다음 라운드 동안 모든 판정에 -4 페널티를 받습니다.

체력 주사위: 17d8 (80 HP)
장갑: 24
공격: 특수, 위 항목 참조
가치관: 중립
경험치: 9,000

참고: 영토 지식 (깊은물은 1분 동안 집중해서, 자기 영토 내에서 무슨 일이 일어나는지 파악할 수 있습니다. 깊은물은 5라운드 이내에 자기 영토 내 어디든지 나타날 수 있습니다), 비실체 (깊은물은 물리적 육체가 없기 때문에 오직 마법이나 청동으로 만든 무기로만 피해를 받습니다), 바다 지배 (깊은 물은 자기 영역 내의 바다 상태를 항해하기 좋은 날씨에서부터 걷잡을 수 없는 폭풍우에 이르기까지 마음대로 바꿀 수 있습니다), 진실한 이름 (깊은물은 자신의 진실한 이름을 아는 적에게 취약해집니다)

만찬의 하급 신, "보랏빛 숙녀"

하급 신 중 하나인 보랏빛 숙녀는 군주와 힘있는 권력자들이 부하와 여행자들에게 호의를 베풀고 만찬을 차려주는 모습을 지켜봅니다. 보랏빛 숙녀가 모습을 드러낼 때는, 달콤한 고기와 은은한 와인이 담긴 쟁반을 들고 수를 놓은 보라색 예복을 입은 무척 아름다운 귀족 여인의 모습으로 나타납니다. 보랏빛 숙녀는 자신의 거처를 방문한 사람들을 접대하는 것을 무척 좋아하지만, 그 밖의 다른 일에는 그다지 관여하지 않으려 합니다.

소문에 따르면 고된 여정에 나선 모험자들은 때때로 보랏빛 숙녀의 거처 중 한 군데를 우연히 방문해서 매우 후한 대접을 받는다고 합니다.

체력 주사위: 19d8 (86 HP)
장갑: 25
공격: 명중 +15, 피해 1d4 (단도)
가치관: 중립
경험치: 14,000
참고: 끝없는 만찬 (보랏빛 숙녀가 있는 곳에서는 음식과 음료가 절대로 부족해지는 일이 없습니다. 좋은 태도를 보인 손님은 식탁을 떠날 때 '주문과 마법' p.58에서 설명한 **치유의 딸기** 3개를 받습니다), 불사신 (보랏빛 숙녀는 여신이므로 HP가 0으로 떨어져도 죽지 않으며, 대신 한 달 동안 사라집니다), 비실체 (보랏빛 숙녀는 물리적 육체가 없기 때문에 오직 마법이나 은으로 만든 무기로만 피해를 받습니다), 영역의 주인 (보랏빛 숙녀는 현실 세계에 여러 거처를 지녔으며, 거처 사이를 자유롭게 이동할 수 있습니다. 보랏빛 숙녀는 자기 영역 안에서 어떠한 생물에게도 떠나라고 명령할 수 있으며, 상대는 주문 극복 판정에 실패하면 반드시 떠나야 합니다), 진실한 이름 (보랏빛 숙녀는 자신의 진실한 이름을 아는 적에게 취약해집니다)

오거

오거는 크고 흉폭하며, 늘 소란스럽고 배가 고픈 인간형 종족입니다. 오거는 질서를 싫어하며 파괴에서 희열을 느낍니다. 1~2레벨 정도 경험을 쌓은 다음 고블린 정도는 식은 죽 먹기라고 생각하는 영웅들에게 오거 두 세 마리는 훌륭한 시험대가 될 것입니다.

체력 주사위: 4d8 (18 HP)
장갑: 14
공격: 명중 +5, 피해 1d6+2 (큰 곤봉)
가치관: 혼돈
경험치: 125

올빼미곰

올빼미곰은 거대한 갈색 곰의 몸에 맹금류의 머리가 달린 괴물입니다. 이들은 자연적인 생명체가 아니라, 잘못된 마법으로 태어난 탐욕스럽고 파괴적인 야수입니다. 만약 올빼미곰이 두 마리 이상 나타났다면, 이들이 진짜로 새끼를 낳고 길러 숲이나 산맥을 가득 채웠을 가능성도 있습니다.

체력 주사위: 5d8 (24 HP)
장갑: 15
공격: 명중 +5, 피해 1d8 (발톱과 부리)
가치관: 혼돈
경험치: 240
참고: 재빠름 (올빼미곰은 자신과 근접전 거리 내에 있는 적의 숫자와 같은 횟수로 공격을 합니다. 한 라운드에 최대 두 번 할퀴고 한 번 쫄 수 있습니다)

오거 한 쌍이 마을 옆에 있는 다리 근처 깊은 동굴에 자리를 잡았습니다. 오거들은 생태계에는 전혀 신경을 쓰지 않으며, 이곳 저곳에서 썩은 동물들의 시체가 발견됩니다. 다리를 지나는 여행자들도 안전하지 못합니다. 지난 주에는 다리를 건너려던 옆 마을 행상인이 살해당했습니다. 이제 아무도 다리 근처에도 가기를 두려워합니다. 오거는 거칠고 조잡하지만 교활하기 때문에, 새로운 소굴 곳곳에 수많은 덫을 설치했습니다. 캐릭터들은 오거와 대면할 만큼 용감한가요? 아니면 오거를 속일 만큼 영리한가요?

와이트

와이트는 오래전 죽은 왕들의 영이 시신에 깃든 언데드로, 자신들의 무덤과 주변 땅을 떠돌아다닙니다. 유령들은 때로 끔찍한 손길 대신 고대의 철검, 또는 청동검으로 공격하기도 합니다. 와이트의 손길에 빨린 힘을 회복하려면 오직 그 와이트를 죽이고 무덤을 정화하거나, 강력한 마법을 사용하는 방법 밖에 없습니다.

체력 주사위: 3d10 (15 HP)
장갑: 15
공격: 명중 +3, 피해 1d4 (손길)
가치관: 아무거나
경험치: 100
참고: 힘 흡수 (와이트의 손길에 닿은 상대는 신체 변형 극복 판정을 해서 실패하면 **근력** 1점을 잃습니다)

요정 군주

요정 군주는 하나하나가 모두 다른 존재입니다. 어떤 요정 군주는 장엄한 궁정의 우아한 지배자인 반면, 또 어떤 군주는 어두운 동굴 속에서 살면서 지하 세계의 어둠 속 생물들을 부리는 뒤틀린 모습의 그렘린입니다. 다음 수치는 여러분이 직접 요정 군주를 만들 때 참고할 수 있는 대략적인 기준입니다. 특히 엘프 왕이나 와일드 헌트를 이끄는 요정 공주를 표현하기에 적합할 것입니다. 다른 종류의 요정 군주는 다음 수치와 크게 다를 수도 있습니다.

체력 주사위: 6d10 (33 HP)
장갑: 17
공격: 명중 +6, 피해 1d8+3 (마법의 검)
가치관: 혼돈
경험치: 650
참고: 무시무시한 존재감 (상대는 우선 주문 극복 판정에

성공한 후부터 요정 군주를 공격할 수 있습니다), 주문 (요정 군주는 하루에 네 번 주술을 사용할 수 있으며, 특히 명령의 말, 은폐, 야생의 부름을 선호합니다. 또한 요정 군주는 자신의 영토 안에서 4레벨 이하의 어떠한 의식도 사용할 수 있습니다. 의식 판정은 자동으로 성공합니다), 진실한 이름 (요정 군주는 자신의 진실한 이름을 아는 적에게 취약해집니다), 철에 약함 (요정 군주는 철로 만든 무기에 두 배 피해를 받습니다)

요정 사냥개

요정 군주의 사냥개는 때로 먼 들판을 헤매다가 인간의 영역으로 들어오기도 합니다. 이 우아한 개들은 털이 달빛처럼 반짝이고 눈은 자수정처럼 빛납니다. 요정 사냥개는 인간들의 개보다 훨씬 영리하며, 지치지 않고 상대를 추적합니다.

체력 주사위: 3d8 (13 HP)
장갑: 14
공격: 명중 +3, 피해 1d6 (물기)
가치관: 혼돈
경험치: 85
참고: 초자연적인 추적자 (요정 사냥개는 일반적인 상황에서 절대로 사냥감을 놓치지 않습니다), 철에 약함 (요정 사냥개는 철로 만든 무기에 두 배 피해를 받습니다)

용

용은 유한한 생명체 중에서 가장 강대한 생물입니다. 가장 약한 용도 여행자들에게는 공포의 대상이며, 가장 강대한 용은 고대의 전사 왕들과도 맞먹을 정도로 강하다고 합니다. 강하면서도 개성 넘치는 용을 직접 만들려면 p.103 '용 만들기'를 참조하세요. 다음은 예시로 소개하는 세 용입니다.

젊은 용 "안조"

안조는 날개가 없는 젊은 용입니다. 안조의 몸은 길며, 얼룩덜룩한 녹색 비늘로 덮여 있습니다. 다른 젊은 용들과 마찬가지로 보물과 식량을 찾으러 세상에 나선 안조는 다리 밑에서 숨었다가 지나가는 식량감을 (운이 좋으면, 보물까지 바치는) 기다립니다. 안조는 인간이나 가축의 목숨 따위는 신경 쓰지 않는 이기적인 용입니다. 3레벨 모험자 일행이라면 안조와 맞설만 하겠지만, 무시무시한 이빨과 가시 돋힌 꼬리를 조심해야 할 것입니다.

체력 주사위: 6d8 (31 HP)
장갑: 12
공격: 명중 +6, 피해 1d4+4 (발톱), 3d6 (물기)
가치관: 혼돈
경험치: 890
참고: *가시돋힌 꼬리* (안조는 후방에 있는 적에게 꼬리를 휘둘러 매 라운드마다 추가 공격을 할 수 있습니다. 발톱 피해와 같습니다), *용의 공포* (모든 적은 신체 변형 극복 판정을 해서 실패하면 공포에 사로잡혀 용이 없는 곳으로 도망칠 때까지 모든 판정에 -3 페널티를 받습니다), *날카로운 발톱* (안조는 발톱 공격으로 추가 피해를 4점 더 줍니다. 위 수치에 반영되었습니다), *재빠름* (용은 자신과 근접전 거리 내에 있는 적의 숫자와 같은 횟수로 공격을 합니다. 최대 발톱 두 번과 물기 한 번), *진실한 이름* (안조는 자신의 진실한 이름을 아는 적에게 취약해집니다)

늪의 군주 "진흙갈퀴"

진흙갈퀴는 근처 늪을 본거지로 삼은 작은 갈색 용입니다. 때때로 진흙갈퀴는 떠도는 상인 "술꾼 빌"로 변신해 가까운 여관에 방문하기도 합니다. 술꾼 빌은 팔 상품은 별로 가지고 다니지 않지만 술은 무척 즐겨 마시는 상인으로 알려져 있습니다. 진흙갈퀴는 용치고는 허약하기 때문에 싸움보다는 숨는 편을 선호합니다. 진흙갈퀴는 이빨과 발톱으로 큰 피해를 줄 수는 있지만, HP 점수가 낮기 때문에 큰 피해를 견디지 못하기 때문에 카멜레온 능력으로 늪에 숨어 있거나 인간의 모습으로 둔갑했다가 기습을 하는 편을 선호합니다.

체력 주사위: 10d8 (33 HP)
장갑: 16
공격: 명중 +10, 피해 1d6 (발톱), 4d6 (물기)
가치관: 중립
경험치: 4,400
참고: *카멜레온* (조용히 움직이지 않고 있는 진흙갈퀴를 찾으려면 지혜 판정에 -10 페널티를 받고 성공해야 합니다), *용의 공포* (모든 적은 신체 변형 극복 판정을 해서 실패하면 공포에 사로잡혀 용이 없는 곳으로 도망칠 때까지 모든 판정에 -3 페널티를 받습니다), *신속함* (용은 자신과 근접전 거리 내에 있는 적의 숫자와 같은 횟수로 공격을 합니다. 최대 발톱 두 번과 물기 한 번), *텃세* (자기 영역에 있을 때 명중과 장갑에 +2 보너스를 받으며, 거처에 있으면 +3 보너스를 받습니다), *변신* (진흙갈퀴는 자유롭게 인간 모습을 취할 수 있습니다), *진실한 이름* (진흙갈퀴는 자신의 진실한 이름을 아는 적에게 취약해집니다),

"구름의 숙녀"

구름의 숙녀는 아주 오래 전부터 살아온 자부심 많고 현명한 용으로, 크기는 커다란 방앗간만합니다. 은빛 비늘은 마치 무지개 빛깔처럼 반짝이며, 두 눈은 저녁 하늘처럼 깊고 푸릅니다. 구름의 숙녀는 구름 위에 솟은 거대한 성에서 살면서 인간 세상에는 거의 관여하지 않고, 공기의 정령과 꼬마용, 날개 달린 종족들이 모인 자신의 궁정에서 시간을 보내는 편을 선호합니다. 구름의 숙녀는 악마와 불의 정령, 오지랖 넓은 신들을 미워하며, 모험자들이 이들과 관련된 문제들을 해결하도록 돕는다고 알려져 있습니다.

체력 주사위: 14d10 (89 HP)
장갑: 22
공격: 명중 +14, 피해 1d8 (발톱), 5d6 (물기)
가치관: 질서
경험치: 9,200
참고: *입김 무기* (구름의 숙녀는 5라운드마다 한 번씩 근거리 내에 있는 앞의 적 모두에게 얼음 숨결을 내뱉어서 1d12+28점의 피해를 줄 수 있습니다. 상대는 입김 무기 극복 판정을 해서 성공하면 절반의 피해만 받습니다), *용의 공포* (모든 적은 신체 변형 극복 판정을 해서 실패하면 공포에 사로잡혀 용이 없는 곳으로 도망칠 때까지 모든 판정에 -3 페널티를 받습니다), *비행* (구름의 숙녀는 은색 날개로 날 수 있습니다), *재빠름* (용은 자신과 근접전 거리 내에 있는 적의 숫자와 같은 횟수로 공격을 합니다. 최대 발톱 두 번과 물기 한 번), *텃세* (자기 영역에 있을 때 명중과 장갑에 +2 보너스를 받으며, 거처에 있으면 +3 보너스를 받습니다), *진실한 이름* (구름의 숙녀는 자신의 진실한 이름을 아는 적에게 취약해집니다)

유니콘

유니콘은 선과 순수, 기품의 상징으로, 오직 순수한 마음을 지닌 이에게만 다가가 친구가 됩니다. 또한 유니콘은 동정을 지킨 자만이 자신을 만지도록 허락합니다. 깊은 숲에서 사는 유니콘은 야생지대의 수호자 역할을 하면서 자기 자신과 숲을 지키기 위해서만 싸웁니다.

유니콘의 뿔은 독을 중화시키고 가루로 만들면 병을 낫게 하는 효과가 있기 때문에 때때로 마법사들이 유니콘을 사냥하곤 합니다.

체력 주사위: 4d8 (18 HP)
장갑: 18 **공격:** 명중 +4, 피해 1d8 (발길질과 뿔)
가치관: 질서
경험치: 125
참고: 돌격 (유니콘은 돌격해서 적을 뿔로 찔러 일반 공격 대신 피해 1d12를 줄 수 있습니다)

이름없는 자

이 무시무시한 괴물은 한때 사람이었을 수도 있고, 아니면 길을 잃은 영혼이나 요정이었을 지도 모릅니다. 이제 이 괴물은 이름도 없고, 진실한 형태도 갖추지 않았으며, 그저 다양한 형태의 그림자가 한 군데로 뭉쳐 보일 뿐입니다. 이름없는 자는 마을로 쳐들어와 황폐한 폐허로 만든 후 떠납니다. 이름없는 자는 어떠한 이름도 없기 때문에 모든 마법적 힘과 공격에 저항력을 갖추었으며, 누구보다도 마법사들을 즐겨 사냥합니다. 하지만 무엇보다도 두려운 사실은, 이름없는 자는 언제나 자신이 노리는 사냥감의 진실한 이름을 아는 것처럼 보인다는 점입니다.

체력 주사위: 9d8 (41 HP)
장갑: 19
공격: 명중 +9, 피해 1d6+2 (발톱)
가치관: 혼돈
경험치: 2,100
참고: 이름 추측하기 (하루에 한 번, 이름없는 자는 한 라운드 동안 상대를 응시해서 1/4 확률로 상대의 진실한 이름을 알아냅니다), 그림자 형태 (이름없는 자의 형상은 일그러지고 점점 켜져서 상대를 혼란에 빠뜨립니다. 그 덕분에 이름없는 자는 한 라운드에 두 번 공격합니다), 공허 (이름없는 자는 모든 마법적인 공격에 저항하며, 오직 평범한 비마법 무기에만 피해를 받습니다)

인간

어쩌면 가장 위험한 괴물이라고 할 수도 있는 인간은, 캐릭터들에게 귀중한 동료가 될 수도 있고, 악랄한 적이 될 수도 있습니다. 다음은 게임에서 사용할 수 있는 인간 NPC의 몇 가지 예시입니다. 물론, 인간의 종류는 수를 셀 수 없습니다.

평범한 사람

다음 수치는 이 세계에 사는 대부분의 인간을 나타냅니다. 평범한 인간은 그냥 단순한 노동자일 수도 있고, 왕을 위해 일하는 숙련된 일꾼일 수도 있습니다. 캐릭터들이 만나는 사람 대부분은 이 수치를 사용해도 좋습니다.

체력 주사위: 1d6 (4 HP)
장갑: 10
공격: 명중 +0, 피해 1d4 (단도)
가치관: 보통 중립
경험치: 15

군인

싸움을 하는 모든 사람이 플레이어 캐릭터처럼 전사 클래스를 가진 강력한 영웅은 아닙니다. 다음 수치는 왕의 군대나 마을 수비대, 용병단에서 복무하는 평범한 군인을 나타냅니다.

체력 주사위: 1d6 (4 HP)
장갑: 14
공격: 명중 +0, 피해 1d8 (장검)
가치관: 보통 중립
경험치: 20

하급 마도사

최근 수습과정을 통과해서 이제는 마법을 능숙하게 부릴 줄 아는 젊은 마법사입니다.

체력 주사위: 2d6 (7 HP)
장갑: 11
공격: 명중 +1, 피해 1d4 (단도)
가치관: 보통 중립
경험치: 100
참고: 주문 (하루에 주술 2개를 사용할 수 있습니다)

위대한 전사

여러 적을 베어 넘길 만한 능력을 갖춘 강한 전사입니다. 모험자들에게 어울리는 적이기도 합니다.

체력 주사위: 4d10 (22 HP)
장갑: 17
공격: 명중 +6, 피해 1d8+3 (장검)
가치관: 보통 중립
경험치: 150

이야기 고리
어제의 영웅

위대한 영웅이 몇몇 군인들을 거느리고 마을 근처 숲에서 삽니다. 이들은 적당한 거주지를 찾지 못해 도적떼로 변했습니다. 비록 도적들은 절대로 마을을 직접 공격하거나 마을 사람들을 약탈하지는 않았지만, 이들 때문에 마을 사이의 교역이 어려워졌고, 올해 축제는 취소될 것 같습니다. 캐릭터들이 조사에 나선다면, 이 영웅이 한 때 이 마을 출신으로서 이전 세대에 벌어진 커다란 전투에서 명성을 떨쳤지만, 무언가 캐릭터들이 모르는 이유로 마을에서 쫓겨났다는 사실을 알 수 있습니다. 캐릭터들은 이 영웅을 친족들과 화해시킬 수 있을까요? 아니면 폭력만이 유일한 답일까요?

인어

인어는 파도 아래에 산호로 지은 성에서 삽니다. 때때로 인어들은 바다로 던져지거나 끔찍한 폭풍이나 바다 괴물 때문에 난파된 배의 선원들을 구해서 **건강**을 되찾을 때까지 보살핀 다음 안전하게 해안으로 돌려보내기도 합니다. 하지만 또 어떤 인어 부족은 해안에 사는 인간들에게 전쟁을 선포하고 마을을 약탈해서 자신들의 물 속 거처에 있는 전쟁의 사원에 값진 전리품들을 전시하곤 합니다.

체력 주사위: 1d8 (5 HP)
장갑: 13
공격: 명중 +0, 피해 1d6 (창)
가치관: 아무거나
경험치: 20
참고: 두 *세계*의 주민 (인어는 육지와 물 속에서 모두 숨을 쉴 수 있으며, 물 속에서는 지느러미와 꼬리가 생기고, 육지에서는 다리가 생깁니다. 만약 1주일 동안 계속 물 바깥에 있으면 물로 돌아갈 때까지, 또는 죽을 때까지 매일 피해 1점을 받습니다)

좀비

썩은 살점을 뚝뚝 떨어뜨리면서 어기적어기적 걸어 다니는 좀비는 산 자의 살을 먹겠다는 사악한 허기에 사로잡힌 이성 없는 괴물입니다. 좀비는 보통 사령술사의 실험으로 만들어진 결과지만, 죽은 이들을 일으켜 옛 이웃들의 살을 찾아 헤매도록 만드는 질병에 관한 전설도 있습니다.

체력 주사위: 1d6 (4 HP)
장갑: 10
공격: 명중 +0, 피해 1d6 (발톱)
가치관: 중립
경험치: 15
참고: 지성 없는 망자 (잠과 매혹 효과에 면역입니다)

이야기 고리
바다에서 온 정복자

PC의 고향 마을에서 멀리 떨어진 서쪽 해안가에 사는 주민들은 두려움에 벌벌 떨고 있습니다. 사악한 인어들이 기나긴 해안 일대를 자신들의 왕국으로 선언했으며, 그 세력은 내륙으로 최대 40마일 (64km)까지 닿아 있습니다. 인어들은 이 땅에 사는 사람들에게 공물을 요구하며, 전리품을 파도 아래 자신들의 땅으로 가져갑니다. 사람들은 인어들의 폭정에서 해방되기를 바라지만, 인어들은 아무런 예고 없이 육지로 쳐들어온 다음, 인간들의 손이 닿지 않는 파도 아래로 물러나기 때문에 이들을 막을 수 있는 효과적인 방법을 찾지 못했습니다.

지옥견

지옥견은 튼튼한 개와 사악한 영이 결합하여 낳은 괴물입니다. 지옥견은 다른 개보다 키가 10센티 정도 크며, 20파운드 (10kg) 정도 무겁습니다. 하지만 무엇보다도 지옥견의 눈을 보면, 절대 다른 개와 착각할 수 없습니다. 지옥견은 불타는 석탄처럼 이글거리는 눈으로 투명한 존재와 영을 볼 수 있기 때문에, 마법사와 악마, 그리고 그 적들은 지옥견을 부하로 쓰기를 무척 좋아합니다.

체력 주사위: 2d8 (9 HP)
장갑: 14
공격: 명중 +2, 피해 1d8 (물기)
가치관: 혼돈
경험치: 60
참고: 악마의 시야 (지옥견은 영과 투명한 존재를 볼 수 있습니다), 불에 면역 (지옥견은 어떠한 종류의 불에도 피해를 받지 않습니다)

질서의 천사

질서의 천사는 질서 차원에 존재하는 강력한 영으로, 혼돈의 악마와 타고난 적대관계입니다. 때로 인간들은 천사들이 세상을 파괴하는 혼돈의 힘에 맞서 세계를 지키는 구원자라고 생각하지만, 이 기이한 존재들은 엄격한 질서를 구현하기 위해 인간들을 학살하러 나타나기도 합니다. 그러므로 천사들 역시 마땅히 두려운 존재입니다. 우주의 다양한 가능성만큼이나 여러 모습과 능력을 갖춘 혼돈의 악마와는 달리, 질서의 천사는 대부분 똑같은 모습과 능력을 갖춥니다.

체력 주사위: 12d10 (66 HP)
장갑: 20
공격: 명중 +12, 피해 1d10+3 (대형검)
가치관: 질서
경험치: 5,000
참고: 비행 (천사는 날 수 있습니다), 진실한 이름 (천사는 자신의 진실한 이름을 아는 적에게 취약해집니다), 진실한 시야 (천사는 보는 즉시 상대의 가치관과 변신한 모습, 환상을 꿰뚫어볼 수 있습니다), 진실 (천사는 거짓말을 할 수 없으나, 답변을 거부하는 경우가 많습니다)

코카트리스

25파운드 (12.5kg) 정도의 난폭한 수탉 모습을 한 코카트리스는 수탉이 낳은 알을 두꺼비가 품어서 태어난 흉측한 괴물입니다. 코카트리스는 지극히 비정상적인 마법으로 만든 괴물이며, 자신의 몸에 닿는 이들을 모두 돌로 만들어버립니다. 코카트리스는 누구든 위협이 되는 대상이라면 덤비지만, 특히 자신을 거울로 비춘 모습을 무척 증오해서, 만약 깨지지 않는 거울을 들이댄다면 코카트리스는 미친듯이 거울을 공격하다가 스스로 죽어버릴 것입니다.

체력 주사위: 5d8 (23 HP)
장갑: 14
공격: 명중 +5, 피해 1d6 (부리)
가치관: 중립
경험치: 280
참고: 석화 (코카트리스의 몸에 닿은 상대는 신체 변형 극복 판정을 해서 실패하면 돌로 변합니다)

체력 주사위: 2d4 (5 HP)
장갑: 14
공격: 명중 +2, 피해 1d4 (발톱)
가치관: 혼돈
경험치: 35
참고: 신탁 (카트시는 매년 한 번 춘분이 될 때마다 특정 대상 한 명에게 4레벨 의식인 **신탁**을 걸 수 있습니다. 이 의식은 자동으로 성공하며, 상대는 갑자기 새로운 지식과 영감을 얻습니다)

켈피

켈피는 물에 사는 아름다운 말 요정입니다. 켈피는 자신이 인정하는 극소수 사람들에게는 충성스럽고 훌륭한 승용마가 되어 주인을 섬깁니다. 그러나 많은 경우, 켈피는 여행자들을 상대로 물속으로 유인해서 빠뜨려 죽이거나, 자신의 등에 탈 수 있는 것처럼 확신을 준 다음 심연으로 끌고 들어가는 끔찍한 장난을 즐깁니다.

체력 주사위: 3d8 (14 HP)
장갑: 14
공격: 명중 +3, 피해 1d6 (발길질)
가치관: 혼돈
경험치: 100
참고: 유인 (켈피는 무척 아름다운 말의 모습을 하고 있습니다. 누구든 켈피와 대화하는 이는 주문 극복 판정을 해서 실패하면 무작정 물 속으로 들어가거나, 켈피의 등에 타야 합니다), 진실한 이름 (켈피는 자신의 진실한 이름을 아는 적에게 취약해집니다), 철에 약함 (켈피는 철로 만든 무기에 두 배 피해를 받습니다)

크라켄

심해의 진정한 공포인 크라켄은 전설과 선원들의 이야기에 수없이 등장하는 괴물입니다. 대부분의 이야기에서 이 무시무시한 괴수는 오직 한 마리만 있으며, 한 세대에 한 번 나타난다고 전해집니다. 하지만 또 어떤 이야기에서는 셀 수 없을 정도로 많은 크라켄이 바다 밑바닥에서 잠들어 있다고도 합니다.

체력 주사위: 12d10 (66 HP)
장갑: 18
공격: 명중 +9, 피해 1d6 (촉수)
가치관: 중립
경험치: 3,100
참고: 수많은 촉수 (크라켄은 촉수가 12개 있으며, 각 촉수마다 독자적으로 공격할 수 있습니다)

카트시

덩치 큰 검은 고양이의 모습을 한 요정인 카트시는 인간과 요정의 세계를 돌아다닙니다. 카트시는 때로는 쾌활하지만 때로는 위험하며, 춘분이 되면 사람들에게 각종 길조와 흉조를 알립니다. 만약 이 시기에 카트시가 누군가의 다리에 몸을 비빈다면, 상대는 앞으로 닥칠 시련을 미리 알 수 있는 축복을 받습니다.

트롤

트롤은 키가 9피트에 (2.7m) 몸무게가 500파운드 (250kg) 정도 되는 기괴한 인간형 괴물입니다. 바위처럼 단단한 트롤의 살가죽은 이끼로 덮여 있으며, 회색과 녹색이 얼룩덜룩 흉측하게 뒤섞여 있습니다. 짝이 맞지 않는 듯한 팔과 다리는 무시무시할 정도로 강력합니다. 트롤은 숲이나 산, 또는 깊은 지하에 있는 바위 동굴에서 소가족을 이루고 삽니다. 대부분의 트롤은 인간이 세상에 탄생하기 전부터 있어온 사악한 혼돈의 하수인들이지만, 작은 동굴이나 허름한 집에서 사는 친절한 트롤 가족의 이야기도 전해집니다.

체력 주사위: 6d10 (33 HP)
장갑: 16
공격: 명중 +5, 피해 1d6 (손톱), 1d10 (물기)
가치관: 혼돈
경험치: 650
참고: *재생* (트롤은 불로 공격하지 않는 이상 한 라운드마다 3점씩 회복합니다. 심지어 불로 죽은 후에도 어쩌면 부활할 지도 모릅니다.)

트린트

숲의 목자인 트린트는 휴식을 취할 때는 자신이 돌보는 나무들과 구분이 불가능합니다. 트린트의 성격은 자신이 상록수이든 낙엽수이든 어떤 종류의 나무인지에 따라 정해집니다. 트린트는 보통 반응이 굼뜬 편이지만, 친구가 되든 적이 되든 무척 강력한 존재이며, 숲을 지키기 위해서라면 마치 강풍에 흔들리는 나뭇가지처럼 빠르고 격렬하게 움직일 것입니다.

트린트는 필요한 상황이 되면 근거리 내의 다른 평범한 나무를 한 번에 두 그루씩 깨워서 움직일 수 있습니다. 각 나무를 깨우는 데에는 한 라운드를 전부 써야 하지만, 깨어난 나무는 트린트의 수치를 가지고 싸우는 것으로 간주합니다. 나무 동료들은 더 이상 도움이 필요하지 않는 상황이 되면 즉시 제자리에 뿌리를 박아 평범한 나무로 돌아갑니다.

체력 주사위: 8d10 (45 HP)
장갑: 18
공격: 명중 +8, 피해 2d6 (가지)
가치관: 질서
경험치: 1,300
참고: *은신* (트린트는 원한다면 언제든지 완벽하게 평범한 나무처럼 보일 수 있습니다), *쏟아지는 공격* (트린트는 여러 개의 가지로 한 라운드에 두 번씩 공격할 수 있습니다), *동료 깨우기* (트린트는 하루에 한 번 위에서 설명한 대로 평범한 나무를 깨워서 도움을 청할 수 있습니다)

파우누스

파우누스는 숲에 살면서 손님들을 접대하고 위험한 탐사에 나서기를 좋아하는 요정 종족입니다. 파우누스는 성급하면서도 괴팍한 경향이 있으며, 때로는 자신들이 가진 음악의 힘을 무모하게 사용하기도 합니다. 파우누스는 다른 요정들보다는 인간들에게 호의적이지만, 숲을 파괴하는 행위 앞에서는 주저하지 않고 분노합니다.

체력 주사위: 1d8 (5 HP)
장갑: 12
공격: 명중 +0, 피해 1d6 (곤봉)
가치관: 혼돈
경험치: 20
참고: 마법의 음악 (파우누스는 하루에 한 번 주변에 있는 이들에게 **잠의 장막**, 또는 **거짓 친구**의 효과를 내는 마법의 음악을 연주할 수 있습니다. 상대는 주문 극복 판정을 할 수 있습니다), 진실한 이름 (파우누스는 자신의 진실한 이름을 아는 적에게 취약해집니다), 철에 약함 (파우누스는 철로 만든 무기에 두 배 피해를 받습니다)

푸카

푸카는 깊은 숲이나 오래된 무덤에서 여행자들이 길을 잃게 하는 장난을 즐기는 요정입니다. 하지만 푸카는 어린 이들이나 개방적인 생각을 가진 사람들과 쉽게 친구가 되기도 합니다. 푸카는 보통 녹색 조끼를 입고 빨간 모자를 쓴 중년의 작고 친근한 사람으로 나타납니다.

체력 주사위: 5d8 (23 HP)
장갑: 18
공격: 명중 +4, 피해 1d6 (소검)
가치관: 혼돈
경험치: 300
참고: 관문 열기 (푸카는 다른 세계로 통하는 관문을 여는 능력을 가졌습니다. 푸카는 한 라운드만에 관문을 열 수 있으며, 관문은 11라운드 동안 지속됩니다), 진실한 이름 (푸카는 자신의 진실한 이름을 아는 적에게 취약해집니다), 철에 약함 (푸카는 철로 만든 무기에 두 배 피해를 받습니다)

하플링

하플링은 안락한 생활과 이웃 사이의 친교를 사랑하는 즐거운 땅의 종족입니다. 하플링은 비록 근처에 사는 인간들의 생활방식을 받아들여서 살아가지만, 인간들을 신뢰하지는 않기 때문에 왕국의 백성이 되려 하지도 않고, 인간들의 전쟁에 참전하려고 들지도 않습니다.

체력 주사위: 1d8 (5 HP)
장갑: 10
공격: 명중 +0, 피해 1d6 (지팡이)
가치관: 아무거나
경험치: 15
참고: 하플링의 기백 (하플링은 모든 극복 판정에 +2 보너스를 받습니다. 하플링의 일행은 모든 극복 판정에 +1 보너스를 받습니다)

해골

해골은 오래 전 죽은 시체가 어둠의 마법으로 모조 생명을 얻은 괴물로, 아무 생각도 없이 그저 사령술사의 명령에 따라 기계처럼 움직입니다.

체력 주사위: 1d8 (4 HP)
장갑: 13
공격: 명중 +1, 피해 1d8 (장검)
가치관: 중립
경험치: 20
참고: 지성 없는 망자 (잠과 매혹 효과에 면역입니다)

이야기 고리
썩은 사과

마을의 누군가가 사령술에 빠져 커다란 죄를 저질렀습니다. 마을 무덤이 파헤쳐졌고, 캐릭터들의 선조들이 이제 사악한 해골로 깨어나 밤마다 마을을 공격하고 숲에 홀로 간 이들을 죽입니다. 이 언데드들은 더 이상 원래의 자기 자신이 아니므로, 구원할 수도 없습니다. 하지만 사령술사는 어떤가요? 캐릭터들은 범인을 밝혀내 참회시킬 수 있을까요?

흡혈귀

오래전 사라진 제국의 사악한 귀족이 어떻게 언데드가 되었는지는 명확하지 않습니다. 어떤 이야기에서는 입에도 담을 수 없는 범죄를 저질러 신들에게 저주를 받았다고 하고, 또 어떤 이야기에서는 이 흡혈귀가 오래 전부터 대를 이어온 괴물이라고 합니다. 흡혈귀는 여러 세대에 걸쳐 하나 하나씩 모든 기록에서 자취를 감추다가, 외국의 왕족으로 위장한 채 특정 지역에 나타납니다. 흡혈귀가 세운 계획은 보통 피비린내 나는 비극으로 끝나며, 흡혈귀는 그 후 다시 모습을 감춥니다.

체력 주사위: 13d10 (72 HP)
장갑: 22
공격: 명중 +15, 피해 1d8+6 (마법의 검)
가치관: 혼돈
경험치: 6,000
참고: *피* (흡혈귀는 오직 피를 흡혈해야만 살 수 있습니다. 만약 흡혈귀가 일주일 동안 피를 마시지 못하면 더 많은 피를 섭취할 수 있을 때까지 가사 상태에 빠집니다), *마법* (흡혈귀는 고대 지식에 박학하며, 8레벨 마법사처럼 의식을 치를 수 있습니다. 흡혈귀가 어떤 의식을 지녔는지는 마스터가 결정합니다. 의식 판정을 할 때 흡혈귀는 **지능**과 **지혜**가 14인 것으로 간주합니다), *야행성* (흡혈귀는 낮 동안 의식과 기타 능력을 사용할 수 없습니다), *변신* (흡혈귀는 자유롭게 대형 늑대나 와르그로 변신할 수 있습니다), *초자연적 속도* (흡혈귀는 초자연적인 속도로 움직여서 한 라운드에 두 번 공격할 수 있습니다), *태양에 약함* (흡혈귀는 낮 동안 아무런 흡혈귀 능력을 사용할 수 없으며, 직접 태양빛에 노출된 동안에는 1라운드에 1점씩 피해를 받습니다)

혼령

혼령은 아직 이 세상을 떠날 준비가 안 된 망자의 미약한 유령입니다. 모든 혼령이 꼭 공격적인 것은 아니지만, 혼령은 원한다면 산자를 해칠 능력을 갖추고 있습니다. 혼령의 손길은 영혼을 얼어붙게 만들어서 마치 심각한 화상을 입은 것과 같은 자국을 남깁니다. 용감한 모험자들이라면 무엇이 이들을 이 곳에 잡아두는지 알아낸 다음 혼령들을 대면해 이 세상을 떠나도록 설득할 수 있을 것입니다.

체력 주사위: 2d6 (7 HP)
장갑: 15
공격: 명중 +2, 피해 1d8 (으스스한 손길)
가치관: 아무거나
경험치: 80
참고: *비실체* (혼령은 물리적 육체가 없기 때문에 오직 마법과 은 무기로만 피해를 받습니다),

악마 만들기

악마는 혼돈의 영으로서, 흑마법을 사용한 소환이나 잊힌 차원문으로 인간 세상에 찾아옵니다. 비록 악마의 진실한 이름과 금단의 지식을 동원한다면 의식을 사용해 악마를 부릴 수 있지만, 다른 존재에게 진심으로 복종하는 악마란 절대 존재하지 않습니다. 구속된 악마는 언제나 속박을 벗어나 자신을 함정에 빠뜨린 무모한 자에게 복수를 할 기회를 엿봅니다. 수많은 마법사들이 어리석게도 스스로 악마를 조종할 수 있다고 믿지만, 대다수는 자신이 얼마나 위험한 짓을 했는지 깨닫게 됩니다.

악마는 하나하나가 모두 독특한 존재이므로, 다음 규칙으로 여러분만의 악마를 만들어서 PC들을 괴롭히세요.

기본 수치

악마는 총 네 계급으로 나뉘어집니다. 용감한 전사라면 소악마와 충분히 맞서 싸울 수도 있겠지만, 상급 악마와 혼돈의 군주들은 신들만큼 강력하기 때문에 오직 가장 위대한 영웅들만이 대적할 수 있습니다. 악마 대공이 지상에 나타나면 세상이 벌벌 떱니다. 현명한 자들이라면 도망칠 것입니다.

소악마
체력 주사위: 2d8 (9 HP)
장갑: 12
공격: 명중 +2, 피해 특수
가치관: 혼돈
경험치: 110 + 특수 능력 당 55
참고: 각 악마는 형체가 있는지 없는지에 따라 공격이 달라지며, 제각기 특수한 능력과 약점이 있습니다. (다음 쪽 참조)

하급 악마
체력 주사위: 6d8 (26 HP)
장갑: 16
공격: 명중 +6, 피해 특수
가치관: 혼돈
경험치: 430+특수 능력 당 55
참고: 각 악마는 형체가 있는지 없는지에 따라 공격이 달라지며, 제각기 특수한 능력과 약점이 있습니다. (다음 쪽 참조)

상급 악마
체력 주사위: 12d10 (66 HP)
장갑: 20
공격: 명중 +12, 피해 특수
가치관: 혼돈
경험치: 3,200+특수 능력 당 850
참고: 각 악마는 형체가 있는지 없는지에 따라 공격이 달라지며, 제각기 특수한 능력과 약점이 있습니다. (다음 쪽 참조)

악마 대공
체력 주사위: 20d10 (110 HP)
장갑: 24
공격: 명중 +20, 피해 특수
가치관: 혼돈
경험치: 9,800+특수 능력 당 2,500
참고: 각 악마는 형체가 있는지 없는지에 따라 공격이 달라지며, 제각기 특수한 능력과 약점이 있습니다. (다음 쪽 참조)

이름

각 악마는 누구에게나 알려주는 흔한 이름이 있으며, 비밀로 감추어두는 진실한 이름이 있습니다. 진실한 이름은 악마에 맞서서 사용할 수 있습니다. 상대의 진실한 이름을 알면 커다란 힘을 얻을 수 있다는 사실을 명심하세요. 악마의 진실한 이름을 부르면, 캐릭터는 악마에게 맞서 공격을 포함한 모든 행동에 +5 보너스를 받으며, 악마의 능력과 주문에 대항하는 극복 판정에도 +5 보너스를 받습니다.

악마 부리기

핵심 규칙 장의 p.25에 설명한대로, **영혼 시야** 캔트립을 지닌 마법사는 악마 등의 영에게 맞서 특별한 힘을 발휘할 수 있습니다. 만약 캐릭터가 악마의 진실한 이름을 안다면, 악마에게 특정한 일을 하도록 명령을 시도할 수 있습니다. 명령을 시도하려면, **매력** 판정을 성공해야 합니다. 캐릭터는 상대의 진실한 이름을 알기 때문에 판정에 +5 보너스를 받습니다. 하지만 만약 **매력** 판정에 실패하면 악마는 자유로워지며, 캐릭터는 더 이상 명령을 시도할 수 없습니다.

천성

변화와 가능성의 생명체인 악마는 안정된 현실 세계에 존재하지 않습니다. 악마들은 다음 두 가지 방법 중 하나로 우리 차원에 나타납니다.

악마 화신

일부 악마는 물리적인 육신을 얻어 물질 차원에 들어옵니다. 이들은 악마 화신입니다. 물리적인 육신을 가진 악마는 끔찍한 모습을 취할 수도 있고, 아름다운 모습을 취할 수도 있습니다. 또한 일부러 다른 악마로 변장하기로 선택한 것이 아니라면 모든 악마는 하나하나 모습이 다릅니다. 악마 화신은 무기, 또는 발톱이나 이빨 같은 천연 무기로 적을 공격할 수 있습니다. 천연 무기를 사용하는 악마 화신은 다음 방식대로 공격합니다

소악마 - 피해 1d6 (발톱)
하급 악마 - 피해 1d6 (발톱) 두 번
상급 악마 - 피해 1d8 (발톱) 두 번, 2d8 (물기)
악마 대공 - 피해 1d10 (발톱) 두 번, 2d10 (물기)

물리적인 육신을 얻은 악마는 보통 평범한 무기에는 영향을 받지 않기 때문에, 마법이나 마법의 무기로만 피해를 줄 수 있습니다. 하지만, 캐릭터가 악마의 진실한 이름을 부른다면, 평범한 공격으로도 악마에게 피해를 줄 수 있습니다.

보통 악마 화신이 현실 세계에서 파괴되면 실제로 죽는 것이 아니라 혼돈의 차원으로 추방됩니다. 악마를 진짜로 멸하려면 자신의 차원에 있는 악마를 찾아가 특수한 수단을 동원해야 합니다. 보통 악마의 진실한 이름을 사용하는 기나긴 의식이 그 과정에 포함됩니다.

비실체 악마

많은 악마는 오직 이 세계의 필멸자(인간이나 동물, 괴물)를 숙주로 삼아 빙의해야만 인간 세계로 비집어 들어올 수 있습니다. 숙주의 몸에 깃든 악마는 악마 자신의 체력 주사위와 공격 보너스, 특수 능력을 사용하지만, 그 외에는 원래 숙주의 능력을 적용합니다. 빙의할 수 있는 새로운 그릇을 찾지 못한 채 숙주의 몸에서 쫓겨난 악마는 인간 세계에 남아있을 수 없습니다.

비실체 악마는 숙주에게 빙의하지 않는 한 물리적인 세계에서 행동할 수 없습니다. 물리적 세계에 들어온 비실체 악마는 자신의 (체력 주사위x10)분 내로 숙주를 찾지 못하면 혼돈으로 돌아가야 합니다. 비실체 악마는 모두 다음 표에서 만들어지는 능력 외에 빙의 능력도 추가로 얻습니다.

악마가 빙의를 하려면 그저 1라운드 동안 상대의 의지를 누르기 위한 시도를 하면 됩니다. 상대는 자신의 **지혜** 수정치를 신체 변형 극복 판정에 보너스로 받습니다. 만약 상대가 극복 판정에 성공하면 악마는 1d8점의 피해를 받으며, 이후 같은 상대에게 빙의 시도를 할 수 없습니다.

이와 같은 지식을 아는 일부 사람은 숙주의 몸 속에 들어간 악마를 퇴치할 수도 있습니다. 금단의 지식이나 마법적 지식을 익힌 캐릭터, 또는 민간전승에 능통한 캐릭터라면 구마를 할 수 있을 것입니다. 구마 의식을 하려면, 우선 빙의된 숙주를 묶어서 움직이지 못하게 해야 하며, 의식을 할 캐릭터는 반드시 **지능** 판정에 성공해야 합니다. 그 다음, 빙의된 숙주는 앞서 설명한 방식으로 다시 한 번 자기 몸 안의 악마를 쫓아내기 위해 새 극복 판정을 할 수 있습니다. 만약 판정에 성공하면, 악마는 숙주의 몸에서 쫓겨납니다.

마법 저항력

순수한 혼돈과 마법의 생명체인 악마는 필멸자들의 마법에 얼마정도 저항력을 지녔습니다. 악마의 진실한 이름을 부르면 마법 저항력을 없앨 수 있습니다.

1d12	마법 저항력
1-3	없음
4-5	10%
6-7	20%
8-9	30%
10	40%
11	50%
12	60%

힘과 영향력

다음 능력 표에서 두 번 굴리세요. 첫번째 굴림 결과는 악마가 힘을 얻는 원천이자 식량인 영역을 정합니다. 악마는 이 영역을 찾아 나설 것입니다. 두 번째 굴림 결과는 악마가 힘의 원천을 얻기 위해 선호하는 방법입니다.

예를 들어, 어느 악마는 탐욕을 (첫번째 굴림 결과) 힘의 원천으로 삼으며, 폭력을 통해 (두번째 굴림 결과) 힘을 얻으려 합니다. 이 악마는 금전적인 문제를 두고 유혈 사태가 벌어지게 하거나, 가축을 두고 가족들 사이에서 분쟁을 일으키거나, 거래 때문에 상인들이 주먹다짐을 하도록 부추기는 식으로 사람들을 위협할 것입니다. 어쩌면 잔인하고 폭력적인 사람들의 탐욕을 양분으로 삼기 위해서 보호세를 뜯는 폭력단을 만들 수도 있습니다.

주사위를 굴릴 때마다 악마가 가진 능력을 하나씩 선택하세요. 각 능력의 규칙은 표 다음에 설명합니다.

1d6	영향력 분야	능력 하나 선택
1	사랑 육욕	현혹 아름다운 형태
2	폭력 공포	체력 주사위 당 +1 피해 공포 발산
3	탐욕 폭식 유혹	환상 재산 마법 물품
4	배반 복수	환상 명중 +4
5	금단의 지식 어둠의 마법	의식 마법 마법 물품
6	오만	탁월한 기능

악마의 약점

각 악마는 특별한 약점이 있습니다. 이 약점 덕분에 현실 세계는 안전합니다. 지금은 말이지요.

1d6	약점	효과
1	철	철로 된 무기에 피해 두 배. 철과 닿는 동안 모든 능력 무효화
2	태양	2d4라운드 동안 태양빛 아래 있으면 추방됨, 태양빛 아래에서 모든 능력 무효화
3	흐르는 물	흐르는 물을 건너지 못함, 물 속에 완전히 담기면 추방됨
4	대지	대지에 접촉하지 못함, 1d4라운드 동안 대지와 접촉해 있으면 추방됨
5	채울 수 없는 힘	하루 동안 힘의 근원에 닿지 못하면 추방됨
6	혈통	특정 가문의 피를 사용해 악마를 추방시킬 수 있음

악마의 능력

다음은 위 표에서 나온 능력의 설명입니다. 물론 마스터는 얼마든지 다른 새로운 능력을 만들거나 기존 능력을 바꿔도 좋습니다.

아름다운 형태

아름다운 형태를 가진 악마는 무척 아름다운 육체를 가져서 보는 이들을 얼어붙게 만듭니다. 악마를 본 상대는 모두 신체 변형 극복 판정을 해서 실패하면 1d6라운드 동안 행동을 하지 못합니다.

매혹

매혹 능력을 가진 악마가 입을 열면, 악마의 말을 들을 수 있는 범위 내에 있는 모든 이들은 **거짓 친구** 주술의 영향을 받습니다. 상대는 주문 극복 판정으로 저항이 가능하며, 저항에 성공한 이들은 그 악마의 매혹 능력에 더 이상 영향받지 않습니다.

공포 발산

악마의 시야 내에 있는 모든 적은 우선 주문 극복 판정을 해서 실패하면 커다란 공포에 사로잡힙니다. 상대는 즉시 도망치거나, 그 자리에서 벌벌 떨어야 합니다.

마법 물품

악마는 마스터가 선택한 마법 물품 1d6가지를 가지고 다닙니다.

탁월한 기능

기능 하나를 선택하세요. 악마는 그 기술을 사용하는 모든 판정에 자동 성공합니다. 만약 겨루기 판정이라면, 악마는 자동으로 1을 굴린 것처럼 행동합니다.

환상

악마는 **고급 환상** 주술과 동일한 환상을 자유롭게 만들 수 있습니다(최대 한 라운드에 하나). 악마는 자신의 체력 주사위 하나 당 하나의 환상을 동시에 유지할 수 있습니다.

의식 마법

악마는 자기 체력 주사위 수를 레벨로 간주해서 해당 레벨 마법사처럼 의식을 치를 수 있습니다. 마스터는 '주문과 마법' 장에서 악마가 알만한 의식을 모두 주세요.

재산

악마는 마법의 힘으로 막대한 재산을 가지고 있습니다. 마스터는 이 악마가 언제나 자신이 원하는 만큼 돈을 가지고 있는 것으로 간주합니다.

용 만들기

지상에 사는 존재 중 가장 무시무시한 생물인 용은 옛 시대를 대표하는 상징입니다. 한 때 하늘의 지배자였던 용은 이제 대부분 사람들의 눈에 보이지 않는 장소에서 잠들어 있습니다. 용은 하나하나가 모두 독특한 존재입니다. 수많은 용은 가장 박식한 현자보다도 현명하고 가장 위대한 전사보다도 강합니다.

기본 수치

용은 나이와 크기에 따라 네 가지 유형으로 나뉩니다. 용감한 전사 일행이라면 젊은 용 한 두 마리 정도는 쓰러뜨릴 수 있다는 희망을 품을 수 있겠지만, 고대의 용은 대규모 군세를 이끌고 와야 상대할 수 있을 것입니다.

어린 용

체력 주사위: 6d8 (27 HP)
장갑: 12
공격: 명중 +6, 피해 발톱 1d4/물기 3d6
가치관: 아무거나
경험치: 650+특성 당 120
참고: 용의 공포 (모든 적은 신체 변형 극복 판정을 해서 실패하면 공포에 사로잡혀 용이 없는 곳으로 도망칠 때까지 모든 판정에 -3 페널티를 받습니다), *재빠름* (용은 자신과 근접전 거리 내에 있는 적의 숫자와 같은 횟수로 공격을 합니다. 최대 발톱 두 번과 물기 한 번), *진실한 이름* (용은 자신의 진실한 이름을 아는 적에게 취약해집니다)

다 자란 용

체력 주사위: 10d8 (45 HP)
장갑: 16
공격: 명중 +10, 피해 발톱 1d6/물기 4d6
가치관: 아무거나
경험치: 2,900+특성 당 500
참고: 용의 공포 (모든 적은 신체 변형 극복 판정을 해서 실패하면 공포에 사로잡혀 용이 없는 곳으로 도망칠 때까지 모든 판정에 -3 페널티를 받습니다), *재빠름* (용은 자신과 근접전 거리 내에 있는 적의 숫자와 같은 횟수로 공격을 합니다. 최대 발톱 두 번과 물기 한 번), *진실한 이름* (용은 자신의 진실한 이름을 아는 적에게 취약해집니다)

늙은 용

체력 주사위: 14d10 (77 HP)
장갑: 22
공격: 명중 +14, 피해 발톱 1d8/물기 5d6
가치관: 아무거나
경험치: 5,600+특성 당 1,200
참고: 용의 공포 (모든 적은 신체 변형 극복 판정을 해서 실패하면 공포에 사로잡혀 용이 없는 곳으로 도망칠 때까지 모든 판정에 -3 페널티를 받습니다), *재빠름* (용은 자신과 근접전 거리 내에 있는 적의 숫자와 같은 횟수로 공격을 합니다. 최대 발톱 두 번과 물기 한 번), *진실한 이름* (용은 자신의 진실한 이름을 아는 적에게 취약해집니다)

고대의 용

체력 주사위: 18d10 (101 HP)
장갑: 30
공격: 명중 +18, 피해 발톱 10d6/물기 6d6
가치관: 아무거나
경험치: 10,000+특성 당 2,000
참고: 용의 공포 (모든 적은 신체 변형 극복 판정을 해서 실패하면 공포에 사로잡혀 용이 없는 곳으로 도망칠 때까지 모든 판정에 -3 페널티를 받습니다), *재빠름* (용은 자신과 근접전 거리 내에 있는 적의 숫자와 같은 횟수로 공격을 합니다. 최대 발톱 두 번과 물기 한 번), *진실한 이름* (용은 자신의 진실한 이름을 아는 적에게 취약해집니다)

영역

용은 자신의 영역을 무척 중요하게 여기며, 대부분 홀로 삽니다. 용의 서식지는 어디에서든 찾아볼 수 있습니다. 심지어 구름 위나 지하의 바위 동굴 같은 곳에서도 말입니다.

매우 드문 경우이지만 한 번에 여러 마리의 용을 마주친다면, 이들은 십중팔구 번식을 하기 위해 만난 짝일 것입니다. 서로 다른 종류의 용들끼리도 흔히 자식을 낳곤 합니다. 이렇게 태어난 용은 보통 부모에게서 물려받은 특성이 기이하게 섞여 있으며, 여기에 자신만의 새로운 특성을 한 두 가지 더 얻습니다.

용의 특성

위에서 소개한 용의 유형은 다음 특성을 사용해 추가로 고칠 수 있습니다. 용이 가질 수 있는 특성의 수는 제한이 없지만, 흥미진진한 적수로 만들려면 세 개 정도가 적합합니다.

가시돋힌 꼬리

용은 후방에 있는 적에게 꼬리를 휘둘러 매 라운드마다 추가 공격을 할 수 있습니다. 발톱 피해와 같습니다.

입김 무기

입김 무기는 용이 가진 능력 중에서도 가장 두려운 능력입니다. 용은 불이나 유독한 가스, 또는 그 외의 무시무시한 효과를 내는 숨결을 내뱉을 수 있습니다. 용의 숨결은 용 앞에 위치한 모든 근거리 내의 상대에게 피해 1d12+용의 체력 주사위 당 2점의 피해를 줍니다. 입김 무기 극복 판정에 성공한 상대는 절반의 피해만 받습니다. 용은 매 5라운드마다 한 번씩 숨결을 내뿜을 수 있습니다. 이 특성을 가진 용은 종종 숨결을 내뿜고 다음 숨결을 준비하는 동안 하늘로 날아오르는 작전을 선호합니다.

카멜레온

용은 가만히 있을 때 비늘을 주변 환경과 똑같이 바꾸어 자신의 모습을 눈에 보이지 않게 만들 수 있습니다. 용이 이동하거나 공격하지 않을 때, 캐릭터가 용을 보려면 **지혜** 판정에 -10 페널티를 받고 성공해야 합니다.

빠름

용은 놀랄 정도로 빨라서 행동 순서에 +5 보너스를 받습니다.

비행

용은 빠른 속도로 하늘을 날 수 있습니다. 비행 능력을 갖춘 용 중에서 일부는 날개가 없지만, 이들도 날개가 있는 용처럼 손쉽게 하늘을 날 수 있습니다.

추종자

불시에 습격당하지 않는 한, 용은 항상 자기 체력 주사위 만큼의 추종자들을 거느리고 다닙니다. 추종자의 종류는 고블린 부족이나 사교집단, 뱀 등 다양하며, 용보다는 항상 약합니다.

마법사

어떤 용은 마법의 대가입니다. 마법을 배운 용은 캔트립과 주술, 의식을 4레벨 마법사처럼 사용할 수 있으며, 판정을 할 때는 **지능**과 **지혜**를 16으로 간주합니다. 용은 마법사 특성을 두 번 선택할 수 있으며, 이 경우 6레벨 마법사처럼 마법을 사용할 수 있습니다.

날카로운 발톱

용의 발톱은 추가로 피해 4점을 줍니다. 용의 나이 단계에 따라 발톱 피해에 추가 피해를 더하세요.

변신

용은 자유롭게 인간 모습을 취할 수 있습니다. 하지만 변신한 형태는 어딘가 특이하거나 일그러져 보일 수도 있습니다. 일부 용은 완전히 평범한 인간처럼 변신할 수 있지만, 다른 용들은 비늘이나 특이한 머리칼, 눈동자 등을 그대로 지닐 것입니다.

인간 모습으로 변신한 용은 일부 특성을 사용하지 못할 수도 있습니다. 예를 들어 마법사 특성은 인간으로 바뀌어도 계속 사용할 수 있겠지만, 카멜레온 특성은 아마 사용하지 못할 것입니다. 어떤 특성을 사용할 수 없을지는 마스터의 판단에 맡깁니다.

텃세

많은 수의 용은 영구적인 거처를 지은 다음, 주변 영역을 거의 떠나지 않습니다. 이러한 용은 자기 영역에 있을 때 명중과 **장갑**에 +2 보너스를 받습니다. 자기 거처에 있으면 보너스가 +3으로 증가합니다)

독니

용은 이빨로 물어서 치명적인 독을 주입할 수 있습니다. 용에게 물린 캐릭터는 독 극복 판정을 해서 실패하면 용의 체력 주사위와 동일한 양의 추가 피해를 자동으로 받습니다.

수중 거주

어떤 용은 바다나 호수 아래 살면서 물 속에서 자유롭게 이동하고 호흡합니다. 수중 거주 특성을 가진 용은 비행 특성을 가질 수 없습니다. 많은 수중 거주 용들은 물 속에서 내내 있는 편을 선호합니다.

고블린 만들기

고블린은 이해할 수 없는 천성을 지닌 무서운 괴물입니다. 이들은 마을 사람들을 잔인하게 희롱하는 못된 요정일수도 있고, 눈 앞에 있는 모든 것을 파괴하는 충동에 휩싸인 혼돈의 수하일수도 있으며, 혹은 사악한 인간이 군대를 만들 목적으로 키워낸 생물일수도 있습니다.

고블린과 그 친족들의 마음 한 가운데는 이기심과 폭력, 그리고 불가사의한 천성이 자리잡고 있습니다. 고블린의 사회는 몇 개의 계급으로 나뉘는데, 이들은 서로 불화와 반목을 거듭하는 와중에도 함께 인간들의 정착지를 공격합니다.

기본 수치

고블린은 네 가지 계급으로 나뉩니다. 코볼드는 가장 작고 가장 많이 혹사당하는 계층으로, 대부분 더 큰 친족들에게 노예로 이용당합니다. 때때로 코볼드들은 반란을 일으켜 독립적인 군락을 만들기도 합니다. 고블린은 가장 전형적인 존재로, 인간보다는 작지만 재빠르고 사악합니다. 오크는 전사 계급으로, 강하고, 잔인하며, 위험한 적입니다. 오크는 자신들의 힘에 자부심을 지니며, 전투에서 역겹고 소름끼치는 전리품을 취합니다. 버그베어는 오크 중에서도 가장 몸집이 크고 끔찍한 부류로, 다른 모든 계급 위에 군림합니다. 버그베어의 키는 거의 7피트 (2.1m)에 달합니다.

코볼드

체력 주사위: 1d4 (2 HP)
장갑: 13
공격: 명중 +0, 피해 1d6 (소검)
가치관: 혼돈
경험치: 10

고블린

체력 주사위: 1d6 (4 HP)
장갑: 14
공격: 명중 +1, 피해 1d6 (소검)
가치관: 혼돈
경험치: 15

오크

체력 주사위: 1d10 (6 HP)
장갑: 14
공격: 명중 +1, 피해 1d8 (장검)
가치관: 혼돈
경험치: 20

버그베어

체력 주사위: 3d10 (15 HP)
장갑: 15
공격: 명중 +3, 피해 1d10 (거대 도끼)
가치관: 혼돈
경험치: 80

고블린 특성

여러분은 위의 기본 수치만으로도 간단하면서 무서운 고블린을 만들 수 있습니다. 하지만 때로는 고블린을 마치 파괴의 화신처럼 보이게 만들고 싶을 수도 있습니다. 다음 특성 중 하나를 선택해 특정 고블린 부족에게 주세요. 부족원들은 계급이 무엇이든 간에 선택한 특성에 따라 특수한 보너스와 페널티를 받습니다.

어둠 – 어둠 특성을 가진 고블린은 밤에 출몰하는 괴물입니다. 이들은 밤과 그림자의 종족이므로, 햇빛 아래에서 모든 판정에 -1 페널티를 받습니다. 고블린은 완벽한 야간 시야를 가지며, 완벽한 어둠 속에서도 볼 수 있습니다.

질병 – 질병 특성을 가진 고블린은 정말로 특별한 공포를 퍼뜨리는 괴물입니다. 그 대가로 이 고블린은 결코 놓칠 수 없는 끔찍한 악취를 풍기기 때문에, 절대로 적들을 몰래 기습할 수는 없습니다. 하지만 이들은 치명적인 질명을 지녔기 때문에, 고블린의 공격을 받고 살아남은 적들은 독 극복 판정을 해서 실패하면 심한 질병에 걸립니다.

공포 – 끔찍한 공포를 퍼뜨리는 이 고블린은 적의 등골을 싸늘하게 만듭니다. 역설적일 수도 있지만, 이들은 사실 겁쟁이입니다. 공포 특성을 가진 고블린은 적보다 수적인 우위에 있지 않은 한 모든 판정에 -1 페널티를 받습니다. 적들은 주문 극복 판정을 해서 실패하면 이 고블린들에 맞서는 모든 판정에 -3 페널티를 받습니다.

지하 – 편안히 잠든 여러분의 마을 아래에 기이한 고대의 악이 자라나고 있습니다. 지하 특성을 가진 고블린은 심한 광장 공포증을 지녔으며, 개방된 공간에서 모든 판정에 -5 페널티를 받습니다. 하지만, 이들은 매우 뛰어난 땅파기 재주를 지녔으며, 희미한 빛 속에서도 볼 수 있습니다. 이 고블린은 지하에 있는 동안 신체 변형 극복 판정에 성공하면 동굴을 만들거나 덫을 설치할 수 있습니다.

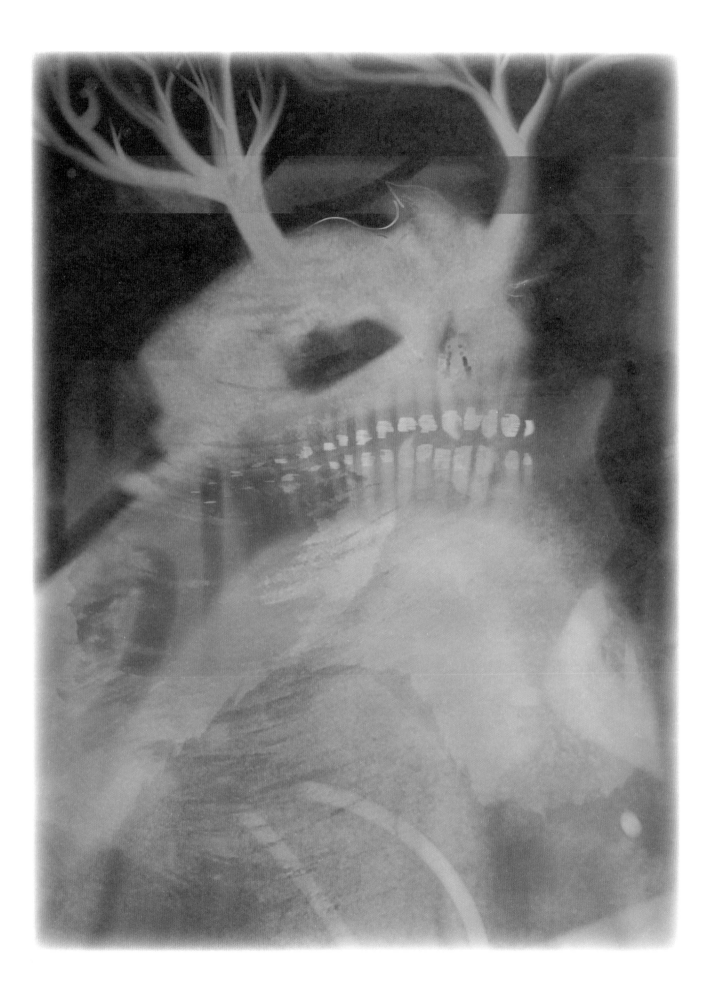

캐릭터 플레이북

그리고 시나리오 묶음

독학 마법사 플레이북

여러분은 늘 영특한 아이였습니다. 마법의 기예를 갈고 닦은 고대 마법사와 마녀의 이야기를 무척 좋아했지요. 안타깝게도, 마법을 가르쳐 줄 사람을 주변에서 찾기는 어려웠습니다. 마법에 관한 이야기가 진짜 있었던 일이었는지 의심이 들 지경이었지요. 하지만 여러분은 성년이 된 다음 고대의 마법서를 찾아냈고, 직접 마법을 터득하기로 결심했습니다.

여러분은 마을에서 가장 총명한 아이였습니다. 여러분의 **지능**은 12에서 시작하며, 나머지 능력치는 8로 시작합니다.

여러분은 어린 시절을 어떻게 보냈나요?

1d12	부모는 마을에서 어떻게 살았나요? 여러분은 무엇을 배웠나요?	습득
1	여러분은 고아입니다. 참 어렵게 살았지요.	+2 지혜, +2 건강, +1 지능
2	마땅한 이유이든 억울한 이유이든, 아버지가 추방자였습니다.	+2 지능, +1 지혜, +1 건강, 기능: 생존술
3	부모가 어부였고, 여러분은 강가에서 지냈습니다.	+2 민첩성, +1 근력, +1 지혜, 기능: 낚시
4	가족이 마을 바깥에서 작은 농장을 꾸렸습니다.	+2 건강, +1 지능, +1 매력, 기능: 농사
5	아버지는 지역 대장장이였고, 여러분에게 망치와 풀무질을 가르쳤습니다.	+2 근력, +1 민첩성, +1 매력, 기능: 대장장이
6	이전에 아버지가 했던 것처럼 여러분도 양을 몰고 산으로 갔습니다.	+2 건강, +1 민첩성, +1 지혜, +1 근력
7	부모는 이 지역 여관을 운영했습니다. 여러분은 여러 여행자들을 만나고 그들의 이야기를 들으면서 자랐습니다.	+2 매력, +1 지능, +1 민첩성, +1 지혜
8	여러분은 마치 운명의 여신처럼 베틀로 실을 자르거나 꼬았습니다.	+2 민첩성, +1 지능, +1 매력, 기능: 방직
9	부모 중 누군가가 옛 이야기를 보관하고 전승했습니다. 여러분 머릿속은 부모에게 배운 이야기로 가득 찼습니다.	+2 지능, +1 매력, +1 지혜, 기능: 민간전승
10	아버지는 파수꾼이었습니다. 누구에게나 엄하지만 공정하게 대했습니다.	+2 근력, +1 매력, +1 건강, 기능: 운동
11	여러분은 숲으로 가서 약초와 산딸기를 모으곤 했습니다.	+2 지혜, +1 건강, +1 민첩성, 기능: 약초 지식
12	아버지가 지역 상인이었습니다. 여러분은 가격을 매기고 사람들을 끌어모으는 법을 배웠습니다.	+2 매력, +1 지능, +1 민첩성, 기능: 흥정

1d8	여러분은 어릴 적 어느 점이 남달랐나요?	습득
1	때로 아이들은 싸우곤 하지요. 여러분은 절대 진 적이 없습니다.	+2 근력, +1 지혜
2	여러분이 이기지 못하는 시합은 없었습니다.	+2 민첩성, +1 지능
3	여러분은 이 근방에서 가장 튼튼한 아이였습니다.	+2 건강, +1 매력
4	여러분이 모르는 비밀은 없었습니다.	+2 지능, +1 민첩성
5	여러분은 공감을 잘 해주었기 때문에 사람들이 이런저런 이야기를 털어놓았습니다.	+2 지혜, +1 건강
6	여러분은 누구에게나 사랑받았습니다.	+2 매력 +1 근력
7	여러분은 남의 문제를 잘 해결해주었지만, 자기 사정은 털어놓지 않았습니다.	+1 근력, +1 건강, +1 매력
8	사람들은 저마다 가르칠 것이 있습니다. 여러분은 여러 사람들에게 이런 저런 것들을 조금씩 배웠습니다.	+1 민첩성, +1 지능, +1 지혜

1d8	여러분은 자라면서 다른 플레이어 캐릭터들과 깊은 우정을 맺었습니다. 다른 마을 사람 중에서는 누구와 친하게 지냈나요?	습득
1	대장장이와 함께 일하는 동안에는 모든 시름을 잊었습니다.	+2 근력, +1 매력
2	어부들은 여러분을 마음에 들어 해서 서로 이야기를 주고받았습니다.	+2 민첩성, +1 지혜
3	여러분은 사냥꾼들과 야영을 하곤 했습니다.	+2 건강, +1 지능
4	마을의 어르신들은 여러분에게 고대의 체스를 가르쳤습니다.	+2 지능, +1 민첩성
5	여러분은 방앗간 집 자식이랑 막 결혼할 예정입니다.	+2 지혜, +1 근력
6	누군가 여러분에게 실연당했습니다. 어쩌면 반대로 여러분이 실연당한 것일지도 모릅니다.	+2 매력, +1 건강
7	늙은 과부가 여러분에게 집안일을 도와달라고 부탁하곤 했습니다.	+1 근력, +1 지능, +1 매력
8	이 마을에 정착해서 살아가는 어느 역전의 용병이 여러분에게 몇 가지 가르침을 주었습니다.	+1 민첩성, +1 건강, +1 지혜

여러분은 고대의 마법서를 찾았고, 공부를 시작했습니다. 여러분은 1레벨 마법사가 되며, 클래스 능력으로 마법 감지와 주문 사용, 기능: 고대 역사, 캔트립: 마법사의 빛을 얻습니다. 다음 표는 여러분이 어떤 주문을 더 익히는지 정합니다. 여러분은 마법을 배우면서 어떤 일을 겪었나요?

1d6	여러분의 소중한 마법서를 쓴 사람은 누구인가요?	습득
1	남쪽의 늙은 현자.	+3 지능, 기능: 고대 역사
2	방방곡곡 여행을 다닌 유명한 음유시인.	+3 매력, 기능: 생존술
3	가라앉은 왕국의 위대한 대마도사.	+3 지능, 기능: 금단의 지식
4	옛날 옛적부터 이어져 온 비밀 결사의 수장.	+3 지혜, 기능: 정치
5	잊힌 고분들을 턴 도굴꾼.	+3 민첩성, 기능: 덫
6	위대한 군대와 함께 한 강력한 마법사.	+3 건강, 기능: 지휘

1d6	마법서의 저자는 어떤 종류의 마법사였나요?	습득
1	영리한 환상술사. 여러분은 다음 마법을 배웁니다: 주술: 고급 환상, 의식: 마법사의 표식, 캔트립: 환상 짜기	+2 매력, 주문 (왼쪽 항목)
2	전쟁 마법사. 여러분은 다음 마법을 배웁니다: 주술: 불타는 손, 의식: 마법사의 갑옷, 캔트립: 환상 짜기	+2 건강, 주문 (왼쪽 항목)
3	암흑의 영을 소환하는 자. 여러분은 다음 마법을 배웁니다: 주술: 추방, 의식: 보호의 원, 캔트립: 영혼 시야	+2 지능, 주문 (왼쪽 항목)
4	숨겨진 비밀의 주인. 여러분은 다음 마법을 배웁니다: 주술: 두려운 존재감, 의식: 마녀의 파수꾼, 캔트립: 소리 만들기	+2 지능, 주문 (왼쪽 항목)
5	매혹적인 마법사. 여러분은 다음 마법을 배웁니다: 주술: 거짓 친구, 의식: 마력 조사, 캔트립: 저주	+2 매력, 주문 (왼쪽 항목)
6	떠돌이 주술사. 여러분은 다음 마법을 배웁니다: 주술: 깃털 낙하, 의식: 안개 모으기, 캔트립: 축복	+2 건강, 주문 (왼쪽 항목)

1d6	혼돈의 영이 여러분의 힘에 이끌려 왔습니다. 어떻게 물리쳤나요? 여러분의 오른편 플레이어가 함께 있었습니다.	습득
1	여러분은 단호하게 명령을 내려 영을 물리쳤습니다. 오른편 친구는 두려움 없이 함께 나섰고, +1 지혜를 얻습니다.	+2 지혜, 주술: 명령의 말
2	여러분은 영의 진실한 이름을 불러 심연으로 돌려보냈습니다. 오른편 친구는 영의 이름을 찾는 일을 도왔고, +1 지능을 얻습니다.	+2 지능, 주술: 마법 화살
3	여러분은 영을 물리쳤지만, 영은 여전히 세계의 장막 너머에서 여러분을 기다리고 있습니다. 오른편 친구는 여러분이 영의 손길에서 벗어날 수 있도록 도왔고, +1 민첩성을 얻습니다.	+2 민첩성, 주술: 마법 화살
4	여러분은 교활한 언변을 동원해 최악의 상황을 피했습니다. 오른편 친구는 여러분이 영과 말싸움을 할 때 한 몫 거들었고, +1 매력을 얻습니다.	+2 매력, 주술: 포박의 시선
5	여러분은 영이 약해질 때까지 마력의 벽 뒤에서 버텼습니다. 오른편 친구는 여러분이 용감하게 맞서는 모습을 보고 많은 것을 배웠고, +1 지능을 얻습니다.	+2 지능, 주술: 신비한 방패
6	여러분은 친구가 영을 땅 속으로 봉인할 때까지 영의 공격을 버티었습니다. 오른편 충실한 친구는 여러분을 가까스로 위기에서 구했고, +1 건강을 얻습니다.	+2 건강, 주술: 치유의 손길

1d6	여러분이 성년이 되었을 때, 남쪽에서 온 진짜 마법사가 마을을 거쳐갔습니다. 마법사는 여러분을 어떻게 생각했나요?	습득
1	여러분은 해박한 지식으로 마법사에게 깊은 인상을 주었습니다.	+2 지능, 여러분이 거의 이해하지 못하는 책
2	마법사는 자신이 경쟁자를 용납하지 않는다고 말했고, 여러분은 밤중에 도망쳤습니다.	+2 지혜, 의식: 요술사의 말
3	마법사는 여러분을 위해 비밀리에 이름을 붙이는 의식을 거행해 주었습니다.	+2 건강, 이름이 새겨진 은반지
4	마법사는 여러분이 마법의 길로 첫 걸음을 내딛은 모습에 기꺼워하며 재주를 가르쳐 주었습니다.	+2 매력, 의식: 투명 하인
5	마법사는 여러분을 자신의 비밀 결사로 인도했습니다.	+2 지혜, 마법사의 지팡이
6	여러분은 마법사가 온다고 경고를 받았고, 두려움에 사로잡혀 몸을 숨겼습니다.	+2 민첩성, 의식: 패밀리어 엮기

───── 캐릭터 시트를 채우세요! ─────

1. 캐릭터 이름과 클래스, 레벨을 적으세요.

2. 능력치를 적으세요. 각 능력치 옆에 다음 쪽에 나온 능력치 보너스를 적으세요.

3. 캐릭터의 기능과 클래스 능력, 초기 장비 및 구입하고 싶은 물건을 적으세요. 독학 마법사는 다음 장비를 가지고 시작합니다: 단도, 평범한 로브, 고대의 책, 여러 주머니, 1레벨 의식: 중 하나의 마법재료, 은화 4d6냥.

4. 가치관을 하나 선택하세요. 캐릭터는 질서, 혼돈, 중립 중 하나입니다. 정하지 못하겠다면 대부분의 사람이 그렇듯 중립을 선택하세요.

5. 클래스에 따라 기본 공격 보너스를 받습니다. 1레벨 마법사는 +0입니다.

6. 행동 순서는 캐릭터 레벨+민첩성 보너스+0(마법사) 입니다.

7. 캐릭터의 장갑 수치는 10+민첩성 수정치+캐릭터가 받는 장갑 보너스입니다.

8. 캐릭터의 행운 점수는 3점입니다.

9. 캐릭터의 HP는 6+건강 보너스입니다.

10. 다음 쪽에 나온 극복 판정 수치를 적으세요.

11. 캐릭터가 사용할 법한 무기의 수치를 '명중 보너스'와 '피해' 항목에 적으세요. 근접 무기 명중 보너스는 기본 공격 보너스+근력 보너스이며, 장거리 무기 공격 보너스는 기본 공격 보너스+민첩성 보너스입니다. 근력 보너스는 근접 무기의 피해에도 더합니다.

참고 사항

판정

능력치 판정: d20을 굴린 다음 주사위 결과를 관련 능력치와 비교하세요. 주사위 결과가 능력치와 같거나 낮다면 성공입니다. 주사위 결과가 능력치보다 높다면 실패입니다.

극복 판정: d20을 굴립니다. 주사위 결과가 극복 판정 수치와 같거나 높다면 성공입니다.

전투 판정: d20을 굴린 다음, 관련 공격 보너스를 더합니다. 상대의 장갑 수치와 비교하세요. 판정 결과가 상대 **장갑** 수치와 같거나 높다면 공격은 명중합니다. 판정 결과가 **장갑** 수치보다 낮다면 빗나갑니다.

클래스 능력

체력 주사위: d6
행동 순서 보너스: +0
갑옷: 마법사는 갑옷을 입을 수 없습니다.

주문 사용: 독학 마법사는 캔트립, 주술, 의식이라는 서로 다른 세 가지 방식으로 마법의 힘을 사용할 수 있습니다. 캐릭터는 캔트립 두 개, 주술 두 개, 의식 한 개를 가지고 시작합니다. 캐릭터가 처음 가지고 시작하는 주문은 플레이북을 참조하세요.

마법 감지: 독학 마법사는 선천적으로 마법을 민감하게 느끼기 때문에, 특정한 사람이나 장소, 또는 물건에 마법의 기운이 깃들여 있는지 알아낼 수 있습니다. 마법을 감지하려면 몇 분 정도 집중해야 하므로, 단순히 보는 것만으로는 대상이 마법적인 기운을 띄고 있는지 알 수 없습니다. 사람들은 캐릭터가 자신들을 강렬하게 지켜보거나 식사 시간이 되도 음식에 집중하지 않는 모습을 보고 마법을 감지하려 한다는 것을 쉽게 알아차릴 수 있습니다. 마스터는 캐릭터가 유난히 강력한 마법 근처에 있다면 즉시 마법의 기운을 알아차릴 수 있다고 정할 수 있습니다.

행운 점수

캐릭터는 행운 점수를 다음 방식으로 사용할 수 있습니다.

친구 돕기: 보통, 캐릭터는 관련 기능이 있어야만 친구의 능력치 판정을 도울 수 있습니다. 하지만 행운 점수를 1점 쓴다면, 해당 판정에 활용할 수 있는 적합한 기능이 없더라도 친구를 도와 판정에 +2 보너스를 줄 수 있습니다.

재도전: 캐릭터는 행운 점수를 1점 써서 능력치 판정이나 극복 판정, 명중 판정처럼 플레이 중에 일어나는 실패한 판정을 다시 굴릴 수 있습니다.

죽음 속이기: 죽을 위기에 처한 캐릭터는 행운 점수를 1점 써서 HP를 0으로 안정시키고 추가 피해를 받지 않을 수 있습니다.

능력치	보너스
1	-4
2-3	-3
4-5	-2
6-8	-1
9-12	0
13-15	+1
16-17	+2
18-19	+3

레벨	경험치	기본 공격 보너스	독 극복	숨결 무기 극복	신체 변형 극복	주문 극복	마법 물품 극복
1	0	+0	14	15	13	12	11
2	2,500	+1	14	15	13	12	11
3	5,000	+1	14	15	13	12	11
4	10,000	+2	14	15	13	12	11
5	20,000	+2	14	15	13	12	11
6	40,000	+3	13	13	11	10	9
7	80,000	+3	13	13	11	10	9
8	150,000	+4	13	13	11	10	9
9	300,000	+4	13	13	11	10	9
10	450,000	+5	13	13	11	10	9

풋내기 도둑 플레이북

어떤 젊은이들은 검을 가지고, 또 어떤 이들은 마법의 힘을 가지고 모험에 나섭니다. 하지면 여러분은 그 어느 쪽도 아닙니다. 이 세상은 볼 거리도, 즐길 거리도 가득합니다. 그리고 여러분의 손은 원하는 것을 얻을 수 있을 만큼 재빠릅니다.

여러분은 날래고 재빠릅니다. 여러분의 민첩성은 12에서 시작하며, 나머지 능력치는 8로 시작합니다.

여러분은 어린 시절을 어떻게 보냈나요?

1d12	부모는 마을에서 어떻게 살았나요? 여러분은 무엇을 배웠나요?	습득
1	여러분은 고아입니다. 참 어렵게 살았지요.	+2 지혜, +2 건강, +1 지능
2	마땅한 이유이든 억울한 이유이든, 아버지가 추방자였습니다.	+2 지능, +1 지혜, +1 건강, 기능: 생존술
3	부모가 어부였고, 여러분은 강가에서 지냈습니다.	+2 민첩성, +1 근력, +1 지혜, 기능: 낚시
4	가족이 마을 바깥에서 작은 농장을 꾸렸습니다.	+2 건강, +1 지능, +1 매력, 기능: 농사
5	아버지는 지역 대장장이였고, 여러분에게 망치와 풀무질을 가르쳤습니다.	+2 근력, +1 민첩성, +1 매력, 기능: 대장장이
6	이전에 아버지가 했던 것처럼 여러분도 양을 몰고 산으로 갔습니다.	+2 건강, +1 민첩성, +1 지혜, +1 근력
7	부모는 이 지역 여관을 운영했습니다. 여러분은 여러 여행자들을 만나고 그들의 이야기를 들으면서 자랐습니다.	+2 매력, +1 지능, +1 민첩성, +1 지혜
8	여러분은 마치 운명의 여신처럼 베틀로 실을 자르거나 꼬았습니다.	+2 민첩성, +1 지능, +1 매력, 기능: 방직
9	부모 중 누군가가 옛 이야기를 보관하고 전승했습니다. 여러분 머릿속은 부모에게 배운 이야기로 가득 찼습니다.	+2 지능, +1 매력, +1 지혜, 기능: 민간전승
10	아버지는 파수꾼이었습니다. 누구에게나 엄하지만 공정하게 대했습니다.	+2 근력, +1 매력, +1 건강, 기능: 운동
11	여러분은 숲으로 가서 약초와 산딸기를 모으곤 했습니다.	+2 지혜, +1 건강, +1 민첩성, 기능: 약초 지식
12	아버지가 지역 상인이었습니다. 여러분은 가격을 매기고 사람들을 끌어모으는 법을 배웠습니다.	+2 매력, +1 지능, +1 민첩성, 기능: 흥정

1d8	여러분은 어릴 적 어느 점이 남달랐나요?	습득
1	때로 아이들은 싸우곤 하지요. 여러분은 절대 진 적이 없습니다.	+2 근력, +1 지혜
2	여러분이 이기지 못하는 시합은 없었습니다.	+2 민첩성, +1 지능
3	여러분은 이 근방에서 가장 튼튼한 아이였습니다.	+2 건강, +1 매력
4	여러분이 모르는 비밀은 없었습니다.	+2 지능, +1 민첩성
5	여러분은 공감을 잘 해주었기 때문에 사람들이 이런저런 이야기를 털어놓았습니다.	+2 지혜, +1 건강
6	여러분은 누구에게나 사랑받았습니다.	+2 매력 +1 근력
7	여러분은 남의 문제를 잘 해결해주었지만, 자기 사정은 털어놓지 않았습니다.	+1 근력, +1 건강, +1 매력
8	사람들은 저마다 가르칠 것이 있습니다. 여러분은 여러 사람들에게 이런 저런 것들을 조금씩 배웠습니다.	+1 민첩성, +1 지능, +1 지혜

1d8	여러분은 자라면서 다른 플레이어 캐릭터들과 깊은 우정을 맺었습니다. 다른 마을 사람 중에서는 누구와 친하게 지냈나요?	습득
1	대장장이와 함께 일하는 동안에는 모든 시름을 잊었습니다.	+2 근력, +1 매력
2	어부들은 여러분을 마음에 들어 해서 서로 이야기를 주고받았습니다.	+2 민첩성, +1 지혜
3	여러분은 사냥꾼들과 야영을 하곤 했습니다.	+2 건강, +1 지능
4	마을의 어르신들은 여러분에게 고대의 체스를 가르쳤습니다.	+2 지능, +1 민첩성
5	여러분은 방앗간 집 자식이랑 막 결혼할 예정입니다.	+2 지혜, +1 근력
6	누군가 여러분에게 실연당했습니다. 어쩌면 반대로 여러분이 실연당한 것일지도 모릅니다.	+2 매력, +1 건강
7	늙은 과부가 여러분에게 집안일을 도와달라고 부탁하곤 했습니다.	+1 근력, +1 지능, +1 매력
8	이 마을에 정착해서 살아가는 어느 역전의 용병이 여러분에게 몇 가지 가르침을 주었습니다.	+1 민첩성, +1 건강, +1 지혜

여러분은 몇 가지 수상쩍은 수법을 배웠고, 자신이 있어야 할 곳을 찾았습니다. 여러분은 1레벨 도적이 되며, 클래스 능력으로 운명의 총애와 숙련된 솜씨, 기능: 은신을 얻습니다. 다음 표는 여러분이 어떤 기능을 더 익히는지 정합니다. 여러분은 도둑질을 하면서 어떤 일을 겪었나요?

1d6	누가 여러분에게 훔치고 속이는 법을 가르쳤나요?	습득
1	도시에서 남쪽으로 가던 어느 늙은 소매치기.	+3 민첩성, 기능: 소매치기
2	마을에서 사는 어느 정직하지 못한 늙은 양상군자.	+3 지혜, 기능: 은신
3	시행착오를 거쳐 스스로 터득.	+3 지능, 기능: 덫
4	마을의 자물쇠 수리공.	+3 민첩성, 기능: 자물쇠 따기
5	친구가 없는 이 지역의 깡패.	+3 근력, 기능: 운동
6	매력적이고 똑똑한 여행자.	+3 매력, 기능: 속임수

1d6	여러분은 어떤 방식으로 부정 이득을 벌었나요?	습득
1	직접 일하는 대신, 다른 마을 사람들에게 구걸했습니다.	+2 건강, 기능: 구걸
2	먼 곳에서 온 여행자들이 마을을 들렀을 때, 주머니에서 특이한 싸구려 보석을 슬쩍했습니다.	+2 민첩성, 기능: 소매치기
3	어느 문이든 몰래 통과할 방법을 찾았습니다.	+2 지능, 기능: 자물쇠 따기
4	만나는 사람마다 여러분에게 홀딱 넘어가게 했습니다.	+2 매력, 기능: 속임수
5	여러분이 가진 기능과 재주에도 불구하고, 여러분은 정직하게 돈을 벌었습니다.	+2 지능, 원하는 직업 기능 하나 선택
6	여러분은 이것 저것 조금씩 하면서 그럭저럭 살았습니다.	+2 건강, 기능: 생존술

1d6	다른 수많은 도둑처럼, 여러분의 첫 번째 시도 역시 엉망으로 끝났습니다. 들켰을 때 어떻게 했나요? 여러분이 들켰을 때, 오른편 플레이어가 함께 있었습니다.	습득
1	여러분은 목숨을 걸고 싸워 달아났습니다. 오른편 친구는 여러분을 공격한 이들을 물리쳐서 도망치는 데 도움을 주었고, +1 근력을 얻습니다.	+2 근력, 기능: 운동
2	여러분은 안전해질 때까지 숨었습니다. 오른편 친구도 여러분의 도적질을 도와주던 중 같이 들켜서 함께 숨어야 했고, +1 민첩성을 얻습니다.	+2 민첩성, 기능: 은신
3	여러분은 흠씬 두들겨 맞았고, 교훈을 얻습니다. 오른편 친구는 여러분을 버리지 않은 탓에, 같이 얻어맞았고, +1 건강을 얻습니다.	+2 건강, 기능: 생존술
4	여러분은 간청을 해서 풀려나왔습니다. 오른편 친구는 여러분을 대신해 말해주었고, +1 지능을 얻습니다.	+2 지능, 기능: 연설
5	여러분은 자백을 하고 올바르게 일을 해결했습니다. 오른편 친구는 여러분이 잘못된 길을 가고 있었음을 깨닫게 도와주었고, +1 지혜를 얻습니다.	+2 지혜, 기능: 민간전승
6	여러분은 말재주로 상대를 현혹하여 일을 잘 처리했습니다. 오른편 친구는 두 명에게 술을 산 다음 파티에 끼어들었고, +1 매력을 얻습니다.	+2 매력, 기능: 음주

1d6	여러분이 벌인 가장 근사한 절도는 무엇인가요?	습득
1	부자 상인이 들고 있던 동전이 잔뜩 든 주머니를 가로챘습니다.	+2 민첩성, 은화 6d6냥 추가
2	어느 노인을 설득해 여러분에게 유산으로 농장을 물려주도록 했습니다.	+2 지능, 작은 농장
3	지나가던 이방인에게서 무언가 특별한 것을 슬쩍했습니다.	+2 근력, 정말로 아주 날카로운 단도
4	숲 속에서 어느 기이한 사람의 물건을 훔쳤습니다.	+2 건강, 기이한 은색 끈
5	언변을 발휘하여 옆 마을에 있는 사원에 들어간 다음, 무언가 소중한 것을 가지고 나왔습니다.	+2 매력, 신비한 우상
6	다른 도둑을 털었습니다.	+2 민첩성, 고급 자물쇠 따기 도구

캐릭터 시트를 채우세요!

1. 캐릭터 이름과 클래스, 레벨을 적으세요.

2. 능력치를 적으세요. 각 능력치 옆에 다음 쪽에 나온 능력치 보너스를 적으세요.

3. 캐릭터의 기능과 클래스 능력, 초기 장비 및 구입하고 싶은 물건을 적으세요. 풋내기 도둑은 다음 장비를 가지고 시작합니다: 단도 몇 자루, 어두운 옷, 가벼운 자루, 10피트 (3미터) 짜리 밧줄, 은화 4d6냥.

4. 가치관을 하나 선택하세요. 캐릭터는 질서, 혼돈, 중립 중 하나입니다. 정하지 못하겠다면 대부분의 사람이 그렇듯 중립을 선택하세요.

5. 클래스에 따라 기본 공격 보너스를 받습니다. 1레벨 도적은 +0입니다.

6. 행동 순서는 캐릭터 레벨+민첩성 보너스+2(도적) 입니다.

7. 캐릭터의 장갑 수치는 10+민첩성 수정치+캐릭터가 받는 장갑 보너스입니다.

8. 캐릭터의 행운 점수는 5점입니다.

9. 캐릭터의 HP는 8+건강 보너스입니다.

10. 다음 쪽에 나온 극복 판정 수치를 적으세요.

11. 캐릭터가 사용할 법한 무기의 수치를 '명중 보너스'와 '피해' 항목에 적으세요. 근접 무기 명중 보너스는 기본 공격 보너스+근력 보너스이며, 장거리 무기 공격 보너스는 기본 공격 보너스+민첩성 보너스입니다. 근력 보너스는 근접 무기의 피해에도 더합니다.

참고 사항

판정

능력치 판정: d20을 굴린 다음 주사위 결과를 관련 능력치와 비교하세요. 주사위 결과가 능력치와 같거나 낮다면 성공입니다. 주사위 결과가 능력치보다 높다면 실패입니다.

극복 판정: d20을 굴립니다. 주사위 결과가 극복 판정 수치와 같거나 높다면 성공입니다.

전투 판정: d20을 굴린 다음, 관련 공격 보너스를 더합니다. 상대의 **장갑** 수치와 비교하세요. 판정 결과가 상대 **장갑** 수치와 같거나 높다면 공격은 명중합니다. 판정 결과가 장갑 수치보다 낮다면 빗나갑니다.

클래스 능력

체력 주사위: d8
행동 순서 보너스: +2
갑옷: 풋내기 도둑은 판금 갑옷보다 가벼운 갑옷을 입을 수 있습니다.

운명의 총애: 풋내기 도둑은 다른 사람들보다 운이 좋습니다. 캐릭터는 다른 클래스처럼 행운 점수를 3점 받는 대신, 5점 받습니다.

숙련된 솜씨: 풋내기 도둑은 1레벨에서 기능을 두 개 더 익히며 (여러분은 플레이북을 통해 이미 얻었습니다), 이후 매 홀수 레벨마다 (3, 5, 7, 9레벨) 추가로 기능을 하나씩 더 익힙니다. 캐릭터는 새로운 기능을 익히는 대신 이미 가진 기능의 실력을 향상시킬 수도 있습니다. 이 경우 해당 기능으로 받는 보너스는 +2가 증가합니다.

행운 점수

캐릭터는 행운 점수를 다음 방식으로 사용할 수 있습니다.

친구 돕기: 보통, 캐릭터는 관련 기능이 있어야만 친구의 능력치 판정을 도울 수 있습니다. 하지만 행운 점수를 1점 쓴다면, 해당 판정에 활용할 수 있는 적합한 기능이 없더라도 친구를 도와 판정에 +2 보너스를 줄 수 있습니다.

재도전: 캐릭터는 행운 점수를 1점 써서 능력치 판정이나 극복 판정, 명중 판정처럼 플레이 중에 일어나는 실패한 판정을 다시 굴릴 수 있습니다.

죽음 속이기: 죽을 위기에 처한 캐릭터는 행운 점수를 1점 써서 HP를 0으로 안정시키고 추가 피해를 받지 않을 수 있습니다.

능력치	보너스
1	-4
2-3	-3
4-5	-2
6-8	-1
9-12	0
13-15	+1
16-17	+2
18-19	+3

레벨	경험치	기본 공격 보너스	독 극복	숨결 무기 극복	신체 변형 극복	주문 극복	마법 물품 극복
1	0	+0	13	16	13	15	14
2	1,500	+1	13	16	13	15	14
3	3,000	+1	13	16	12	15	14
4	6,000	+2	13	16	12	15	14
5	12,000	+3	12	15	11	13	12
6	25,000	+3	12	15	11	13	12
7	50,000	+4	12	15	11	13	12
8	100,000	+5	12	15	11	13	12
9	200,000	+5	11	14	9	11	10
10	300,000	+6	11	14	9	11	10

마을의 영웅 플레이북

여러분은 어릴 적부터 이미 마을 안에서 명성을 떨쳤습니다. 평범한 사람들은 여러분이 각종 문제를 해결하고 위험을 막아줄 것이라고 기대합니다.

여러분은 튼튼하고 힘이 셉니다. 여러분의 근력과 건강은 10에서 시작하며, 나머지 능력치는 8로 시작합니다.

여러분은 어린 시절을 어떻게 보냈나요?

1d12	부모는 마을에서 어떻게 살았나요? 여러분은 무엇을 배웠나요?	습득
1	여러분은 고아입니다. 참 어렵게 살았지요.	+2 지혜, +2 건강, +1 지능
2	마땅한 이유이든 억울한 이유이든, 아버지가 추방자였습니다.	+2 지능, +1 지혜, +1 건강, 기능: 생존술
3	부모가 어부였고, 여러분은 강가에서 지냈습니다.	+2 민첩성, +1 근력, +1 지혜, 기능: 낚시
4	가족이 마을 바깥에서 작은 농장을 꾸렸습니다.	+2 건강, +1 지혜, +1 매력, 기능: 농사
5	아버지는 지역 대장장이였고, 여러분에게 망치와 풀무질을 가르쳤습니다.	+2 근력, +1 민첩성, +1 매력, 기능: 대장장이
6	이전에 아버지가 했던 것처럼 여러분도 양을 몰고 산으로 갔습니다.	+2 건강, +1 민첩성, +1 지혜, +1 근력
7	부모는 이 지역 여관을 운영했습니다. 여러분은 여러 여행자들을 만나고 그들의 이야기를 들으면서 자랐습니다.	+2 매력, +1 지능, +1 민첩성, +1 지혜
8	여러분은 마치 운명의 여신처럼 베틀로 실을 자르거나 꼬았습니다.	+2 민첩성, +1 지능, +1 매력, 기능: 방직
9	부모 중 누군가가 옛 이야기를 보관하고 전승했습니다. 여러분 머릿속은 부모에게 배운 이야기로 가득 찼습니다.	+2 지능, +1 매력, +1 지혜, 기능: 민간전승
10	아버지는 파수꾼이었습니다. 누구에게나 엄하지만 공정하게 대했습니다.	+2 근력, +1 매력, +1 건강, 기능: 운동
11	여러분은 숲으로 가서 약초와 산딸기를 모으곤 했습니다.	+2 지혜, +1 건강, +1 민첩성, 기능: 약초 지식
12	아버지가 지역 상인이었습니다. 여러분은 가격을 매기고 사람들을 끌어모으는 법을 배웠습니다.	+2 매력, +1 지능, +1 민첩성, 기능: 흥정

1d8	여러분은 어릴 적 어느 점이 남달랐나요?	습득
1	때로 아이들은 싸우곤 하지요. 여러분은 절대 진 적이 없습니다.	+2 근력, +1 지혜
2	여러분이 이기지 못하는 시합은 없었습니다.	+2 민첩성, +1 지능
3	여러분은 이 근방에서 가장 튼튼한 아이였습니다.	+2 건강, +1 매력
4	여러분이 모르는 비밀은 없었습니다.	+2 지능, +1 민첩성
5	여러분은 공감을 잘 해주었기 때문에 사람들이 이런저런 이야기를 털어놓았습니다.	+2 지혜, +1 건강
6	여러분은 누구에게나 사랑받았습니다.	+2 매력 +1 근력
7	여러분은 남의 문제를 잘 해결해주었지만, 자기 사정은 털어놓지 않았습니다.	+1 근력, +1 건강, +1 매력
8	사람들은 저마다 가르칠 것이 있습니다. 여러분은 여러 사람에게 이런 저런 것들을 조금씩 배웠습니다.	+1 민첩성, +1 지능, +1 지혜

1d8	여러분은 자라면서 다른 플레이어 캐릭터들과 깊은 우정을 맺었습니다. 다른 마을 사람 중에서는 누구와 친하게 지냈나요?	습득
1	대장장이와 함께 일하는 동안에는 모든 시름을 잊었습니다.	+2 근력, +1 매력
2	어부들은 여러분을 마음에 들어 해서 서로 이야기를 주고받았습니다.	+2 민첩성, +1 지혜
3	여러분은 사냥꾼들과 야영을 하곤 했습니다.	+2 건강, +1 지능
4	마을의 어르신들은 여러분에게 고대의 체스를 가르쳤습니다.	+2 지능, +1 민첩성
5	여러분은 방앗간 집 자식이랑 막 결혼할 예정입니다.	+2 지혜, +1 근력
6	누군가 여러분에게 실연당했습니다. 어쩌면 반대로 여러분이 실연당한 것일지도 모릅니다.	+2 매력, +1 건강
7	늙은 과부가 여러분에게 집안일을 도와달라고 부탁하곤 했습니다.	+1 근력, +1 지능, +1 매력
8	이 마을에 정착해서 살아가는 어느 역전의 용병이 여러분에게 몇 가지 가르침을 주었습니다.	+1 민첩성, +1 건강, +1 지혜

여러분은 훌륭한 업적을 쌓으면서 마을의 영웅이 되었습니다. 여러분은 1레벨 전사가 되며, 클래스 능력으로 무기 숙련과 특기, 기능: 민간전승을 얻습니다. 다음 표는 여러분의 클래스 능력을 더욱 명확하게 정합니다. 여러분은 명성을 쌓으면서 어떤 일을 겪었나요?

1d6	여러분은 어떻게 명성을 쌓았나요?	습득
1	거대한 곰이 마을 인근을 공격했지만, 여러분은 곰과 몸싸움을 벌여서 제압했습니다.	+3 근력, 기능: 동물 지식
2	숲 속에 사는 끔찍하고 기이한 괴물을 무찔렀습니다.	+3 건강, 기능: 경계
3	밤중에 쳐들어온 침입자들을 격퇴하고, 부상당한 사람들을 돌보았습니다.	+3 지혜, 기능: 치료
4	아이를 늑대 떼에서 구했습니다.	+3 민첩성, 기능: 생존술
5	기나긴 가뭄이 찾아왔을 때, 농부들을 도와 최악의 시간을 이겨냈습니다.	+3 지혜, 기능: 농사
6	수년간 마을을 괴롭힌 사악한 치안관을 쫓아냈습니다.	+3 매력, 기능: 정치

1d6	여러분은 무기 실력을 어떻게 갈고 닦았나요?	습득
1	전쟁이 벌어졌을 때 방패벽 부대로 싸웠습니다. 무기 숙련 능력으로 창을 선택합니다.	+2 건강, 무기숙련 (왼쪽 항목)
2	마을의 늙은 전쟁 영웅이 자신이 아는 모든 것을 전수했습니다. 무기 숙련 능력으로 장검을 선택합니다.	+2 근력, 무기숙련 (왼쪽 항목)
3	여러분은 언제나 멧돼지 사냥을 앞장서서 이끌었습니다. 무기 숙련 능력으로 창을 선택합니다.	+2 건강, 무기숙련 (왼쪽 항목)
4	나무를 베면서 힘을 키웠습니다. 무기 숙련 능력으로 전투 도끼를 선택합니다.	+2 근력, 무기숙련 (왼쪽 항목)
5	여러분은 마을의 징병 인원으로 착출되어 두각을 드러냈습니다. 무기 숙련 능력으로 장궁을 선택합니다.	+2 민첩성, 무기숙련 (왼쪽 항목)
6	불운을 겪으면서 여러분이 아는 모든 것을 배웠습니다. 무기 숙련 능력으로 지팡이를 선택합니다.	+2 지능, 무기숙련 (왼쪽 항목)

1d6	모든 영웅에게는 비밀 한 가지씩은 있기 마련입니다. 여러분의 비밀은 무엇인가요? 여러분의 오른편 플레이어가 비밀을 함께 공유합니다.	습득
1	여러분은 진정한 사랑을 찾았습니다. 오른편 친구는 연인이 누구인지 압니다. 친구는 여러분이 연인의 마음을 얻도록 도와주었고, +1 지혜를 얻습니다.	+2 지혜, 특기: 방어형 전투
2	비록 마을 사람들은 여러분을 우러러보지만, 여러분은 한 차례 겁을 먹고 도망친 적이 있습니다. 오른편 친구는 여러분과 함께 도망쳤지만 아무에게도 이 사실을 이야기하지 않았고, +1 민첩성을 얻습니다.	+2 민첩성, 특기: 속도
3	여러분은 지난 여름 이웃 마을의 영웅에게 패배했습니다. 오른편 친구는 그 자리에 함께 있으면서 상대 친구에게 얻어터졌고, +1 건강을 얻습니다.	+2 건강, 특기: 무기 전문가
4	몇 년 전, 여러분은 죽이지 말아야 할 사람을 죽였습니다. 오른편 친구는 거의 여러분만큼 책임이 있고, +1 근력을 얻습니다.	+2 근력, 특기: 강한 일격
5	여러분은 떠돌이 주술사와 계약을 맺고 어둠의 마법으로부터 보호를 받게 되었습니다. 오른편 친구는 여러분에게 마법을 걸도록 주술사를 설득했고, +1 매력을 받습니다.	+2 매력, 특기: 저항력
6	여러분은 자신이 이만한 대접을 받을 만한 자격이 없으며, 순전히 행운으로 영웅이 되었다고 생각합니다. 여러분은 망설임을 오른편 친구에게 털어 놓았고, 친구는 +1 지능을 얻습니다.	+2 지능, 특기: 저항력

1d6	마을 사람들은 여러분의 영웅적인 업적을 어떻게 보답했나요?	습득
1	사람들은 여러분을 축복하면서 집을 지어주었습니다.	+2 지혜, 캐릭터의 집
2	여러분은 오래 전부터 내려오는 전리품을 받았습니다.	+2 지능, "용의 비늘"
3	대장장이가 여러분에게 잘 만든 무기를 주었습니다.	+2 근력, 품질 좋은 무기
4	땅이야 말로 가장 큰 포상입니다. 그래서 사람들은 여러분에게 경작할 땅을 주었습니다.	+2 건강, 작은 농장
5	마을 사람들은 여러분에게 성대한 결혼식을 치러주었습니다.	+2 매력, 은화 3d6냥 추가, 캐릭터의 배우자
6	여러분은 마을의 깃발을 떠맡게 되었습니다.	+2 건강, 손으로 짠 깃발

캐릭터 시트를 채우세요!

1. 캐릭터 이름과 클래스, 레벨을 적으세요.

2. 능력치를 적으세요. 각 능력치 옆에 다음 쪽에 나온 능력치 보너스를 적으세요.

3. 캐릭터의 기능과 클래스 능력, 초기 장비 및 구입하고 싶은 물건을 적으세요. 마을의 영웅은 다음 장비를 가지고 시작합니다: 단검, 농부의 옷, 선호하는 무기, 마을에서 가장 튼튼한 방패(+2 장갑), 고향 마을에서 숙식 무료 제공, 은화 4d6냥

4. 가치관을 하나 선택하세요. 캐릭터는 질서, 혼돈, 중립 중 하나입니다. 정하지 못하겠다면 대부분의 사람이 그렇듯 중립을 선택하세요.

5. 클래스에 따라 기본 공격 보너스를 받습니다. 1레벨 전사는 +1입니다.

6. 행동 순서는 캐릭터 레벨+민첩성 보너스+1(전사) 입니다.

7. 캐릭터의 장갑 수치는 10+민첩성 수정치+캐릭터가 받는 장갑 보너스입니다.

8. 캐릭터의 행운 점수는 3점입니다.

9. 캐릭터의 HP는 10+건강 보너스입니다.

10. 다음 쪽에 나온 극복 판정 수치를 적으세요.

11. 캐릭터가 사용할 법한 무기의 수치를 '명중 보너스'와 '피해' 항목에 적으세요. 근접 무기 명중 보너스는 기본 공격 보너스+근력 보너스이며, 장거리 무기 공격 보너스는 기본 공격 보너스+민첩성 보너스입니다. 근력 보너스는 근접 무기의 피해에도 더합니다. 무기 숙련으로 받는 보너스를 잊지 마세요!

참고 사항

판정

능력치 판정: d20을 굴린 다음 주사위 결과를 관련 능력치와 비교하세요. 주사위 결과가 능력치와 같거나 낮다면 성공입니다. 주사위 결과가 능력치보다 높다면 실패입니다.

극복 판정: d20을 굴립니다. 주사위 결과가 극복 판정 수치와 같거나 높다면 성공입니다.

전투 판정: d20을 굴린 다음, 관련 공격 보너스를 더합니다. 상대의 **장갑** 수치와 비교하세요. 판정 결과가 상대 **장갑** 수치와 같거나 높다면 공격은 명중합니다. 판정 결과가 **장갑** 수치보다 낮다면 빗나갑니다.

클래스 능력

체력 주사위: d10
행동 순서 보너스: +1
갑옷: 마을의 영웅은 아무 갑옷이나 입을 수 있습니다.

무기 숙련: 마을의 영웅은 특별하게 잘 다루는 선호 무기가 있습니다. 캐릭터가 잘 다루는 무기는 플레이북에 있습니다. 캐릭터는 선택한 무기를 들고 싸울 때 명중에 +1 보너스, 피해에 +2 보너스를 받습니다.

특기: 마을의 영웅은 경험을 쌓으면서 몇 가지 재주를 얻어 좀 더 강해질 수 있습니다. 캐릭터가 받는 첫 번째 특기는 플레이북에 있습니다. 이후 얻을 다음 특기는 p.10을 참조하세요.

행운 점수

캐릭터는 행운 점수를 다음 방식으로 사용할 수 있습니다.

친구 돕기: 보통, 캐릭터는 관련 기능이 있어야만 친구의 능력치 판정을 도울 수 있습니다. 하지만 행운 점수를 1점 쓴다면, 해당 판정에 활용할 수 있는 적합한 기능이 없더라도 친구를 도와 판정에 +2 보너스를 줄 수 있습니다.

재도전: 캐릭터는 행운 점수를 1점 써서 능력치 판정이나 극복 판정, 명중 판정처럼 플레이 중에 일어나는 실패한 판정을 다시 굴릴 수 있습니다.

죽음 속이기: 죽을 위기에 처한 캐릭터는 행운 점수를 1점 써서 HP를 0으로 안정시키고 추가 피해를 받지 않을 수 있습니다.

능력치	보너스
1	-4
2-3	-3
4-5	-2
6-8	-1
9-12	0
13-15	+1
16-17	+2
18-19	+3

레벨	경험치	기본 공격 보너스	독 극복	입김 무기 극복	신체 변형 극복	주문 극복	마법 물품 극복
1	0	+1	14	17	15	17	16
2	2,000	+2	14	17	15	17	16
3	4,000	+3	13	16	14	14	15
4	8,000	+4	13	16	14	14	15
5	16,000	+5	11	14	12	12	13
6	32,000	+6	11	14	12	12	13
7	64,000	+7	10	13	11	11	12
8	120,000	+8	10	13	11	11	12
9	240,000	+9	8	11	9	9	10
10	360,000	+10	8	11	9	9	10

마녀의 제자 플레이북

위대한 마법사라도 누구든 한때는 다 제자였습니다. 누군가는 마을 마녀의 간단하고 실용적인 주문이야말로 마법의 진정한 정수라고 말합니다. 여러분의 마을 역시, 다른 곳과 마찬가지로 병든 이를 돌보고 밭을 축복하는 마녀가 있습니다. 그 마녀는 여러분을 제자로 선택했습니다.

여러분은 타고난 지성과 배려심을 갖추었습니다. 여러분의 **지능**과 **지혜**는 10에서 시작하며, 나머지 능력치는 8로 시작합니다.

여러분은 어린 시절을 어떻게 보냈나요?

1d12	부모는 마을에서 어떻게 살았나요? 여러분은 무엇을 배웠나요?	습득
1	여러분은 고아입니다. 참 어렵게 살았지요.	+2 지혜, +2 건강, +1 지능
2	마땅한 이유이든 억울한 이유이든, 아버지가 추방자였습니다.	+2 지능, +1 지혜, +1 건강, 기능: 생존술
3	부모가 어부였고, 여러분은 강가에서 지냈습니다.	+2 민첩성, +1 근력, +1 지혜, 기능: 낚시
4	가족이 마을 바깥에서 작은 농장을 꾸렸습니다.	+2 건강, +1 지혜, +1 매력, 기능: 농사
5	아버지는 지역 대장장이였고, 여러분에게 망치와 풀무질을 가르쳤습니다.	+2 근력, +1 민첩성, +1 매력, 기능: 대장장이
6	이전에 아버지가 했던 것처럼 여러분도 양을 몰고 산으로 갔습니다.	+2 건강, +1 민첩성, +1 지혜, +1 근력
7	부모는 이 지역 여관을 운영했습니다. 여러분은 여러 여행자들을 만나고 그들의 이야기를 들으면서 자랐습니다.	+2 매력, +1 지능, +1 민첩성, +1 지혜
8	여러분은 마치 운명의 여신처럼 베틀로 실을 자르거나 꼬았습니다.	+2 민첩성, +1 지능, +1 매력, 기능: 방직
9	부모 중 누군가가 옛 이야기를 보관하고 전승했습니다. 여러분 머릿속은 부모에게 배운 이야기로 가득 찼습니다.	+2 지능, +1 매력, +1 지혜, 기능: 민간전승
10	아버지는 파수꾼이었습니다. 누구에게나 엄하지만 공정하게 대했습니다.	+2 근력, +1 매력, +1 건강, 기능: 운동
11	여러분은 숲으로 가서 약초와 산딸기를 모으곤 했습니다.	+2 지혜, +1 건강, +1 민첩성, 기능: 약초 지식
12	아버지가 지역 상인이었습니다. 여러분은 가격을 매기고 사람들을 끌어모으는 법을 배웠습니다.	+2 매력, +1 지능, +1 민첩성, 기능: 흥정

1d8	여러분은 어릴 적 어느 점이 남달랐나요?	습득
1	때로 아이들은 싸우곤 하지요. 여러분은 절대 진 적이 없습니다.	+2 근력, +1 지혜
2	여러분이 이기지 못하는 시합은 없었습니다.	+2 민첩성, +1 지능
3	여러분은 이 근방에서 가장 튼튼한 아이였습니다.	+2 건강, +1 매력
4	여러분이 모르는 비밀은 없었습니다.	+2 지능, +1 민첩성
5	여러분은 공감을 잘 해주었기 때문에 사람들이 이런저런 이야기를 털어놓았습니다.	+2 지혜, +1 건강
6	여러분은 누구에게나 사랑받았습니다.	+2 매력 +1 근력
7	여러분은 남의 문제를 잘 해결해주었지만, 자기 사정은 털어놓지 않았습니다.	+1 근력, +1 건강, +1 매력
8	사람들은 저마다 가르칠 것이 있습니다. 여러분은 여러 사람들에게 이런 저런 것들을 조금씩 배웠습니다.	+1 민첩성, +1 지능, +1 지혜

1d8	여러분은 자라면서 다른 플레이어 캐릭터들과 깊은 우정을 맺었습니다. 다른 마을 사람 중에서는 누구와 친하게 지냈나요?	습득
1	대장장이와 함께 일하는 동안에는 모든 시름을 잊었습니다.	+2 근력, +1 매력
2	어부들은 여러분을 마음에 들어 해서 서로 이야기를 주고받았습니다.	+2 민첩성, +1 지혜
3	여러분은 사냥꾼들과 야영을 하곤 했습니다.	+2 건강, +1 지능
4	마을의 어르신들은 여러분에게 고대의 체스를 가르쳤습니다.	+2 지능, +1 민첩성
5	여러분은 방앗간 집 자식이랑 막 결혼할 예정입니다.	+2 지혜, +1 근력
6	누군가 여러분에게 실연당했습니다. 어쩌면 반대로 여러분이 실연당한 것일지도 모릅니다.	+2 매력, +1 건강
7	늙은 과부가 여러분에게 집안일을 도와달라고 부탁하곤 했습니다.	+1 근력, +1 지능, +1 매력
8	이 마을에 정착해서 살아가는 어느 역전의 용병이 여러분에게 몇 가지 가르침을 주었습니다.	+1 민첩성, +1 건강, +1 지혜

마녀는 여러분을 제자로 선택했고, 여러분은 수련을 시작했습니다. 여러분은 1레벨 마법사가 되며, 클래스 능력으로 마법 감지와 주문 사용, 기능: 약초 지식, 캔트립: 저주를 얻습니다. 다음 표는 여러분이 어떤 주문을 더 익히는지 정합니다. 여러분은 마녀 밑에서 수련을 하는 동안 어떤 일을 겪었나요?

1d6	마녀가 여러분을 제자로 삼은 첫 계기는 무엇인가요?	습득
1	마녀는 여러분 머릿속에 가득한 옛 이야기와 전승에 감명을 받았습니다.	+3 지능, 기능: 민간전승
2	증류기를 가진 여섯살짜리 아이는 여러분 밖에 없었습니다.	+3 매력, 기능: 양조
3	여러분은 어디를 가든 존중받았습니다.	+3 지능, 기능: 위협
4	마녀가 거니는 숲은 여러분의 안마당이나 다름없습니다.	+3 지혜, 기능: 생존술
5	여러분의 손재주.	+3 민첩성, 기능: 원하는 직업 기능 하나 선택
6	여러분은 항상 마을의 아픈 사람들을 돌보았습니다.	+3 건강, 기능: 약초 지식

1d6	마녀는 어떤 힘을 가졌나요?	습득
1	빛과 소리의 힘. 마녀는 다음 마법을 가르쳐주었습니다: 주술: 고급 환상, 의식: 안개 모으기, 캔트립: 환상 짜기	+2 민첩성, 주문 (왼쪽 항목)
2	짐승의 힘. 마녀는 다음 마법을 가르쳐주었습니다: 주술: 무리 소환, 의식: 패밀리어 엮기, 캔트립: 짐승 소통	+2 지혜, 주문 (왼쪽 항목)
3	영과 보이지 않는 세계의 힘. 마녀는 다음 마법을 가르쳐주었습니다: 주술: 속삭이는 바람, 의식: 투명 하인, 캔트립: 영혼 시야	+2 지능, 주문 (왼쪽 항목)
4	육체와 건강의 힘. 마녀는 다음 마법을 가르쳐주었습니다: 주술: 치유의 손길, 의식: 치유의 딸기, 캔트립: 축복	+2 지혜, 주문 (왼쪽 항목)
5	성장의 힘. 마녀는 다음 마법을 가르쳐주었습니다: 주술: 자취 없는 걸음, 의식: 힘의 지팡이 캔트립: 드루이드의 손길	+2 건강, 주문 (왼쪽 항목)
6	사람의 힘. 마녀는 다음 마법을 가르쳐주었습니다: 주술: 본성 감지, 의식: 마녀의 파수꾼, 캔트립: 축복	+2 매력, 주문 (왼쪽 항목)

121

1d6	마녀는 여러분을 엄격하게 가르쳤습니다. 여러분은 어떻게 자신을 증명했나요? 여러분의 오른편 플레이어는 그 자리에 함께 있었습니다.	습득
1	지난 여름 여러분은 숲속에서 산적의 습격을 받은 마녀를 보호하고 위험을 피하도록 도왔습니다. 오른편 친구는 여러분이 마녀의 도주를 돕는 동안 여러분과 함께 산적을 격퇴했고, *+1 근력*을 얻습니다.	+2 근력, 주술: 신비한 방패
2	여러분은 수년간 침착하고 참을성 있게 마녀를 도왔고, 마녀의 **지혜**와 권위에 결코 의문을 표하지 않았습니다. 오른편 친구는 여러분이 불안에 사로잡힐 때마다 마음을 가라앉혀 주곤 했고, *+1 지혜*를 얻습니다.	+2 지혜, 주술: 평화의 성역
3	여러분은 오랫동안 마녀를 지켜보면서 마녀가 키운 정원의 모든 비밀을 파악했습니다. 오른편 친구는 정원에서 여러분과 시간을 보내면서 여러분 곁에서 함께 비밀을 익혔고, *+1 지능*을 얻습니다.	+2 지능, 주술: 속박
4	비록 마녀가 사람들을 돕기는 했지만, 미신에 사로잡힌 마을 사람들은 마녀를 결코 신뢰하지 않았습니다. 여러분은 어느 해 마을에 가뭄이 들자 마녀를 쫓아내자는 사람들에게 맞서 마녀를 변호했습니다. 오른편 친구는 열띤 목소리로 여러분 편을 들었고, *+1 매력*을 얻습니다.	+2 매력, 주술: 포박의 시선
5	여러분은 마녀가 숲에 갈 때마다 항상 주의를 기울였고, 그 덕분에 숲에 있는 숨은 길과 신비한 장소를 모두 익혔습니다. 오른편 친구는 여러분과 함께 숨겨진 길을 탐사하곤 했고, *+1 지능*을 얻습니다.	+2 지능, 주술: 속박
6	어느날 마녀가 깊은 명상에 빠졌을 때 낯선 자가 나타나 마녀를 강탈하려 했습니다. 여러분은 그 사람의 허를 찔러서 겁먹고 도망치게 했습니다. 오른편 친구는 여러분을 도와 강도를 무찔렀고, *+1 매력*을 얻습니다.	+2 매력, 주술: 두려운 존재감

1d6	마녀는 지금 어디 있나요?	습득
1	언제나처럼 지금도 여전히 마을에서 일합니다.	+2 지능, 은화 +4d6냥, 치유의 물약 1개
2	마녀는 어느날 감쪽같이 자취를 감추었습니다. 마녀가 어디 있는지는 여러분조차 알 수 없습니다.	+2 지혜, 마녀의 오두막
3	최근 어둠의 영이 여러분을 노리고 왔습니다. 마녀는 여러분을 지키고 영을 쫓아내는 과정에서 목숨을 잃었습니다.	+2 건강, 새까맣게 탄 마녀의 지팡이
4	마녀는 며칠 전에 사절로서 떠났고, 여러분에게 이 마을을 맡겼습니다.	+2 매력, 여러분의 권위를 나타내는 은색 브로치
5	마녀는 몸을 숨기고 무언가 비밀스러운 일을 하고 있습니다.	+2 지능, 여러분의 길을 밝혀주는 작은 수정
6	마녀는 몇 개월 동안 위험한 지경에 빠진 임산부를 보살피고 있습니다.	+2 지혜, 행운의 부적

——— 캐릭터 시트를 채우세요! ———

1. 캐릭터 이름과 클래스, 레벨을 적으세요.

2. 능력치를 적으세요. 각 능력치 옆에 다음 쪽에 나온 능력치 보너스를 적으세요.

3. 캐릭터의 기능과 클래스 능력, 초기 장비 및 구입하고 싶은 물건을 적으세요. 마녀의 제자는 다음 장비를 가지고 시작합니다: 단도, 소박한 옷, 화려한 망토나 모자, 작은 악기, 은화 4d6냥.

4. 가치관을 하나 선택하세요. 캐릭터는 질서, 혼돈, 중립 중 하나입니다. 정하지 못하겠다면 대부분의 사람이 그렇듯 중립을 선택하세요.

5. 클래스에 따라 기본 공격 보너스를 받습니다. 1레벨 마법사는 +0입니다.

6. 행동 순서는 캐릭터 레벨+민첩성 보너스+0(마법사) 입니다.

7. 캐릭터의 **장갑** 수치는 10+민첩성 수정치+캐릭터가 받는 장갑 보너스입니다.

8. 캐릭터의 **행운 점수**는 3점입니다.

9. 캐릭터의 HP는 6+건강 보너스입니다.

10. 다음 쪽에 나온 극복 판정 수치를 적으세요.

11. 캐릭터가 사용할 법한 무기의 수치를 '명중 보너스'와 '피해' 항목에 적으세요. 근접 무기 명중 보너스는 기본 공격 보너스+**근력** 보너스이며, 장거리 무기 공격 보너스는 기본 공격 보너스+**민첩성** 보너스입니다. 근력 보너스는 근접 무기의 피해에도 더합니다.

참고 사항

판정

능력치 판정: d20을 굴린 다음 주사위 결과를 관련 능력치와 비교하세요. 주사위 결과가 능력치와 같거나 낮다면 성공입니다. 주사위 결과가 능력치보다 높다면 실패입니다.

극복 판정: d20을 굴립니다. 주사위 결과가 극복 판정 수치와 같거나 높다면 성공입니다.

전투 판정: d20을 굴린 다음, 관련 공격 보너스를 더합니다. 상대의 **장갑** 수치와 비교하세요. 판정 결과가 상대 **장갑** 수치와 같거나 높다면 공격은 명중합니다. 판정 결과가 **장갑** 수치보다 낮다면 빗나갑니다.

클래스 능력

체력 주사위: d6
행동 순서 보너스: +0
갑옷: 마녀의 제자는 갑옷을 입을 수 없습니다.

주문 사용: 마녀의 제자는 캔트립, 주술, 의식이라는 서로 다른 세 가지 방식으로 마법의 힘을 사용할 수 있습니다. 캐릭터는 캔트립 두 개, 주술 두 개, 의식 한 개를 가지고 시작합니다. 캐릭터가 처음 가지고 시작하는 주문은 플레이북을 참조하세요.

마법 감지: 마녀의 제자는 선천적으로 마법을 민감하게 느끼기 때문에, 특정한 사람이나 장소, 또는 물건에 마법의 기운이 깃들여 있는지 알아낼 수 있습니다. 마법을 감지하려면 몇 분 정도 집중해야 하므로, 단순히 보는 것만으로는 대상이 마법적인 기운을 띄고 있는지 알 수 없습니다. 사람들은 캐릭터가 자신들을 강렬하게 지켜보거나 식사 시간이 되도 음식에 집중하지 않는 모습을 보고 마법을 감지하려 한다는 것을 쉽게 알아차릴 수 있습니다. 마스터는 캐릭터가 유난히 강력한 마법 근처에 있다면 즉시 마법의 기운을 알아차릴 수 있다고 정할 수 있습니다.

행운 점수

캐릭터는 행운 점수를 다음 방식으로 사용할 수 있습니다.

친구 돕기: 보통, 캐릭터는 관련 기능이 있어야만 친구의 능력치 판정을 도울 수 있습니다. 하지만 행운 점수를 1점 쓴다면, 해당 판정에 활용할 수 있는 적합한 기능이 없더라도 친구를 도와 판정에 +2 보너스를 줄 수 있습니다.

재도전: 캐릭터는 행운 점수를 1점 써서 능력치 판정이나 극복 판정, 명중 판정처럼 플레이 중에 일어나는 실패한 판정을 다시 굴릴 수 있습니다.

죽음 속이기: 죽을 위기에 처한 캐릭터는 행운 점수를 1점 써서 HP를 0으로 안정시키고 추가 피해를 받지 않을 수 있습니다.

능력치	보너스
1	-4
2-3	-3
4-5	-2
6-8	-1
9-12	0
13-15	+1
16-17	+2
18-19	+3

레벨	경험치	기본 공격 보너스	독 극복	입김 무기 극복	신체 변형 극복	주문 극복	마법 물품 극복
1	0	+0	14	15	13	12	11
2	2,500	+1	14	15	13	12	11
3	5,000	+1	14	15	13	12	11
4	10,000	+2	14	15	13	12	11
5	20,000	+2	14	15	13	12	11
6	40,000	+3	13	13	11	10	9
7	80,000	+3	13	13	11	10	9
8	150,000	+4	13	13	11	10	9
9	300,000	+4	13	13	11	10	9
10	450,000	+5	13	13	11	10	9

기사 지망생 플레이북

여러분은 초롱초롱한 눈을 하고 불가에 앉아, 용을 죽이고 왕국을 구한 기사와 영웅들의 이야기를 들으며 자랐습니다. 물론 다른 아이들도 기사 이야기를 좋아하기는 했지만, 여러분은 아예 이야기 속에서 살다시피 했습니다. 그리고 언젠가 커서 자신도 그와 같은 위대한 기사가 되겠다고 다짐했지요.

여러분은 힘세고 용감합니다. 여러분의 근력은 12에서 시작하며, 나머지 능력치는 8로 시작합니다.

여러분은 어린 시절을 어떻게 보냈나요?

1d12	부모는 마을에서 어떻게 살았나요? 여러분은 무엇을 배웠나요?	습득
1	여러분은 고아입니다. 참 어렵게 살았지요.	+2 지혜, +2 건강, +1 지능
2	마땅한 이유이든 억울한 이유이든, 아버지가 추방자였습니다.	+2 지능, +1 지혜, +1 건강, 기능: 생존술
3	부모가 어부였고, 여러분은 강가에서 지냈습니다.	+2 민첩성, +1 근력, +1 지혜, 기능: 낚시
4	가족이 마을 바깥에서 작은 농장을 꾸렸습니다.	+2 건강, +1 지혜, +1 매력, 기능: 농사
5	아버지는 지역 대장장이였고, 여러분에게 망치와 풀무질을 가르쳤습니다.	+2 근력, +1 민첩성, +1 매력, 기능: 대장장이
6	이전에 아버지가 했던 것처럼 여러분도 양을 몰고 산으로 갔습니다.	+2 건강, +1 민첩성, +1 지혜, +1 근력
7	부모는 이 지역 여관을 운영했습니다. 여러분은 여러 여행자들을 만나고 그들의 이야기를 들으면서 자랐습니다.	+2 매력, +1 지능, +1 민첩성, +1 지혜
8	여러분은 마치 운명의 여신처럼 베틀로 실을 자르거나 꼬았습니다.	+2 민첩성, +1 지능, +1 매력, 기능: 방직
9	부모 중 누군가가 옛 이야기를 보관하고 전승했습니다. 여러분 머릿속은 부모에게 배운 이야기로 가득 찼습니다.	+2 지능, +1 매력, +1 지혜, 기능: 민간전승
10	아버지는 파수꾼이었습니다. 누구에게나 엄하지만 공정하게 대했습니다.	+2 근력, +1 매력, +1 건강, 기능: 운동
11	여러분은 숲으로 가서 약초와 산딸기를 모으곤 했습니다.	+2 지혜, +1 건강, +1 민첩성, 기능: 약초 지식
12	아버지가 지역 상인이었습니다. 여러분은 가격을 매기고 사람들을 끌어모으는 법을 배웠습니다.	+2 매력, +1 지능, +1 민첩성, 기능: 흥정

1d8	여러분은 어릴 적 어느 점이 남달랐나요?	습득
1	때로 아이들은 싸우곤 하지요. 여러분은 절대 진 적이 없습니다.	+2 근력, +1 지혜
2	여러분이 이기지 못하는 시합은 없었습니다.	+2 민첩성, +1 지능
3	여러분은 이 근방에서 가장 튼튼한 아이였습니다.	+2 건강, +1 매력
4	여러분이 모르는 비밀은 없었습니다.	+2 지능, +1 민첩성
5	여러분은 공감을 잘 해주었기 때문에 사람들이 이런저런 이야기를 털어놓았습니다.	+2 지혜, +1 건강
6	여러분은 누구에게나 사랑받았습니다.	+2 매력 +1 근력
7	여러분은 남의 문제를 잘 해결해주었지만, 자기 사정은 털어놓지 않았습니다.	+1 근력, +1 건강, +1 매력
8	사람들은 저마다 가르칠 것이 있습니다. 여러분은 여러 사람들에게 이런 저런 것들을 조금씩 배웠습니다.	+1 민첩성, +1 지능, +1 지혜

1d8	여러분은 자라면서 다른 플레이어 캐릭터들과 깊은 우정을 맺었습니다. 다른 마을 사람 중에서는 누구와 친하게 지냈나요?	습득
1	대장장이와 함께 일하는 동안에는 모든 시름을 잊었습니다.	+2 근력, +1 매력
2	어부들은 여러분을 마음에 들어 해서 서로 이야기를 주고받았습니다.	+2 민첩성, +1 지혜
3	여러분은 사냥꾼들과 야영을 하곤 했습니다.	+2 건강, +1 지능
4	마을의 어르신들은 여러분에게 고대의 체스를 가르쳤습니다.	+2 지능, +1 민첩성
5	여러분은 방앗간 집 자식이랑 막 결혼할 예정입니다.	+2 지혜, +1 근력
6	누군가 여러분에게 실연당했습니다. 어쩌면 반대로 여러분이 실연당한 것일지도 모릅니다.	+2 매력, +1 건강
7	늙은 과부가 여러분에게 집안일을 도와달라고 부탁하곤 했습니다.	+1 근력, +1 지능, +1 매력
8	이 마을에 정착해서 살아가는 어느 역전의 용병이 여러분에게 몇 가지 가르침을 주었습니다.	+1 민첩성, +1 건강, +1 지혜

나이가 들면서 여러분은 위대한 기사가 되기 위한 여정에 나섰습니다. 여러분은 1레벨 전사가 되며, 클래스 능력으로 무기 숙련과 특기, 기능: 기마술을 얻습니다. 다음 표는 여러분의 클래스 능력을 더욱 명확하게 정합니다. 여러분은 어떻게 여정에 나섰나요?

1d6	여러분은 무기 실력을 어떻게 갈고 닦았나요?	습득
1	때때로 북쪽의 약탈자들이 마을을 습격하곤 했습니다. 여러분은 항상 맨 먼저 자원해서 마을을 지키기 위해 싸웠습니다.	+3 근력, 기능: 지휘
2	사실 여러분은 아직 검증되지 못한 풋내기지만, 때때로 허세를 부리곤 합니다.	+3 매력, 기능: 속임수
3	여러분은 오랜 시간동안 말을 타면서 홀로 연습했습니다.	+3 건강, 기능: 기마술
4	진짜 기사가 마을에 와서 잠시 동안 여러분과 친구가 되었습니다.	+3 매력, 기능: 예의범절
5	남쪽의 상인들이 마을에 왔을 때, 여러분은 오래된 전사의 훈련 교본을 구했고, 그 후 매일 그 책을 공부했습니다.	+3 지능, 기능: 군사 역사
6	징집된 부대의 궁사들과 함께 첫 실전을 겪었습니다.	+3 민첩성, 기능: 음주

1d6	여러분은 어떤 전투 방식을 선호하나요?	습득
1	교묘한 칼솜씨와 재빠른 방어. 무기 숙련 능력으로 장검을 선택합니다.	+2 민첩성, 무기 숙련 (왼쪽 항목)
2	장엄한 기마 돌격. 무기 숙련 능력으로 기병창을 선택합니다.	+2 근력, 무기 숙련 (왼쪽 항목)
3	꾸준하고 끊임없는 압박. 무기 숙련 능력으로 철퇴를 선택합니다.	+2 건강, 무기 숙련 (왼쪽 항목)
4	가차없는 공격. 무기 숙련 능력으로 전투 도끼를 선택합니다.	+2 근력, 무기 숙련 (왼쪽 항목)
5	현란한 베기. 무기 숙련 능력으로 장검을 선택합니다.	+2 매력, 무기 숙련 (왼쪽 항목)
6	무시무시한 위협과 무거운 일격. 무기 숙련 능력으로 대형검을 선택합니다.	+2 건강, 무기 숙련 (왼쪽 항목)

1d6	언제 처음으로 상대의 피를 봤나요? 여러분의 오른편 플레이어는 그 자리에 함께 있었습니다.	습득
1	여러분은 아직 경험이 없지만, 이미 경험이 있는 척합니다. 오른편 친구는 때때로 여러분이 허세를 부리는 것을 도와주곤 했고, +1 매력을 얻습니다.	+2 매력, 특기: 방어형 전투
2	어느날 밤, 여러분은 마을을 지나면서 호시탐탐 기회를 노리던 어느 사악한 폭력배를 기습 공격했습니다. 오른편 친구는 여러분의 기습을 도와주었고, +1 지능을 얻습니다.	+2 지능, 특기: 속도
3	여러분은 훈련 중에 불의의 사고로 상대를 죽였습니다. 오른편 친구는 이후 여러분이 똑같은 실수를 저지르기 직전 여러분을 막아 주었고, +1 근력을 얻습니다.	+2 근력, 특기: 무기 전문가
4	어느 불량배가 여러분의 연인을 공격했을 때, 여러분은 마치 고대의 왕처럼 대단한 위압감을 뿜어내며 싸웠습니다. 오른편 친구는 여러분을 도와 악당을 격퇴했고, +1 매력을 얻습니다.	+2 매력, 특기: 강한 일격
5	어느 우쭐거리는 이방인이 여러분에게 결투를 신청했고, 여러분은 본때를 보여주었습니다. 오른편 친구는 이방인의 동료가 결투에 끼어들려는 것을 방해했고, +1 민첩성을 얻습니다.	+2 민첩성, 특기: 무기 숙련
6	어느 산적이 길가에서 마을 사람들을 강탈하고 다니자, 여러분은 그의 강도짓을 끝내기로 결심했습니다. 오른편 친구는 여러분과 함께 2주 동안 길을 떠돌면서 산적을 잡았고, +1 건강을 얻습니다.	+2 건강, 특기: 저항력

1d6	이제 여러분은 준비가 되었습니다. 어떻게 업적을 쌓을 건가요?	습득
1	용을 죽일 겁니다. 용이 있는 곳으로 인도해줄 것이라 생각되는 지도도 있습니다.	+2 근력, 낡은 지도
2	평민들의 존경과 사랑을 얻은 다음, 왕에게 기사 직위를 받을 것입니다.	+2 매력, 빛나는 투구
3	옛날 이야기에서 나온 것처럼 공주를 구할 것입니다. 하지만 먼저 공주를 찾아야겠지요.	+2 매력, 금실로 수놓은 상의
4	여러분만의 왕국을 정복할 것입니다.	+2 근력, 은화 +2d6냥, 귀족 이름
5	이야기 속에서 들었던 고대의 악을 없앨 것입니다.	+2 건강, 낡은 두루마리
6	머나먼 땅으로 떠나는 길에 모험을 끊임없이 찾아 헤맬 것입니다.	+2 건강, 자철석

캐릭터 시트를 채우세요!

1. 캐릭터 이름과 클래스, 레벨을 적으세요.

2. 능력치를 적으세요. 각 능력치 옆에 다음 쪽에 나온 능력치 보너스를 적으세요.

3. 캐릭터의 기능과 클래스 능력, 초기 장비 및 구입하고 싶은 물건을 적으세요. 기사 지망생은 다음 장비를 가지고 시작합니다: 단검, 농부의 옷, 여러분의 말, 선호하는 무기, 가죽 갑옷(+2 장갑), 말에게 먹일 나흘치 식량, 은화 4d6냥

4. 가치관을 하나 선택하세요. 캐릭터는 질서, 혼돈, 중립 중 하나입니다. 정하지 못하겠다면 대부분의 사람이 그렇듯 중립을 선택하세요.

5. 클래스에 따라 기본 공격 보너스를 받습니다. 1레벨 전사는 +1입니다.

6. 행동 순서는 캐릭터 레벨+민첩성 보너스+1(전사) 입니다.

7. 캐릭터의 장갑 수치는 10+민첩성 수정치+캐릭터가 받는 장갑 보너스입니다.

8. 캐릭터의 행운 점수는 3점입니다.

9. 캐릭터의 HP는 10+건강 보너스입니다.

10. 다음 쪽에 나온 극복 판정 수치를 적으세요.

11. 캐릭터가 사용할 법한 무기의 수치를 '명중 보너스'와 '피해' 항목에 적으세요. 근접 무기 명중 보너스는 기본 공격 보너스+근력 보너스이며, 장거리 무기 공격 보너스는 기본 공격 보너스+민첩성 보너스입니다. 근력 보너스는 근접 무기의 피해에도 더합니다. 무기 숙련으로 받는 보너스를 잊지 마세요!

참고 사항

판정

능력치 판정: d20을 굴린 다음 주사위 결과를 관련 능력치와 비교하세요. 주사위 결과가 능력치와 같거나 낮다면 성공입니다. 주사위 결과가 능력치보다 높다면 실패입니다.

극복 판정: d20을 굴립니다. 주사위 결과가 극복 판정 수치와 같거나 높다면 성공입니다.

전투 판정: d20을 굴린 다음, 관련 공격 보너스를 더합니다. 상대의 장갑 수치와 비교하세요. 판정 결과가 상대 장갑 수치와 같거나 높다면 공격은 명중합니다. 판정 결과가 장갑 수치보다 낮다면 빗나갑니다.

클래스 능력

체력 주사위: d10
행동 순서 보너스: +1
갑옷: 기사 지망생은 아무 갑옷이나 입을 수 있습니다.

무기 숙련: 기사 지망생은 특별하게 잘 다루는 선호 무기가 있습니다. 캐릭터가 잘 다루는 무기는 플레이북에 있습니다. 캐릭터는 선택한 무기를 들고 싸울 때 명중에 +1 보너스, 피해에 +2 보너스를 받습니다.

특기: 기사 지망생은 경험을 쌓으면서 몇 가지 재주를 얻어 좀 더 강해질 수 있습니다. 캐릭터가 받는 첫 번째 특기는 플레이북에 있습니다. 이후 얻을 다음 특기는 p.10을 참조하세요.

행운 점수

캐릭터는 행운 점수를 다음 방식으로 사용할 수 있습니다.

친구 돕기: 보통, 캐릭터는 관련 기능이 있어야만 친구의 능력치 판정을 도울 수 있습니다. 하지만 행운 점수를 1점 쓴다면, 해당 판정에 활용할 수 있는 적합한 기능이 없더라도 친구를 도와 판정에 +2 보너스를 줄 수 있습니다.

재도전: 캐릭터는 행운 점수를 1점 써서 능력치 판정이나 극복 판정, 명중 판정처럼 플레이 중에 일어나는 실패한 판정을 다시 굴릴 수 있습니다.

죽음 속이기: 죽을 위기에 처한 캐릭터는 행운 점수를 1점 써서 HP를 0으로 안정시키고 추가 피해를 받지 않을 수 있습니다.

능력치	보너스
1	-4
2-3	-3
4-5	-2
6-8	-1
9-12	0
13-15	+1
16-17	+2
18-19	+3

레벨	경험치	기본 공격 보너스	독 극복	입김 무기 극복	신체 변형 극복	주문 극복	마법 물품 극복
1	0	+1	14	17	15	17	16
2	2,000	+2	14	17	15	17	16
3	4,000	+3	13	16	14	14	15
4	8,000	+4	13	16	14	14	15
5	16,000	+5	11	14	12	12	13
6	32,000	+6	11	14	12	12	13
7	64,000	+7	10	13	11	11	12
8	120,000	+8	10	13	11	11	12
9	240,000	+9	8	11	9	9	10
10	360,000	+10	8	11	9	9	10

젊은 숲사람 플레이북

여러분은 숲을 떠도는 용감한 사냥꾼이자, 채집자, 수호자입니다. 여러분은 다른 마을 사람들이 감히 들어가지 못하는 곳으로 거침없이 발을 디딜 뿐만 아니라, 마치 집에 가는 것처럼 편안하게 느낍니다. 여러분은 주변 몇 마일 반경의 잔가지와 풀잎까지 하나하나 꿰고 있기 때문에, 모든 친구들은 집을 떠날 때 여러분이 길을 인도해주기를 바랍니다.

여러분은 날래며 현명합니다. 여러분의 **민첩성**과 **지혜**는 10에서 시작하며, 나머지 능력은 8에서 시작합니다.

여러분은 어린 시절을 어떻게 보냈나요?

1d12	부모는 마을에서 어떻게 살았나요? 여러분은 무엇을 배웠나요?	습득
1	여러분은 고아입니다. 참 어렵게 살았지요.	+2 지혜, +2 건강, +1 지능
2	마땅한 이유이든 억울한 이유이든, 아버지가 추방자였습니다.	+2 지능, +1 지혜, +1 건강, 기능: 생존술
3	부모가 어부였고, 여러분은 강가에서 지냈습니다.	+2 민첩성, +1 근력, +1 지혜, 기능: 낚시
4	가족이 마을 바깥에서 작은 농장을 꾸렸습니다.	+2 건강, +1 지혜, +1 매력, 기능: 농사
5	아버지는 지역 대장장이였고, 여러분에게 망치와 풀무질을 가르쳤습니다.	+2 근력, +1 민첩성, +1 매력, 기능: 대장장이
6	이전에 아버지가 했던 것처럼 여러분도 양을 몰고 산으로 갔습니다.	+2 건강, +1 민첩성, +1 지혜, +1 근력
7	부모는 이 지역 여관을 운영했습니다. 여러분은 여러 여행자들을 만나고 그들의 이야기를 들으면서 자랐습니다.	+2 매력, +1 지능, +1 민첩성, +1 지혜
8	여러분은 마치 운명의 여신처럼 베틀로 실을 자르거나 꼬았습니다.	+2 민첩성, +1 지능, +1 매력, 기능: 방직
9	부모 중 누군가가 옛 이야기를 보관하고 전승했습니다. 여러분 머릿속은 부모에게 배운 이야기로 가득 찼습니다.	+2 지능, +1 매력, +1 지혜, 기능: 민간전승
10	아버지는 파수꾼이었습니다. 누구에게나 엄하지만 공정하게 대했습니다.	+2 근력, +1 매력, +1 건강, 기능: 운동
11	여러분은 숲으로 가서 약초와 산딸기를 모으곤 했습니다.	+2 지혜, +1 건강, +1 민첩성, 기능: 약초 지식
12	아버지가 지역 상인이었습니다. 여러분은 가격을 매기고 사람들을 끌어드리는 법을 배웠습니다.	+2 매력, +1 지능, +1 민첩성, 기능: 흥정

1d8	여러분은 어릴 적 어느 점이 남달랐나요?	습득
1	때로 아이들은 싸우곤 하지요. 여러분은 절대 진 적이 없습니다.	+2 근력, +1 지혜
2	여러분이 이기지 못하는 시합은 없었습니다.	+2 민첩성, +1 지능
3	여러분은 이 근방에서 가장 튼튼한 아이였습니다.	+2 건강, +1 매력
4	여러분이 모르는 비밀은 없었습니다.	+2 지능, +1 민첩성
5	여러분은 공감을 잘 해주었기 때문에 사람들이 이런저런 이야기를 털어놓았습니다.	+2 지혜, +1 건강
6	여러분은 누구에게나 사랑받았습니다.	+2 매력 +1 근력
7	여러분은 남의 문제를 잘 해결해주었지만, 자기 사정은 털어놓지 않았습니다.	+1 근력, +1 건강, +1 매력
8	사람들은 저마다 가르칠 것이 있습니다. 여러분은 여러 사람들에게 이런 저런 것들을 조금씩 배웠습니다.	+1 민첩성, +1 지능, +1 지혜

1d8	여러분은 자라면서 다른 플레이어 캐릭터들과 깊은 우정을 맺었습니다. 다른 마을 사람 중에서는 누구와 친하게 지냈나요?	습득
1	대장장이와 함께 일하는 동안에는 모든 시름을 잊었습니다.	+2 근력, +1 매력
2	어부들은 여러분을 마음에 들어 해서 서로 이야기를 주고받았습니다.	+2 민첩성, +1 지혜
3	여러분은 사냥꾼들과 야영을 하곤 했습니다.	+2 건강, +1 지능
4	마을의 어르신들은 여러분에게 고대의 체스를 가르쳤습니다.	+2 지능, +1 민첩성
5	여러분은 방앗간 집 자식이랑 막 결혼할 예정입니다.	+2 지혜, +1 근력
6	누군가 여러분에게 실연당했습니다. 어쩌면 반대로 여러분이 실연당한 것일지도 모릅니다.	+2 매력, +1 건강
7	늙은 과부가 여러분에게 집안일을 도와달라고 부탁하곤 했습니다.	+1 근력, +1 지능, +1 매력
8	이 마을에 정착해서 살아가는 어느 역전의 용병이 여러분에게 몇 가지 가르침을 주었습니다.	+1 민첩성, +1 건강, +1 지혜

여러분은 숲의 부름에 이끌려 대부분의 시간을 마을 밖에서 보냈습니다. 여러분은 1레벨 도적이 되며, 클래스 능력으로 운명의 총애와 숙련된 솜씨, 기능: 생존술을 얻습니다. 다음 표는 여러분이 어떤 기능을 더 익히는지 정합니다. 여러분은 야생에서 무엇을 배웠나요?

1d6	여러분은 어떤 종류의 숲사람인가요?	습득
1	야생에서 큰 사냥감을 잡습니다.	+3 근력, 기능: 사냥
2	마을 주변의 위험한 길과 도로를 감시합니다.	+3 건강, 기능: 경계
3	시끌벅적한 마을은 괴롭기 때문에 야생에서 평안을 찾습니다.	+3 건강, 기능: 생존술
4	여러분은 소리없이 야생을 떠돌아다닙니다.	+3 민첩성, 기능: 은신
5	여러분은 몇날 며칠동안 지치지 않고 사냥감을 뒤쫓는 추적자입니다.	+3 건강, 기능: 추적
6	여러분은 뛰어난 덫 사냥꾼입니다. 절대 빈 손으로 돌아가는 법이 없지요.	+3 지혜, 기능: 덫

1d6	여러분의 숨겨진 재능은?	습득
1	감정이 풍부한 목소리.	+2 매력, 기능: 노래
2	단순한 기능.	+2 지혜, 원하는 직업 기능 하나 선택
3	옛 전승을 모읍니다.	+2 지능, 기능: 고대 역사
4	음악 재능	+2 기능, 원하는 악기 기능 하나 선택
5	사냥감의 가죽을 벗깁니다.	+2 근력, 기능: 무두질
6	훌륭한 스튜를 만듭니다.	+2 민첩성, 기능: 요리

1d6	여러분은 어떻게 마을 사람들에게 자신이 쓸 만한 인재임을 입증했나요? 여러분의 오른편 플레이어는 여러분을 돕곤 했습니다.	습득
1	여러분은 야생에서 오랫동안 걸으면서 약초를 채집했습니다. 오른편 친구는 때때로 여러분과 같이 동행했으며, +1 건강을 얻습니다.	+2 건강, 기능: 약초 지식
2	숲 속에는 아무도 모르는 길들이 많습니다. 여러분은 이 길들을 감시했지만, 언제나 홀로 일했던 것은 아닙니다. 오른편 친구는 때때로 여러분과 시간을 보내며 같이 보초를 섰고, +1 근력을 얻습니다.	+2 근력, 기능: 경계
3	겨울에는 때때로 식량창고가 바닥이 납니다. 여러분은 어려운 시기에 고기를 조달했습니다. 오른편 친구는 지난 겨울에 여러분과 함께 멧돼지를 사냥했고, +1 민첩성을 얻습니다.	+2 민첩성, 기능: 사냥
4	때때로 남쪽의 군대가 멀리 떨어진 길을 행군하곤 합니다. 군대가 올 때면 여러분은 들키지 않은 채 그들을 감시했습니다. 오른편 친구는 지난 여름 여러분과 함께 나가 군대의 일거수 일투족을 감시했고, +1 민첩성을 얻습니다.	+2 민첩성, 기능: 은신
5	여러분은 치료사에게 귀한 약초를 가져다주면서 일을 도왔습니다. 오른편 친구는 여러분과 함께 치료사를 도왔고, +1 지혜를 얻습니다.	+2 지혜, 기능: 약초 지식
6	여러분은 마을 사람들을 위해 때때로 위험한 동물을 제거했습니다. 오른편 친구는 여러분을 도와 마을을 위협하는 굶주린 늑대 떼를 추적한 적이 있고, +1 지능을 얻습니다.	+2 지능, 기능: 추적

1d6	숲속에서 여러분은 오직 여러분만이 아는 어떤 것을 찾았나요?	습득
1	여러분은 어느 늙은 떡갈나무 아래에서 튼튼한 상자를 발견했습니다. 상자 안에는 커다란 보석이 있었지만, 여러분은 그 보석을 구매할 수 있을 만큼 충분한 돈을 가진 사람을 만난 적이 없습니다.	+2 민첩성, 커다란 루비
2	덩굴로 뒤덮인 바위투성이 강가에서 출입구가 여러 개 있는 깊고 복잡한 굴을 발견했습니다.	+2 지능, 여러분만의 굴
3	낙뢰를 맞아 쪼개진 마가목 안에서 반짝반짝 빛나는 무언가를 발견했습니다. 버려졌지만, 무언가 마음이 끌리는 검입니다.	+2 근력, 마법의 검
4	오래된 길들을 여러분보다 더 잘 아는 이상한 친구.	+2 매력, 종종 모습을 감추곤 하는 기이한 협력자.
5	오랫동안 버려졌지만 최근 누군가가 차지한, 이국의 돌로 만든 어느 기이한 유적.	+2 건강, 고대의 대리석 조각상 일부
6	여러분은 우연히 숲의 어두운 중심부에 들어갔습니다. 하늘이 어둡게 변하고, 나무가 여러분에게 가지를 뻗었습니다.	+2 건강, 뒤틀린 주목나무 가지

캐릭터 시트를 채우세요!

1. 캐릭터 이름과 클래스, 레벨을 적으세요.

2. 능력치를 적으세요. 각 능력치 옆에 다음 쪽에 나온 능력치 보너스를 적으세요.

3. 캐릭터의 기능과 클래스 능력, 초기 장비 및 구입하고 싶은 물건을 적으세요. 젊은 숲사람은 다음 장비를 가지고 시작합니다: 단도, 실용적인 옷, 가죽 갑옷 (+2 장갑), 두꺼운 망토, 부싯돌과 부싯깃, 물주머니, 선택한 무기 하나, 은화 4d6냥.

4. 가치관을 하나 선택하세요. 캐릭터는 질서, 혼돈, 중립 중 하나입니다. 정하지 못하겠다면 대부분의 사람이 그렇듯 중립을 선택하세요.

5. 클래스에 따라 기본 공격 보너스를 받습니다. 1레벨 도적은 +0입니다.

6. 행동 순서는 캐릭터 레벨+민첩성 보너스+2(도적) 입니다.

7. 캐릭터의 장갑 수치는 10+민첩성 수정치+캐릭터가 받는 장갑 보너스입니다.

8. 캐릭터의 행운 점수는 5점입니다.

9. 캐릭터의 HP는 8+건강 보너스입니다.

10. 다음 쪽에 나온 극복 판정 수치를 적으세요.

11. 캐릭터가 사용할 법한 무기의 수치를 '명중 보너스'와 '피해' 항목에 적으세요. 근접 무기 명중 보너스는 기본 공격 보너스+근력 보너스이며, 장거리 무기 공격 보너스는 기본 공격 보너스+민첩성 보너스입니다. 근력 보너스는 근접 무기의 피해에도 더합니다.

참고 사항

판정

능력치 판정: d20을 굴린 다음 주사위 결과를 관련 능력치와 비교하세요. 주사위 결과가 능력치와 같거나 낮다면 성공입니다. 주사위 결과가 능력치보다 높다면 실패입니다.

극복 판정: d20을 굴립니다. 주사위 결과가 극복 판정 수치와 같거나 높다면 성공입니다.

전투 판정: d20을 굴린 다음, 관련 공격 보너스를 더합니다. 상대의 장갑 수치와 비교하세요. 판정 결과가 상대 **장갑** 수치와 같거나 높다면 공격은 명중합니다. 판정 결과가 **장갑** 수치보다 낮다면 빗나갑니다.

클래스 능력

체력 주사위: d8
행동 순서 보너스: +2
갑옷: 젊은 숲사람은 판금 갑옷보다 가벼운 갑옷을 입을 수 있습니다.

운명의 총애: 젊은 숲사람은 다른 사람들보다 운이 좋습니다. 캐릭터는 다른 클래스처럼 행운 점수를 3점 받는 대신, 5점 받습니다.

숙련된 솜씨: 젊은 숲사람은 1레벨에서 기능을 두 개 더 익히며 (여러분은 플레이북을 통해 이미 얻었습니다), 이후 매 홀수 레벨마다 (3, 5, 7, 9레벨) 추가로 기능을 하나씩 더 익힙니다. 캐릭터는 새로운 기능을 익히는 대신 이미 가진 기능의 실력을 향상시킬 수도 있습니다. 이 경우 해당 기능으로 받는 보너스는 +2가 증가합니다.

행운 점수

캐릭터는 행운 점수를 다음 방식으로 사용할 수 있습니다.

친구 돕기: 보통, 캐릭터는 관련 기능이 있어야만 친구의 능력치 판정을 도울 수 있습니다. 하지만 행운 점수를 1점 쓴다면, 해당 판정에 활용할 수 있는 적합한 기능이 없더라도 친구를 도와 판정에 +2 보너스를 줄 수 있습니다.

재도전: 캐릭터는 행운 점수를 1점 써서 능력치 판정이나 극복 판정, 명중 판정처럼 플레이 중에 일어나는 실패한 판정을 다시 굴릴 수 있습니다.

죽음 속이기: 죽을 위기에 처한 캐릭터는 행운 점수를 1점 써서 HP를 0으로 안정시키고 추가 피해를 받지 않을 수 있습니다.

능력치	보너스
1	-4
2-3	-3
4-5	-2
6-8	-1
9-12	0
13-15	+1
16-17	+2
18-19	+3

레벨	경험치	기본 공격 보너스	독 극복	입김 무기 극복	신체 변형 극복	주문 극복	마법 물품 극복
1	0	+0	13	16	13	15	14
2	1,500	+1	13	16	13	15	14
3	3,000	+1	13	16	12	15	14
4	6,000	+2	13	16	12	15	14
5	12,000	+3	12	15	11	13	12
6	25,000	+3	12	15	11	13	12
7	50,000	+4	12	15	11	13	12
8	100,000	+5	12	15	11	13	12
9	200,000	+5	11	14	9	11	10
10	300,000	+6	11	14	9	11	10

성난 요정 시나리오 묶음

마을 근처 숲에 자리잡은 요정 궁정이 마을 사람 중 누군가에게 크게 분노했습니다. 이제 요정들은 친구와 가족들 사이에 불화의 씨앗을 뿌리기 시작했고, 마을 사람들의 평화로운 삶은 엉망진창으로 바뀌었습니다. 여러분과 친구들은 이 끔찍한 상황을 해결하기 위해 요정들을 달래거나, 제압할 방법을 찾아야 합니다.

마스터는 이 시나리오 묶음에 있는 예시 이름과 요정 및 요정 군주의 특징, 예시 괴물, 그리고 몇 가지 표를 사용해 플레이어들이 캐릭터를 만드는 동안 재빨리 모험을 준비할 수 있습니다.

만약 즉석에서 사람이나 장소의 이름을 만들어야 한다면, 아래 표를 참조하세요. 이 시나리오 묶음에서는 기본적으로 켈트풍 이름을 사용합니다.

1d6	마을 이름
1	아폰웬
2	케얼레온
3	글린니스
4	헤이
5	펨브로크
6	타이원

잊지 마세요!

 = 지도에 장소를 추가합니다.

 = 지도에 NPC를 추가합니다.

여러분은 플레이어들이 캐릭터 만들기에서 사건 표를 굴리는 동안, PC들의 마을이 어떤 곳인지, 어떤 사람들이 살고 있는지 여러 정보를 얻을 것입니다.

다음 표는 마을에 사는 사람들, 또는 캐릭터들의 이름을 만들 때 사용할 수 있습니다.

1d20	여성 이름	1d20	여성 이름	1d20	남성 이름	1d20	남성 이름
1	아일리스	11	킬린	1	암브로스	11	커윈
2	아리안호드	12	리아단	2	아라운	12	킬리안
3	케이트	13	마브	3	아르덴	13	류
4	클레어	14	마르타	4	베어드	14	매스
5	데어드레이	15	멜루신	5	케드릭	15	오웬
6	델라네이	16	모르간	6	데스몬드	16	프윌
7	에니드	17	리안논	7	이완	17	루악
8	에린	18	로즈	8	퍼거스	18	텔로어
9	피오라	19	타라	9	글렌	19	웨일란
10	그웨네스	20	이졸데	10	귀디온	20	윈

요정들이 분노한 이유는…

지난주, 누군가 자신도 모르게 요정들의 주목을 끌었습니다. 플레이어들이 캐릭터의 어린 시절 배경을 정하는 처음 세 가지 표를 굴릴 때, 굴림 결과로 등장하는 몇몇 흥미로운 인물들로 다음 표를 채우세요. 이 중 한 명이 스스로는 여전히 모를지라도 요정들의 화를 부른 책임이 있습니다.

1d8	누가 요정들을 화나게 했나요?
1	
2	
3	
4	
5	
6	
7	
8	사실 다른 곳에서 온 낯선 사람이 요정들의 심기를 건드렸습니다.

1d6	위 캐릭터가 어떤 짓을 저질러서 마을에 문제를 일으켰나요?
1	이 지역 어딘가에 오랫동안 숨겨져 왔던 보호의 문장을 훼손했습니다.
2	분노한 나머지, 마력의 힘이 실린 바보 같은 저주를 내뱉었습니다. 이제 그 저주가 실현되고 있습니다.
3	길을 지나가던 두건 쓴 이방인을 우연히 불쾌하게 했습니다.
4	지난 가을 마을에서 장터가 열렸을 때, 낯선 상인에게서 싸구려 보석을 샀습니다.
5	살인을 저지르고 죄를 은폐했습니다. 고블린들이 이 숨겨진 더러운 죄악에 이끌려 왔습니다.
6	캐릭터의 가문은 요정을 물리치는 오랜 의식을 집행했습니다. 이 캐릭터의 세대에서는 이 의식을 미신이라고 생각하고 더 이상 의식을 치르지 않았습니다.

요정 궁정의 기이한 특성은…

1d6	이 지역의 요정 군주는 누구인가요?
1	배우자를 맞이하여 후계자를 얻으려 하는 친절한 오거
2	제멋대로 구는 요정 부하들과 마찰을 빚는, 무서우면서도 위풍당당한 지배자.
3	와일드 헌트를 이끄는 위험한 사냥꾼으로, 자신을 대신해 다른 누군가가 1년 동안 왕국을 통치해 주기를 바랍니다.
4	왜인지 모르겠지만 이 궁정의 군주는 푸카입니다. 이 푸카는 누군가 다른 이가 자신을 명예롭게 퇴위시켜주기를 바랍니다.
5	아름다운 고대의 물의 정령. 최근 인간 남편의 배반과 죽음을 겪은 후 홀로 되었고, 다시 지위에 오른 것을 그다지 달가워하지 않습니다.
6	그림자가 요정 궁정에 장막처럼 드리워져 있습니다. 그림자가 속삭이면 빛이 희미해지고, 요정과 사람들 모두 벌벌 떨면서 복종합니다.

1d6	요정 군주의 숨겨진 약점은?
1	요정 군주는 마을의 어느 인간과 사랑에 빠졌습니다.
2	요정 군주는 소금이나 천, 포도주, 태양빛처럼 인간이 흔히 접할 수 있는 무언가에 취약합니다.
3	과거의 어느 사건 때문에, 요정 군주는 궁정의 어느 하찮은 요정에게 큰 빚을 졌습니다.
4	요정 군주의 진실한 이름은 캐릭터들과 마을 사람들이 이미 잘 아는 이 지역 요정 이야기 중 일부에 나와 있습니다.
5	마법적인 금제 때문에 요정 군주는 마법으로든, 무력으로든 인간을 직접 해칠 수 없습니다.
6	요정 군주는 구운 음식이나 음악, 이야기처럼 인간이 흔히 만들 수 있는 무언가에 깊숙이 빠졌습니다.

1d6	이 궁정에서 꼭 지켜야 하는 기이한 예의범절이나 행동은 무엇인가요?
1	요정은 자신에게 빚을 진 상대를 언제나 찾을 수 있습니다. 만약 캐릭터 중 누군가 요정에게 선물을 받으면, 해당 캐릭터는 요정에게 빚을 집니다.
2	이 궁정의 요정들은 운율을 맞춰 말하는 것을 즐깁니다. 누구든 운율에 맞춰 이야기하지 않는다면 요정을 대할 때 모든 매력 판정에 -2 페널티를 받습니다.
3	요정의 음식을 먹는 이는 요정의 숲 주민이 됩니다. 음식을 먹고 주문 극복 판정에 실패한 캐릭터는 다음 레벨이 될 때까지 인간으로 되돌아갈 수 없습니다.
4	이 궁정의 요정들에게는 금기사항이 있어서, 이를 어기거나 입에 올린 상대는 남은 모험 동안 요정을 대할 때 모든 매력 판정에 -5 페널티를 받습니다. 이 금기사항은 재채기나 벌목, 돈, 고기 섭취 등입니다.
5	요정들은 기이하고 엄격한 행동 규칙을 가졌습니다. 숲 속에서 거짓말이나 배신, 도둑질을 하려는 캐릭터는 누구든지 주문 극복 판정에 성공해야 합니다.
6	이 숲속에서는 어떠한 약속을 하든 강력한 맹세로 바뀝니다. 심지어 불명확하거나 애매한 약속도 말입니다. 누구든 숲 속에 있는 동안 자신이 무얼 하겠다고 말한 사람은 정말로 자신이 말한 것을 실천할 때까지 행운 점수를 받지 못합니다.

게임 중 벌어지는 사건

세션 초반부에 캐릭터들이 무슨 일이 벌어지고 있는지 정보를 짜맞추는 동안, 마을에서는 원래 사건과 관련이 없는 골칫거리 한 가지가 벌어집니다. 플레이 시작 후 15~30분 후에 이 문제를 등장시키세요. 만약 게임이 빠르게 전개된다면 이 표를 무시할 수도 있습니다. 하지만 이후 플레이 속도가 늦어질 때에 이 문제를 등장시킬 수도 있습니다.

1d6	이웃에게 무슨 문제가 생겼나요?
1	캐릭터 중 누군가의 부모가 부부 문제를 겪고 있습니다. 두 명의 관계는 금전 문제 때문에 갈등을 빚는 중입니다. 양쪽 모두 캐릭터를 따로따로 찾아와 도움을 청합니다.
2	캐릭터들에게 중요한 누군가가 난산을 겪고 있습니다. 마녀는 어떤 종류이든 도움이 필요합니다.
3	요정만으로는 충분히 골치 아픈 상황이 아니었나 봅니다. 북쪽의 야만인 무리 하나가 마을을 약탈하려고 합니다.
4	도둑이 나타났습니다! 몇몇 장인과 상인이 물건을 도둑맞았다고 신고했으며, 여관에서 길길이 분통을 터뜨리는 중입니다. 캐릭터 한 명의 친척이 가장 최근에 도둑을 맞았습니다.
5	가축들이 날뛰거나, 홍수가 나거나, 화재가 나는 등 장날을 맞은 마을에 재앙이 닥쳤습니다.
6	선조 때부터 묵어온 불화가 다시 불거져서, 마을 전체가 이 문제를 두고 갈라졌습니다. 더욱 끔찍하게도, 각 캐릭터들의 가족이 이 문제를 두고 서로 갈라졌습니다.

캐릭터들이 마을에서 발생한 모든 문제를 확실히 파악할 무렵, 마을 사람들과 협상을 원하는 요정 군주가 보낸 전갈이 도착합니다. 플레이가 시작한 지 한 시간 정도 지난 후 이 전갈을 보내세요. 만약 캐릭터들이 요정 문제를 어떻게 처리할지 감을 못 잡는다면 좀 더 일찍 보내세요.

1d6	요정 군주는 캐릭터들에게 어떻게 전갈을 보내나요?
1	요정 군주가 보낸 사절이 마을에 도착합니다. 성난 마을 사람들이 사절을 둘러싸지만, 사절은 화평을 제안합니다.
2	마을 사람 두 명이 집에서 자던 중 사라졌습니다. 잔가지 한 묶음과 요정 궁정으로 부르는 편지가 침대 위에 남아 있습니다.
3	요정 전사 한 무리가 마을 사람 중 한 명의 집을 강제로 점거한 다음 누군가 자신들과 함께 요정 군주에게 갈 때까지 떠나기를 거부합니다.
4	캐릭터들이 무언가 문을 열 때마다, 문 너머는 요정 궁정으로 통합니다. 심지어 찬장을 열어도 마찬가지입니다.
5	아름다운 님프들이 숲 가장자리로 와서 넋을 빼는 노래를 부릅니다. 주문 극복 판정에 실패한 사람들은 모두 님프를 따라 요정 궁정으로 갑니다.
6	모든 사냥꾼들이 하얀 수사슴을 목격합니다. 사슴은 심지어 마을에 들어오기까지 합니다. 이 사슴은 캐릭터들을 궁정으로 안내하려는 것처럼 보입니다. 만약 사슴이 공격당한다면, 요정 군주는 더욱더 분노할 것입니다.

숲에서 받는 임무

캐릭터들의 요정들의 분노를 멈추는 방법은 여러가지가 있습니다. 요정 군주의 숨겨진 약점을 협상 수단으로 사용할 수도 있겠고, 숲 속의 다양한 요정들과 교섭을 할 수도 있습니다. 심지어 무력을 동원해서 요정들을 멈출 수도 있습니다. (물론 무모한 방법이기는 합니다) 만약 캐릭터들이 요정 군주와 우호적인 분위기에서 만난다면, 요정 군주는 요정들을 달랠 수 있는 임무를 제안합니다.

1d8	캐릭터들이 무엇을 해야 요정들이 화를 풀까요?
1	요정들은 숲 속 깊은 곳에 숨겨져 있는 귀중한 아티팩트를 자신들에게 "돌려달라고" 요구합니다.
2	요정 궁정의 일원 중 하나가 실종되었습니다. 캐릭터들이 구출해야 합니다.
3	요정 군주는 숲 속 어느 특정 장소에 무언가를 만들어 달라고 요구합니다. 예를 들어 숲 속 빈터에 공연장을 짓거나, 바닥이 안 보이는 강을 건너는 다리 같은 것을 말입니다.
4	요정들은 캐릭터들이 자신들의 땅에 사는 위험한 적을 물리쳐 주기를 바랍니다.
5	요정 군주는 캐릭터들에게 특정한 수풀에서 밤새 춤을 추거나, 어느 돌 위에 아름다운 그림을 그리는 일 등 오직 인간의 힘으로만 해야 하는 기이한 임무를 제시합니다.
6	여러분은 무력이 아닌 평화적 임무를 맡습니다. 요정 군주는 서로 다투는 중인 자신의 두 신하 사이를 화해시킬 것을 여러분에게 부탁합니다.

1d6	캐릭터들이 임무를 수행할 장소로 가지 못하도록 방해하는 장애물은 무엇인가요?
1	캐릭터들은 어느 위험한 짐승에게 쫓겨 궁지에 몰린 요정 소공자와 우연히 마주칩니다.
2	커다란 들장미와 가시나무 울타리가 목적지로 가는 길을 가로막고 있습니다.
3	캐릭터들은 임무를 떠나는 중 어느 푸카와 마주치게 되고, 푸카는 캐릭터들에게 협상을 제안합니다.
4	세 발이 달린 스핑크스가 캐릭터들의 앞을 가로막고 수수께끼 대결로 도전합니다.
5	캐릭터들은 피에 굶주린 붉은 모자 무리의 습격을 받습니다.
6	캐릭터들은 어느 요정 미로에 갇힙니다. **지혜** 판정에 성공하지 못한다면 얼마 동안의 시간을 지체할 것입니다.

1d6	임무를 수행할 장소는 왜 위험한가요?
1	이 장소는 마법적인 지성과 인격을 갖추고 있으며 인간이나 요정의 언어로 대화하지 않습니다. 이 장소는 홍수나 지진, 낙석, 그 외 더욱 끔찍한 방법으로 말을 합니다.
2	이 장소는 매우 날카로운 날개를 가진 아름다운 나비들이 대량으로 서식하는 장소입니다. 나비들이 하늘을 가득 메우고 있습니다.
3	어둡고 역겨운 늪의 물을 듬뿍 빨아 올린, 가지마다 질병을 품은 나무들이 우거져 있습니다. 한 발 한 발 걸을 때마다 입에 담지도 못할 정도로 더럽고 역겨운 것이 발 아래에서 으깨지는 소리가 나고, 기이한 벌레들이 캐릭터들에게 날아 들어 물고 쏩니다.
4	물의 흐름에 깎여 만들어진 동굴은 어디에서 추락할지도 모를 만큼 칠흑처럼 어둡고, 통로는 한 사람이 겨우 기어서 갈 수 있을 정도로 좁디 좁습니다.
5	불가사의한 재앙이 이 지역의 모든 마법을 약화시킵니다. 마법 물품을 포함한 모든 마법은 이 곳에서 사용할 경우 25% 확률로 실패합니다.
6	이 곳에 머무는 세 요정 마귀할멈이 캐릭터들을 저녁 식사로 먹어야 하겠다고 우깁니다.

1d6	임무를 완수하려면 어떤 장애물을 극복해야 하나요?
1	요정 숲의 기이한 마법 때문에 임무를 완수하기 위해서는 첫 입맞춤의 기억이나, 자신의 이름처럼 무언가 소중한 것을 남겨두고 떠나야 합니다.
2	오거나 올빼미곰 같은 강력한 괴물이 임무가 완수되기 직전 캐릭터들을 막습니다.
3	다른 인간들이 임무 완수를 방해합니다. 이들은 어쩌면 마을 이웃일 수도 있고, 도적일 수도 있으며, 다른 땅에서 온 이방인일 수도 있습니다.
4	궁정에서 쫓겨난 요정 추방자가 임무를 완수하지 못하도록 막습니다.
5	캐릭터들이 무찌르기에는 지나치게 강력한 요정이 임무를 완수하지 못하도록 막습니다. 다른 대부분의 요정들과 마찬가지로, 이 요정 역시 거래나 내기, 시합을 할 용의가 있습니다.
6	질서의 강력한 영이 임무 목표를 지키고 있으며, 요정들은 이 영 앞에서 꼼짝하지 못합니다. 평범한 인간인 캐릭터들은 협상을 시도할 수 있을 것입니다.

길은 이어지고

만약 이 시나리오 묶음을 단편으로 플레이한다면, 마을을 요정들의 위협에서 구하는 것만으로도 충분히 만족스러운 결말입니다. 하지만, 만약 이후에도 이 캐릭터들로 계속 모험을 이어 나갈 계획이 있다면, 캐릭터들에게 훗날 도움을 줄 보상을 주는 편이 좋을지도 모릅니다. 다음 표는 캐릭터들에게 보상으로 줄 수 있는 몇 가지 아이디어와 함께, 이후 모험에 사용할 소재를 제공합니다.

1d6	캐릭터들은 모험에서 무엇을 얻어요?
1	캐릭터들은 많은 양의 돈을 얻습니다. 아마도 요정의 금일 것입니다. 캐릭터들은 금화 5d10냥의 돈을 나눠 가집니다.
2	요정의 숲에서 환한 빛을 발하는 커다란 월장석 세 개를 발견합니다. 전설에 따르면 각 돌은 세상 어딘가 서로 다른 곳에 살고 있는 요정들에게 매우 귀중한 보물이라고 합니다.
3	일행 중 하나가 룬을 빼곡하게 새겨 놓은 돌을 얻습니다. 이 돌은 요정의 마법을 몇 가지 기록한 마법서로, 주술 열쇠의 손길과 재빠른 발, 의식 마녀의 파수꾼과 마법의 돌이 적혀 있습니다.
4	요정들이 운석으로 만든 무시무시한 마법 단검을 만들었습니다. 이 단검은 공격과 피해에 +3 보너스를 주며, 주인 근처에 요정이 나타나면 즉시 경고합니다.
5	유난히 모험심이 강하고 특이한 요정이 캐릭터 중 한명에게 감명을 받아서 그를 따라 여정에 나서기를 원합니다. 요정은 다음 모험부터 일행들과 동행하며, 만약 대우를 잘 받으면 해당 캐릭터의 동료가 될 것입니다.
6	캐릭터는 한 점 티없는 요정의 은으로 만든 강력한 마법의 부적을 얻습니다. 이 부적은 착용자의 장갑과 극복 판정에 +1 보너스를 주며, 항상 희미하게 빛납니다.

플레이어들이 이후에도 요정과 관련된 모험을 즐길 수 있도록 여지를 남겨 놓고 싶나요? 그렇다면 같은 캐릭터들로 여러분의 이야기를 이어 나갈 수도 있습니다. 이야기를 계속 진행하고 싶다면, 세션 마지막에 다음 표를 굴려 다음 모험을 위한 고리를 만드세요.

1d6	캐릭터들은 어떤 이유로 다음 모험의 동기를 얻을까요?
1	궁정의 요정 중 하나가 새로운 임무를 제시합니다. 이 임무를 맡은 캐릭터들은 머나먼 곳에 있는 또다른 기이한 요정 왕국으로 떠나 더욱 커다란 포상을 얻을 것입니다.
2	캐릭터들이 요정의 숲에서 마을로 돌아가면, 원래 살던 때와 다른 시간대로 왔다는 사실을 깨닫습니다. 캐릭터들은 요정에게 도움을 요청할까요? 아니면 위험한 요정 궁정을 믿어서는 안된다는 사실을 배울까요?
3	캐릭터들은 우연히 비율이 제대로 맞지 않는 지도를 발견합니다. 이 지도는 숨겨진 관문과 요정들마저 감히 건드리지 못하는 보물이 있는 장소를 가리키고 있습니다.
4	요정 중 한 명이 캐릭터들에게 큰 감명을 받아서, 자기 친척 중 한 명이 간절하게 도움이 필요한데, 캐릭터들에게 친척이 있는 머나먼 땅의 또 다른 요정 궁정으로 데려다 주겠다고 제안합니다.
5	요정 군주는 캐릭터들에게 머나먼 도시나 다른 왕국, 전설의 장소 등 세계 어디든지 갈 수 있는 관문을 열어줍니다. 만약 캐릭터들이 가기로 선택한다면, 어떻게 되돌아올 건가요?
6	요정 군주의 지배 밖에 있는 어느 강력한 요정은 이 혼돈이 계속 이어지기를 바랍니다. 이 요정은 추종자들을 모아서 캐릭터들의 마을을 13세대 동안 괴롭히겠다고 맹세합니다. 캐릭터들은 이 새로운 혼란을 어떻게 끝낼 수 있을까요?

최근 사건

마스터는 지금까지 나온 표를 사용해 성난 요정이 등장하는 모험을 어떻게 준비해야 할지 몇 가지 아이디어를 얻을 수 있습니다. 다음 쪽에 나오는 최근 사건 표는 모험을 본격적으로 움직이는 추진력입니다.

플레이가 시작할 때, 각 플레이어는 최근 사건 표를 굴려 무슨 일이 일어났는지 확인합니다. 원편 플레이어 역시 그 자리에 있었으며, 관련 기능을 가지고 있거나 행운 점수를 사용한다면 판정을 도울 수 있습니다.

만약 다른 플레이어가 굴린 결과와 똑같이 나온다면, 표 끝에 있는 특별한 사건 중 하나가 대신 발생합니다. 예를 들어 어느 플레이어가 7을 굴렸는데, 다시 7이 나오면, * 결과가 대신 발생합니다. 만약 또다시 7이 나오면, ** 결과가 발생합니다.

1d12	최근 무슨 사건이 발생했나요?
1	마을의 모든 우유가 버터로 바뀌었습니다. **지능** 판정을 하세요. (조사나 농업 기능이 있으면 도움이 됩니다) **성공:** 버터로 바뀐 패턴을 파악해서 이런 짓을 한 스프라이트의 진실한 이름을 알아냅니다. **실패:** 여러분은 이 기이한 사건에 어리둥절해합니다. (마스터: 스프라이트는 자신을 조사한 캐릭터에게 모욕감을 느끼고 모험 내내 괴롭힙니다)
2	모든 마을 사람의 속옷이 이틀 전 밤에 사라졌다가 우물 안에서 발견되었습니다. **민첩성** 판정을 하세요. (운동 기능이 있으면 도움이 됩니다) **성공:** 여러분은 속옷을 되찾고 우물 안에서 요정의 반지를 발견합니다. (마스터: 착용자는 요정의 마법에 맞서는 모든 극복 판정에 +1 보너스를 받습니다) **실패:** 여러분은 난처하게도 우물로 빠져서 마을 사람들의 도움을 받아 빠져나옵니다. (마스터: 다른 마을 사람이 나중에 반지를 발견합니다)
3	길을 잃은 요정 사냥개가 어젯밤부터 여러분에게 졸졸 따라다닙니다. **지혜** 판정을 하세요. (동물 지식과 관련 기능이 있으면 도움이 됩니다) **성공:** 여러분은 충성스러운 새 동료를 얻습니다. **실패:** 사냥개는 숲으로 돌아가기 전에 여러분을 공격합니다. 여러분은 체력 1d4점을 잃은 채 게임을 시작합니다.
4	여관에서 술을 마시던 중, 맥주 표면에 특이하고 규칙적인 형상이 나타납니다. **지능** 판정을 하세요. (요정과 관련된 전승 기능이 있으면 도움이 됩니다) **성공:** 여러분은 이 형상을 읽고 마을 사람들 중 누가 요정의 분노를 샀는지 알아차립니다. **실패:** 이 형상에서 아무 의미도 파악하지 못합니다. (마스터: 그리고 요정들은 메시지를 놓친 캐릭터를 얼간이라고 생각합니다)
5	마을 곳곳에서 절대로 서로 사귈 것처럼 보이지 않는 사람들이 요정의 마법 때문에 사랑에 빠졌습니다. **매력** 판정을 하세요. (소문 관련 기능이 있으면 도움이 됩니다) **성공:** 커플들을 조사해 보면 둘 중 한 사람은 최근 숲에서 마녀를 화나게 했습니다. **실패:** 가장 친한 사촌이 여러분이 절대 인정 못할 사람과 사랑에 빠집니다.
6	마을의 모든 말이 외양간 지붕 위에 올라가 있습니다. **근력** 판정을 하세요. (동물 관련 기능이 있으면 도움이 됩니다) **성공:** 여러분은 말들을 간신히 원래 있던 자리로 돌려보냅니다. 마을 사람들은 여러분에게 찬사를 보내며, 여러분은 이번 모험 동안 마을 사람들을 대상으로 한 **매력** 판정에 +2 보너스를 받습니다. **실패:** 말들은 여전히 외양간 지붕에 있으며, 사람들은 먹이를 주기 위해 지붕으로 올라가는 일을 지겹게 여기기 시작합니다.
7	변장한 요정이 여관에서 시끌벅적한 술 마시기 대회를 합니다. **건강** 판정을 하세요. **성공:** 여러분은 요정을 흠뻑 취하게 만든 다음 진실한 이름을 알아냅니다. **실패:** 여러분이 곯아떨어진 다음, 요정은 여러분과 그날 밤 여관에 있는 모든 사람들의 돈을 텁니다. 여러분은 빈털터리가 된 지갑과 잔뜩 화난 친구 몇 명을 가지고 게임을 시작합니다.
8	지난 주 여러분은 계속 어두운 숲에 대한 끔찍한 악몽을 꾸었습니다. **지혜** 판정을 하세요. (요정 전승과 관련된 기능이 있으면 도움이 됩니다) **성공:** 여러분은 요정 숲에 난 길에서 가장 위험한 구간을 어떻게 지나갈 수 있을지 깨닫습니다. **실패:** 여러분은 잠을 설쳐서 **행운 점수** 1점을 덜 받고 게임을 시작합니다.
9	어느 이상한 별이 마을 근처 나무 꼭대기 바로 위에 떠올랐습니다. 조사해보면, 요정 오두막의 현관등이라는 사실을 알 수 있습니다. **매력** 판정을 하세요. (사회 기능이 있으면 도움이 됩니다) **성공:** 여러분은 주인과 친근하게 대화를 나누었고, 주인은 여러분이 모험 중에 부딪힐 장애물 중 하나를 언급합니다. 여러분은 해당 장애물에 맞서는 모든 판정에 +1 보너스를 받습니다. **실패:** 여러분은 스스로를 잊고 요정의 음식물을 먹습니다. 다음 달이 떠오를 때까지 요정에 맞서는 모든 판정에 -1 페널티를 받습니다.
10	어젯밤 와일드 헌트가 마을을 휩쓸며 지나갔고, 여러분은 필사적으로 마을을 지켰습니다. **근력** 판정을 하세요. (운동 관련 기능이 있으면 도움이 됩니다) **성공:** 여러분은 어느 요정 기수의 뿔이 난 투구를 벗겼고, 그 투구를 계속 가지고 있습니다. **실패:** 여러분과 가까운 누군가가 와일드 헌트에 나선 요정들에게 목숨을 잃었습니다.
11	마을 우물이 포도주로 가득 찼고, 마을 사람들은 마녀에게 여러분을 보내 어떻게 해야 할지 물어봅니다. **매력** 판정을 하세요. (사회 기능이 있으면 도움이 됩니다) **성공:** 마녀는 여러분에게 포도주 일부를 보관해 두라고 조언합니다. 여러분은 치유의 물약 2개를 가지고 게임을 시작합니다. **실패:** 마녀는 포도주를 물로 다시 돌려 놓지만, 이미 마을 사람들 전체가 흠뻑 취했습니다.
12	방앗간 주인이 이틀 전 고약한 요정 방문자와 싸움이 붙었습니다. **매력** 판정을 하세요. (위협 관련 기능이 있으면 도움이 됩니다) **성공:** 여러분은 싸움에 끼어들어 요정을 물러나게 합니다. 방문자는 요정의 동전을 하나 남기고 떠납니다. **실패:** 방문자는 물레방아의 바퀴를 거꾸로 돌게 만들어서 강물의 흐름을 바꿉니다.
*	여러분의 요정 대모가 어젯밤 여러분을 찾아와 마을 사람들이 참 가엾다고 말했습니다. **매력** 판정을 하세요. (사회 기능이 있으면 도움이 됩니다) **성공:** 대모는 여러분에게 이번 모험 동안 모든 요정의 환상을 꿰뚫어볼 수 있는 축복을 남깁니다. **실패:** 여러분은 뜻하지 않게 대모에게 모욕을 줍니다. 대모는 이제 여러분을 성가시게 하지 않겠다고 말하면서 슬픈 얼굴로 떠납니다. 떠나기 전, 대모는 여러분에게 모든 요정 마법에 +1 극복 판정 보너스를 주는 동전을 하나 남깁니다.
**	최근 벌어진 사건에 불안해진 가까운 친척 하나가 여러분에게 가문의 비밀 하나를 말해줍니다. **건강** 판정을 하세요. **성공:** 여러분 가문에는 요정의 피가 흐릅니다. 요정 궁정은 여러분을 존중할 것입니다. **실패:** 여러분의 할아버지가 요정 궁정의 위치를 압니다. 할아버지의 후손들은 모두 요정의 친구로 간주됩니다.
***	사흘 전 어느 이상한 대장장이가 마을에 와서 기이한 제품들을 팝니다. **매력** 판정을 하세요. (사회 기능이 있으면 도움이 됩니다) **성공:** 대장장이는 여러분이 마음에 들었는지, 어두운 색의 철제 소검을 줍니다. 이 검은 +1 소검이며, 순수한 철로 만들어졌습니다. **실패:** 대장장이는 앞에서 말한 소검을 은화 20냥에 팝니다. 여러분은 친구들과 돈을 합쳐서 소검을 살 수 있습니다.

등장 괴물

편의를 위해, 이번 시나리오 묶음에서 사용하기 좋은 괴물들의 요약 정보를 소개합니다. 괴물 장이나 다른 RPG에서 이번 시나리오에 어울릴 거라고 생각되는 다른 생물이 있다면 얼마든지 가져오세요. 각 괴물 장에는 1레벨 PC 네 명에게 내보내기 적합한 괴물의 수를 제시합니다. 만약 PC의 수가 다르거나, PC의 레벨이 좀 더 높다면 등장하는 괴물의 수를 조정하세요.

요정들의 위협

숲은 다양한 종류의 요정들로 가득 차 있으며, 이들은 인간들이 이해하기 어려운 자신들만의 사회를 이루고 삽니다. 다음 항목은 마스터가 여러 용도로 활용할 수 있는 요정들을 선정한 모음입니다.

스프라이트

스프라이트는 요정 궁정에서 그다지 큰 위치를 차지하지 않으며, 보통 일정한 거처도 없는 하급 요정들입니다. 스프라이트는 십중팔구 사람보다 작으며, 밝은 옷을 좋아하고, 자기들의 게임에 참가하지 않는 여행자들에게 커다란 해코지를 가할 수도 있습니다. 만약 스프라이트들이 똑똑하다면, 세 명이 몰려 다니면서 1레벨 모험자 일행을 괴롭힐 것입니다.

체력 주사위: 1d8 (5 HP)
장갑: 14
공격: 명중 +1, 피해 1d6 (검)
가치관: 혼돈
경험치: 25
참고: 환상 (스프라이트는 **환상 짜기**를 지능 10의 마법사인 것처럼 사용할 수 있습니다. 스프라이트는 판정에 실패해서 자신들이 만든 환상이 예측불허의 효과를 일으키는 것을 무척 좋아합니다), 진실한 이름 (스프라이트는 자신의 진실한 이름을 아는 적에게 취약해집니다), 철에 약함 (스프라이트는 철로 만든 무기에 두 배 피해를 받습니다)

붉은 모자

붉은 모자는 요정의 숲에서 요정과 인간 모두를 괴롭히는 깡패들입니다. 붉은 모자는 숲의 어두운 길이나 요정 궁정의 뒷문에서 출몰할 것입니다. 붉은 모자 두 명은 1레벨 PC 일행에게 만만치 않은 상대입니다.

체력 주사위: 2d8 (9 HP)
장갑: 14
공격: 명중 +3, 피해 2d4 (위험한 칼)
가치관: 혼돈
경험치: 40
참고: 진실한 이름 (붉은 모자는 자신의 진실한 이름을 아는 적에게 취약해집니다), 철에 약함 (붉은 모자는 철로 만든 무기에 두 배 피해를 받습니다)

엘프

엘프들은 보통 요정 궁정에서 하위 귀족의 위치에 있으며, 이중 대다수는 요정 왕국에서 당당한 전사로서 복무합니다. 젊은 엘프들은 아직 진실한 이름을 받지 못했기 때문에, 다른 요정들보다도 인간에 더욱 가깝습니다. 세 명의 엘프 일행은 1레벨 PC들에게 적당한 도전이 될 것입니다.

체력 주사위: 1d8 (5 HP)
장갑: 14
공격: 명중 +1, 피해 1d8 (장검) 또는 1d6 (활)
가치관: 아무거나
경험치: 20
참고: 주문 (엘프는 하루에 한 번 주술 하나를 사용할 수 있습니다)

푸카

푸카는 모든 궁정에서 볼 수 있습니다. 푸카는 마음씨 좋은 캐릭터들과 친구가 된 다음, 친구들의 삶을 매우 골치 아프게 만들 가능성이 가장 높은 요정입니다. 캐릭터들이 마주칠 푸카는 오직 한 명이겠지만, 언제든 어디서든 자신이 원하는 장소에서 등장할 것입니다.

체력 주사위: 5d8 (23 HP)
장갑: 18
공격: 명중 +4, 피해 1d6 (소검)
가치관: 혼돈
경험치: 300
참고: 관문 열기 (푸카는 다른 세계로 통하는 관문을 여는 능력을 가졌습니다. 푸카는 한 라운드만에 관문을 열 수 있으며, 관문은 11라운드 동안 지속됩니다), 진실한 이름 (푸카는 자신의 진실한 이름을 아는 적에게 취약해집니다), 철에 약함 (푸카는 철로 만든 무기에 두 배 피해를 받습니다)

오거

오거는 보통 문명 사회에서 기피되는 무시무시하고 난폭한 인간형 종족이지만, 예외도 있습니다.

체력 주사위: 4d8 (18 HP)
장갑: 14
공격: 명중 +5, 피해 1d6+2 (큰 곤봉)
가치관: 혼돈
경험치: 125

요정 군주

요정 군주는 하나하나가 모두 독특한 존재입니다. 아마 커다란 왕좌에 앉아 있을 것입니다.

체력 주사위: 6d10 (33 HP)
장갑: 17
공격: 명중 +6, 피해 1d8+3 (마법의 검)
가치관: 혼돈
경험치: 650
참고: 무시무시한 존재감 (상대는 우선 주문 극복 판정에 성공한 후부터 요정 군주를 공격할 수 있습니다), 주문 (요정 군주는 하루에 네 번 주술을 사용할 수 있으며, 특히 명령의 말, 은폐, 야생의 부름을 선호합니다. 또한 요정 군주는 자신의 영토 안에서 4레벨 이하의 어떠한 의식도 사용할 수 있습니다. 의식 판정은 자동으로 성공합니다), 진실한 이름 (요정 군주는 자신의 진실한 이름을 아는 적에게 취약해집니다), 철에 약함 (요정 군주는 철로 만든 무기에 두 배 피해를 받습니다)

숲의 짐승들

요정의 숲은 평범한, 또는 마법의 힘을 지닌 짐승들로 가득합니다. 대부분은 요정 군주를 섬깁니다.

거대 새나 카트시, 유니콘 한 마리는 1레벨 PC 일행에게 좋은 도전이 됩니다. 요정 사냥개 두 세 마리는 같은 PC 들에게 충분히 위협이 되지만, 동물 떼나 벌레 무리는 수를 좀 더 다양하게 조정할 수 있습니다.

거대 새

체력 주사위: 3d8 (14 HP)
장갑: 15
공격: 명중 +3, 피해 1d10 (발톱)
가치관: 아무거나
경험치: 80
참고: 비행 (거대 새는 날 수 있습니다)

카트시

체력 주사위: 2d4 (5 HP)
장갑: 14
공격: 명중 +2, 피해 1d4 (발톱)
가치관: 혼돈
경험치: 35
참고: 신탁 (카트시는 매년 한 번 춘분이 될 때마다 특정 대상 한 명에게 4레벨 의식인 신탁을 걸 수 있습니다. 이 의식은 자동으로 성공하며, 상대는 갑자기 새로운 지식과 영감을 얻습니다)

요정 사냥개

체력 주사위: 3d8 (13 HP)
장갑: 14
공격: 명중 +3, 피해 1d6 (물기)
가치관: 혼돈
경험치: 85
참고: 초자연적인 추적자 (요정 사냥개는 일반적인 상황에서 절대로 사냥감을 놓치지 않습니다), 철에 약함 (요정 사냥개는 철로 만든 무기에 두 배 피해를 받습니다)

동물 떼

체력 주사위: 2d8 (9 HP)
장갑: 12
공격: 명중 +0, 피해 1d4 (발굽과 박치기)
가치관: 중립
경험치: 30

벌레 무리

체력 주사위: 2d8 (9 HP)
장갑: 13
공격: 특별, 참고를 보세요.
가치관: 중립
경험치: 85
참고: 무리 (벌레 무리는 지나가는 곳에 매 라운드 피해 1점을 줍니다. 만약 상대가 숨을 곳을 찾기 외에 다른 행동을 한다면 매 라운드 피해 3점을 줍니다)

유니콘

체력 주사위: 4d8 (18 HP)
장갑: 18
공격: 명중 +4, 피해 1d8 (발길질과 뿔)
가치관: 질서
경험치: 125
참고: 돌격 (유니콘은 돌격해서 적을 뿔로 찔러 일반 공격 대신 피해 1d12를 줄 수 있습니다)

숨은 사교집단 시나리오 묶음

여러분의 작은 마을은 기괴하고 추악한 어떠한 존재의 본거지가 되었습니다. 이 마을이 어둠의 마법에 물들고 있다는 사실을 보여주는 기괴한 사건들이 발생하고 있고, 여러분은 더 이상 누구를 믿어야 할지 확신할 수 없습니다. 여러분과 친구들만이 타락의 본질을 파악하고 혼돈의 힘에 농락당하는 마을 사람들을 구할 수 있습니다.

마스터는 이 시나리오 묶음에 있는 예시 이름과 사교도들이 활동하는 이유, 예시 괴물, 악마 만들기 규칙을 사용해 플레이어들이 캐릭터를 만드는 동안 재빨리 모험을 준비할 수 있습니다.

만약 즉석에서 사람이나 장소의 이름을 만들어야 한다면, 아래 표를 참조하세요. 이 시나리오 묶음에서는 기본적으로 앵글로색슨풍 이름을 사용합니다.

1d6	마을 이름
1	헤레버리
2	루덴펠트
3	옥슬레이
4	턴포드
5	위탄햄
6	와이드포드

잊지 마세요!

 = 지도에 장소를 추가합니다.

 = 지도에 NPC를 추가합니다.

여러분은 플레이어들이 캐릭터 만들기에서 사건 표를 굴리는 동안, PC들의 마을이 어떤 곳인지, 어떤 사람들이 살고 있는지 여러 정보를 얻을 것입니다.

다음 표는 마을에 사는 사람들, 또는 캐릭터들의 이름을 만들 때 사용할 수 있습니다.

1d20	여성 이름	1d20	여성 이름	1d20	남성 이름	1d20	남성 이름
1	에이드레	11	켄드라	1	아이단	11	흐르트가
2	오드리	12	로라	2	엔슨	12	제프리
3	베미아	13	리안나	3	카드몬	13	린
4	케이트	14	메이	4	센릭	14	만튼
5	캐서린	15	메건	5	달스톤	15	오스몬드
6	데보나	16	메르시아	6	더글라스	16	오스왈드
7	에스메	17	로웬	7	에드몬드	17	러셀
8	에스터	18	셸리	8	에드레드	18	테오문드
9	하미아	19	선	9	퍼먼	19	토르
10	줄리아나	20	윌로우	10	고든	20	울프가

사악한 사교집단의 뒷배경은…

플레이어들이 캐릭터의 어린 시절 배경을 정하는 처음 세 가지 표를 굴릴 때, 굴림 결과로 등장하는 인물이나 물건, 장소로 다음 표를 채우세요. 사람이라면 사교집단의 일원일 것이고, 물건이라면 사교집단과 연관이 있는 저주받은 아티팩트일 것이며, 장소라면 사교도들이 장악한 곳일 것입니다.

1d8	누가, 혹은 무엇이 사교집단과 연관이 있나요?
1	
2	
3	
4	
5	
6	
7	
8	아무도 관련이 없습니다! 현재 캐릭터들의 친구와 물품은 사교집단의 영향력에서 자유롭습니다.

위와 마찬가지로, 플레이어들이 캐릭터를 만드는 동안 등장하는 사람이나 물건, 장소로 다음 표를 채우세요. 다만 이번에는 클래스와 관련이 있는 나머지 네 가지 표에서 고르세요. 결과가 어찌 되었든, 사교집단은 이번 표에서 굴린 결과를 얻기 위해 온 힘을 기울일 것입니다.

1d8	사교집단은 무엇을 간절히 얻으려 하나요?
1	
2	
3	
4	
5	
6	
7	
8	

1d6	사교집단의 진실한 목적은 무엇인가요?
1	사교집단은 거대하고 끔찍한 소환 의식을 시행해서 이 세계에 오래된 혼돈의 영을 부르려 합니다. 사교도 중 누군가는 의식을 치르는 방법을 찾았지만, 소환을 하려면 사교집단 전체가 힘을 합쳐야 합니다. (또한 의식을 치르기 위해 인신공양 같은 무언가 끔찍한 짓도 저질러야 합니다)
2	사교집단은 여러 잡귀신을 모든 마을 사람에게 강제로 빙의시키려 합니다.
3	사교집단 교주, 또는 장막 너머 사악한 어둠의 힘이 이 일대를 지배하려 합니다. 이들은 우선 마을 사람들을 자극해 주변 지역과 전쟁을 일으키려고 시도합니다.
4	사교집단은 노골적으로 사악합니다. 이들은 마을 사람들을 한 사람도 남김없이 죽이기를 원합니다.
5	사교집단은 물질적인 이득을 위해, 혹은 권력을 향한 욕망 때문에 그저 마을 사람들의 일상을 지배하려고 합니다. 사교집단의 목적은 영적이기보다는 세속적입니다.
6	때로 사람들은 그저 따분해진 나머지 어둠의 신을 섬길 때도 있습니다. 이런 불장난은 언제나 비극으로 끝납니다.

1d6	누가 사교집단을 이끄나요?
1	주술사입니다. 어쩌면 최대 3레벨에 이르는 강력한 마법사일 수도 있습니다. 주술사는 이웃 사람들 몰래 마법을 사용할 수도 있고, 잘 알려진 마법사일 수도 있습니다.
2	어느 어리석은 젊은이입니다. 무척 사소한 이유로 자신의 인지를 아득히 뛰어넘는 암흑의 힘에 이끌려 이런 짓을 하게 되었습니다.
3	옛 신의 사제가 몰래 신앙생활을 하는데 지쳐서, 자신이 믿는 어둠의 신의 말씀을 널리 전파하려 합니다.
4	육신이 없는 영입니다. 어쩌면 혼돈의 영 그 자체일 수도 있고, 옛 신을 섬기는 신도의 유령일 수도 있으며, 혹은 옛날에 마을에서 끔찍하게 해를 입은 유령일 수도 있습니다.
5	악마 화신이 물리적인 육신을 얻어 이 세계에 왔습니다. 모든 이가 그 끔찍한 힘 앞에 벌벌 떱니다.
6	비밀리에, 혹은 공개적으로 최근 마을에 온 길 잃은 귀족입니다. 이 귀족은 사교 의식을 마을에 퍼뜨리고 있습니다.

게임 중 벌어지는 사건

세션 초반부 캐릭터들이 조사를 시작했을 때, 어떤 일이 본격적으로 벌어지나요? 플레이 시작 후 15~30분 후에 이 문제를 등장시키세요. 만약 게임이 빠르게 전개된다면 이 표를 무시할 수도 있습니다. 하지만 사교집단과 관련해서 정말로 무슨 일이 일어나는지 알려고 할 때, 표의 결과를 사용해 여러분의 생각을 좀 더 가다듬을 수 있습니다.

1d6	캐릭터들의 행동을 촉발할 만한 사건은?
1	캐릭터들은 사교도들에게 직접 공격을 당합니다. 왜 캐릭터들을 죽이려 하나요?
2	캐릭터의 친구나 친척이 사악한 사교도들에게 납치당합니다. 왜 납치했나요?
3	사교도들이 여관을 불태웁니다. 캐릭터들이 안에 있든, 없든 말입니다! 왜 불태웠나요?
4	어느 사교도 졸개들이 비밀회의를 합니다. 캐릭터들은 우연히 이들과 마주치거나 눈에 띄지 않고 모임을 눈치챕니다. 사교도들은 발각되는 것을 막기 위해 무엇을 할까요?
5	사교집단은 캐릭터 중 한 명이 가진 귀중한 것을 훔칠 방법을 찾았습니다. 실행하려면 무엇이 필요한가요?
6	심하게 훼손된 채 살해된 시체가 발견됩니다. 사교도들은 왜 이런 짓을 저질렀나요?

어떤 사건이 캐릭터들을 원래 가던 길에서 벗어나게 하나요? 많은 추리소설에서 주인공들을 방해하기 위해 돌발 상황과 가짜 단서들을 훌륭하게 사용하고 있습니다. 다음 표는 이번 모험에서 여러분이 사용할 수 있는 가짜 단서입니다. 어떤 결과가 나오든, 이 사건은 사교집단의 행동과는 전혀 관계가 없으며, 한 시간 정도 플레이가 경과된 후 등장시키기 좋습니다. 만약 시간이 없다면 이 표는 무시하세요.

1d6	어떤 사건이 캐릭터들을 원래 가던 길에서 벗어나게 하나요?
1	사교집단과 관련 없는 살인이 마을에서 일어납니다. 탐욕이나 질투, 그 외의 평범한 사람의 감정 때문에 벌어진 사건입니다.
2	괴물 하나가 근처 숲에서 어슬렁거립니다. 이 괴물은 사납지만, 반드시 사악할 필요는 없으며 꼭 캐릭터들의 뒤를 쫓지도 않습니다.
3	바깥 세력이 마을을 공격합니다. 어쩌면 근처 지역의 수적일 수도 있고, 이 지역을 지나가는 외국 군대의 선봉군일 수도 있습니다.
4	가축 도둑입니다! 탐욕스러운 이웃이 훔친 것일 수도 있고, 또는 앙심을 품은 마을 바깥의 가문이 가축 약탈을 개시한 것일 수도 있습니다.
5	달이 핏빛으로 물듭니다. 이 불길한 징조가 나타난 동시에 성난 정령이 나타나거나, 우유가 쉬는 등 이상한 사건들이 연달아 벌어집니다.
6	기이한 표식을 망토에 새긴 어느 늙은 이방인이 밤 동안 여관에 묵습니다. 이방인은 떠돌이 마법사이거나, 외국 왕의 사자이거나, 먼 곳에서 온 사제일 것입니다.

던전

좋은 던전은 판타지 RPG의 필수요소입니다. 물론, 던전이 반드시 문자 그대로 지하 감옥일 필요는 없습니다. (사실, 대다수 던전은 지하 감옥이 아닙니다) 마스터는 캐릭터들이 사교집단의 본거지나 이들이 섬기는 사악한 신의 비밀 사원처럼 중요한 장소로 침투하도록 모험의 절정부를 이끄세요.

1d8	누가, 혹은 무엇이 던전 앞을 지키나요?
1	초자연적인 괴물 하나가 (또는 무리가) 던전 입구를 지킵니다. 등장 괴물 항목에 나오는 지옥견이나 소악마, 또는 가고일을 사용하거나, 또는 괴물 장에서 적합한 생물을 고르세요. 지옥견 두 마리 정도면 적당한 도전이 됩니다.
2	던전 입구가 사교집단의 마법으로 봉인되어 있습니다. 어쩌면 보호의 룬이 문에 새겨져 있어서 들어가지 못할 수도 있고, 수수께끼를 풀어야 출입이 가능할 수도 있습니다. 캐릭터들은 문을 통과할 단서를 수색할 수도 있고, 던전으로 들어가는 또 다른 입구를 찾아야 할 수도 있습니다.
3	거대한 문이 길을 가로막고 있습니다. 캐릭터들은 완력을 이용하거나 머리를 써서 문을 통과해야 합니다. 문을 부수거나, 자물쇠를 따야겠지요.
4	캐릭터들은 던전에 들어가기 위해 힘든 시련을 통과해야 합니다. 아마 던전이 위험한 늪지대의 깊숙한 곳에 위치해 있거나, 들어가는 통로가 위험한 덫으로 가득할 것입니다.
5	무장한 병사들이 던전을 지킵니다. 사교도들이 직접 경비를 서는 것이 가장 뻔한 답이지만, 어쩌면 용병을 고용했을지도 모릅니다.
6	입구는 무방비 상태이지만, 숨겨져 있습니다. 던전으로 들어가는 유일한 길은 마을에 있는 어느 집의 바닥문이거나, 산속에 숨겨진 작은 동굴일 것입니다.
7	사교집단은 어느 영에게 던전을 지켜 달라고 했습니다. 괴물 장에 나오는 영, 또는 비실체 악마를 사용하세요.
8	던전은 현실에 있지 않으며, 이 세계와 다른 차원 사이에 걸쳐 있습니다. 캐릭터들은 오직 다른 차원에 건너가야만 던전에 들어갈 수 있으며, 이를 위해서 일종의 간단한 의식을 치러야 합니다. 어쩌면 고대의 원형 돌무더기가 다른 세계로 들어가는 통로일 수도 있고, 잊힌 시대에 악마를 가두는데 사용한 흙더미가 사실은 혼돈의 차원으로 들어가는 관문일 수도 있습니다.

1d6	던전 안에는 어떤 시련이 기다리고 있나요?
1	던전이 끝없이 구불구불 휘어진 통로나, 지나가기 어려운 수중 터널, 그 밖의 혼란스러운 상황 등이 펼쳐진 난해하고 혼란스러운 일종의 미로처럼 되어 있습니다.
2	사교집단과 완전히 손을 잡지 않은 괴물들이 던전 안에 있습니다. 소규모의 가고일, 또는 지성을 지닌 늑대 떼 정도가 적당합니다. 이들은 캐릭터들에게 위협이 되며, 사교집단을 건드리지 않습니다. 지금은 말이지요.
3	망자들이 던전에 거주하고 있습니다. 이들은 사교집단에 희생된 자들의 유령이거나 오래 전의 영, 또는 살아 움직이는 해골일 것입니다.
4	실체가 없는 영들이 던전을 지키고 있습니다. 사교집단에게 고통받는 혼란스러운 영 한 무리, 또는 소악마 하나 정도면 적합합니다.
5	조직된 병사들이 던전을 순찰하면서 캐릭터들의 길을 가로막습니다. 사교집단, 또는 이들에게 고용된 용병일 것입니다.
6	던전 안에 있는 누군가, 혹은 무언가가 캐릭터들에게 거짓으로 협력합니다. 아름답고 교활한 악마가 캐릭터들의 신뢰를 얻으려 들 수도 있고, 사교 교주가 직접 나서서 우정을 제안할 수도 있습니다.

1d6	던전의 마지막 시련은 무엇인가요?
1	사교집단의 용사가 (아마 2~3레벨 전사일 것입니다) 캐릭터들과 목표 사이를 가로막습니다.
2	사교집단은 어느 거대한 동물을 수하로 두었고, 던전의 마지막 방에 이 동물을 배치했습니다. 등장 괴물 장에 소개된 거대 뱀이나 악마에 빙의된 곰이 적합합니다.
3	악마 화신이 마지막 시련입니다. 등장 괴물 항목에 나오는 예시 악마 화신을 등장시킬 수도 있고, 직접 만들 수도 있습니다.
4	던전의 마지막 시련은 적이 아니라 방 그 자체입니다. 이 방에는 아마 덫이 설치되어 있겠지만, 그 외 다른 방식으로 캐릭터들에게 위험할 수도 있습니다. 캐릭터들은 목표를 이루기 위해서 반드시 이 위험을 돌파해야 합니다.
5	마법적인 힘이 캐릭터들을 가로막습니다. 아마도 마법을 사용하는 교주나 높은 지위에 있는 사교도가 직접 나선 것이겠지만(등장 괴물 항목의 사교도 마법사 참조), 그 외의 다른 마법적 난관일 수도 있습니다.
6	단순히 무력만으로는 사교집단을 쓰러뜨릴 수 없을 것 같습니다. 대신 캐릭터들은 사회적인 난관에 부딪힙니다. 어쩌면 던전의 마지막 방에 친구나 가족들이 있을지도 모릅니다. 캐릭터들은 이들의 마음을 돌리려고 설득해야 할 것입니다.

길은 이어지고

만약 이 시나리오를 단편으로 플레이했다면, 사교집단을 막는 것만으로도 충분히 만족스러운 결말이라고 할 수 있습니다. 하지만, 만약 이후에도 이 캐릭터들로 계속 모험을 이어 나갈 계획이 있다면, 캐릭터들에게 훗날 도움을 줄 보상을 주는 편이 좋을지도 모릅니다. 다음 표는 캐릭터들에게 보상으로 줄 수 있는 몇 가지 아이디어와 함께, 이후 모험에 사용할 소재를 제공합니다.

1d6	캐릭터들은 사교집단의 소굴에서 무엇을 발견하나요?
1	캐릭터들은 사교집단이 비축해 두었던 많은 양의 돈을 얻습니다. 캐릭터들은 금화 5d10냥의 돈을 나눠 가집니다.
2	사교집단은 성소에 무척 크고 아름다운 보석을 보관하고 있었습니다. 이 보석은 막대한 가치를 지녔으나, (아마 금화 200냥 정도일 것입니다) 마을에서는 그 누구도 이 보석을 살 만큼 부유하지 못합니다. 아마도 더 큰 도시나 귀족의 궁정에 가서 팔아야 할 것입니다.
3	방 구석 받침대 위에 마법서가 놓여 있습니다. 이 책에는 어둠 만들기와 허상의 가면 주술, 보호의 원과 폭풍 부르기, 소환 의식이 있습니다.
4	사교집단은 자신들의 용사를 위해 성소에 마법의 검을 보관해 두었습니다. 이 검은 겉으로 보기에도 마법의 무기입니다. 사용자는 명중과 피해에 +1 보너스를 받으며, 비실체 영이나 언데드, 악마에게 두 배 피해를 줍니다.
5	부드러운 비단으로 만든 검은 로브가 사교집단의 성소에 있는 의자에 걸쳐 있습니다. 착용자는 장갑에 +3 보너스를 받으나, 이 로브는 갑옷으로 간주하지 않습니다. (즉, 마법사도 입을 수 있습니다)
6	악마 열 댓 마리의 진정한 이름을 적은 두루마리가 돌돌 말린 채 구석에 놓여 있습니다. 이 목록에는 각 악마의 간략한 내력이 적혀 있기 때문에, 영리한 플레이어는 이후 악마들을 만날 때 몇몇 상대의 이름을 추론할 수 있을 것입니다.

플레이어들이 사교집단의 또 다른 위협에 맞서 싸울 수 있도록 여지를 남겨 놓고 싶나요? 그렇다면 같은 캐릭터들로 여러분의 이야기를 이어 나갈 수도 있습니다. 이야기를 계속 진행하고 싶다면, 세션 마지막에 다음 표를 굴려 다음 모험을 위한 고리를 만드세요.

1d6	캐릭터들은 어떤 단서를 얻을까요?
1	캐릭터들은 성소나 다른 곳에 있는 사교도들의 소지품에서 잊힌 혼돈의 신에게 바친 비밀 사원으로 가는 지도를 발견합니다.
2	이웃 마을에 사는 누군가가 사교집단의 일원입니다. 캐릭터들은 이웃 마을 역시 똑같은 문제를 겪고 있다는 사실을 알아차렸습니다.
3	마을에서 가장 가까운 도시가 어둠의 마법의 근원이라는 사실이 드러납니다. 이를 털어놓은 사교도는 자신들이 어디에서 만나는지, 도시에서 열리는 대집회에 어떻게 침투해야 하는지도 알려줍니다.
4	캐릭터들은 어느 귀신들린 남자가 마을과 마을 사이를 돌아다니면서 타락과 어둠을 퍼뜨린다는 사실을 파악합니다. 이 남자는 두 달 전 이 마을을 들른 적이 있고, 아마도 여전히 근처 다른 마을에서 문제를 일으키고 있을 것입니다.
5	강력한 악마 화신이 활개치며 다닙니다. 이 악마는 괴물 장에 있는 하급 악마일 것입니다. 오직 캐릭터들만이 악마를 추적해 폭주를 막을 수 있습니다.
6	사교집단의 성소에서 캐릭터들은 어느 황폐한 땅으로 통하는 마법의 문을 발견합니다. 캐릭터들은 발을 디딜 용기가 있나요? 문 너머에는 무엇이 있나요?

최근 사건

마스터는 지금까지 나온 표를 사용해 사교집단이 등장하는 모험을 어떻게 준비해야 할지 몇 가지 아이디어를 얻을 수 있습니다. 다음 페이지에 나오는 최근 사건 표는 모험을 본격적으로 움직이는 추진력입니다.

플레이가 시작할 때, 각 플레이어는 최근 사건 표를 굴려 무슨 일이 일어났는지 확인합니다. 왼편 플레이어 역시 그 자리에 있었으며, 관련 기능을 가지고 있거나 행운 점수를 사용한다면 판정을 도울 수 있습니다.

만약 다른 플레이어가 굴린 결과와 똑같이 나온다면, 표 끝에 있는 특별한 사건 중 하나가 대신 발생합니다. 예를 들어 어느 플레이어가 7을 굴렸는데, 다시 7이 나오면, * 결과가 대신 발생합니다. 만약 또다시 7이 나오면, ** 결과가 발생합니다.

1d12	최근 무슨 사건이 발생했나요?
1	3주 전 캐릭터의 친척 하나가 살해당했습니다. 시신은 심하게 훼손된 채 나무에 거꾸로 매달려서 발견되었습니다. **지능** 판정을 하세요. (역사나 전승 기능이 있으면 도움이 됩니다) **성공:** 여러분은 고대 의식의 기법을 알아차립니다. **실패:** 여러분은 이 괴상한 사건에 당황합니다. (마스터: 사교집단은 이제 누가 자신들의 희생의식을 방해했는지 압니다)
2	여러분은 어젯밤 마을에서 으스스한 비명을 들었고, 역겨운 유황 냄새를 맡았습니다. **민첩성** 판정을 하세요. (은신 관련 기능이 있으면 도움이 됩니다). **성공:** 여러분은 마을 광장으로 조용히 가서 어느 뒤틀리고 날개 달린 괴물이 날아다니는 모습을 목격합니다. (마스터: 등장 괴물 항목의 가고일을 참조하세요. **실패:** 여러분은 방앗간 주인이 마을 광장에 홀로 있는 것을 발견합니다. (마스터: 원한다면 여전히 가고일을 사용할 수 있습니다)
3	초승달이 뜬 후 지난 2주간, 여러분은 일어나면 기억할 수 없는 끔찍한 악몽에 시달려왔습니다. **지혜** 판정을 하세요. (특정한 전승 기능이 있으면 도움이 됩니다). **성공:** 여러분은 꿈에 나온 어느 이름을 기억합니다. (마스터: 사교집단이 소환한 악마의 이름입니다. 플레이어는 꿈에서 보고 들은 것으로 추측하여 악마를 퇴치할 수 있습니다) **실패:** 여러분은 눈을 뜰 때마다 겁에 질립니다. 사교도들이 쓰는 마법에 저항하는 극복 판정에 -2 페널티를 받습니다.
4	농부 몇 명이 훼손된 채 죽은 자신들의 가축을 발견했습니다. **지능** 판정을 하세요. (농사나 동물 관련 기능이 있으면 도움이 됩니다) **성공:** 여러분은 가축에 난 상처가 톱니 모양의 낫으로 낸 상처임을 알아차립니다. 하지만 마을 사람 중 아무도 이런 도구를 가지고 있지 않습니다. **실패:** 어떤 짐승도 이런 상처를 낼 수 없습니다. (마스터: 사교집단은 캐릭터가 이 사건에 기웃거리는 것을 알아차립니다)
5	수확철도 아닌데 이미 눈이 옵니다. 마을 장로들은 이런 일은 한 번도 보지 못했다고 말하고, 농부들은 농작물을 잃을까 걱정합니다. **매력** 판정을 하세요. (소문 관련 기능이 있으면 도움이 됩니다) **성공:** 여러분은 눈이 내리기 시작할 때 마을 사람 몇 명이 산으로 여행을 떠났다는 소문을 듣습니다. **실패:** 여관 단골손님들이 여러분의 질문을 지겨워합니다. 여관에서 하는 모든 카리스마 판정에 -1 페널티를 받습니다.
6	이틀 전 어느 이방인이 여관에 들렀습니다. 그는 여러분이 알아듣지 못하는 말을 하고는, 갑자기 친구들을 공격합니다. **근력** 판정을 하세요. (운동 관련 기능이 있으면 도움이 됩니다) **성공:** 여러분은 이방인을 제압해서 가두었습니다. 여러분은 분명히 그의 눈이 이글이글 타오르는 모습을 보았습니다. **실패:** 이방인은 여러분의 손길을 뿌리치고 여관주인을 죽인 다음 달아났습니다.
7	숲을 걸어가던 중, 여러분은 기이한 대화를 엿듣고는 얼른 몸을 숨겼습니다. **민첩성** 판정을 하세요. (은신 관련 기능이 있으면 도움이 됩니다). **성공:** 여러분은 알맞은 장소를 찾아 몸을 숨기고는 대화 내용을 모두 들었습니다. 오늘밤 마을 바깥에서 몇몇 사교도들이 모임을 가질 것이라는 이야기입니다. **실패:** 여러분은 공격을 받아 도망갔습니다. 조심하세요! 사교집단이 여러분을 노립니다.
8	지난 주, 강이 핏빛으로 물들었습니다. 불가사의하게 강력한 폭풍이 친 후, 강물이 둑을 넘었습니다. 많은 사람들이 붉은 물에 휩쓸렸고, 여러분은 위험을 무릅쓰고 용감하게 사람들을 구하려 합니다. **건강** 판정을 하세요. **성공:** 여러분은 물살을 헤치고 나아가 이웃들을 구했습니다. 여러분은 남은 모험 동안 사교도가 아닌 마을 사람들에게 매력 판정을 할 때 +2 보너스를 받습니다. **실패:** 여러분은 익사할 뻔했고, 많은 사람이 죽었습니다. 죽은 이들 중에는 여러분에게 중요한 사람도 있습니다.
9	북쪽 하늘에 이상한 별이 나타났습니다. 사람들은 불길한 징조라면서 두려워합니다. 이 별은 아직도 떠 있고, 심지어 낮에도 빛납니다. **지능** 판정을 하세요. (숨은 지식이 있으면 도움이 됩니다) **성공:** 여러분은 별에 관한 옛 전승을 떠올려, 사교집단과 관련이 있는 악마의 진실한 이름을 알아냈습니다. **실패:** 여러분은 기이한 별빛을 보고 꼼짝하지 못합니다. 이제 여러분은 저주받았습니다. 여러분이 굴릴 다음 극복 판정에 -5 페널티를 받습니다.
10	역겨운 느낌이 드는 기이한 녹색 꽃이 작물에 폈습니다. 농부들은 혼란과 두려움에 어찌할 줄 모릅니다. **지혜** 판정을 하세요. **성공:** 여러분은 병든 꽃을 정화할 방법을 찾아내고 치유 효능이 있는 반죽을 만듭니다. 이 반죽으로 1d6점의 체력을 세 번 회복할 수 있습니다. **실패:** 작물이 모두 죽어버렸고, 마을 사람들은 병의 확산을 막기 위해 작물을 밭에 모두 묻어버립니다. 이제 마을의 식량이 부족해졌고, 가격이 10배로 뛰었습니다. 이번 겨울은 춥고 길 것입니다.
11	오늘 아침 여러분은 시체를 먹는 새들이 마을 위를 빙빙 도는 모습을 발견했습니다. **근력** 판정을 하세요. (운동 관련 기능이 있으면 도움이 됩니다) **성공:** 여러분은 새 한 마리를 낚아챘고, 이 새에 마을 농부 중 하나의 낙인이 찍힌 것을 발견합니다. 이 농부는 사교집단과 어떻게 얽히게 되었을까요? **실패:** 새떼가 여러분에게 맹렬히 덤벼듭니다. 게임 시작 전에 1d4점의 피해를 받습니다.
12	몇 주 전, 마을에 갑자기 전염병이 돌았습니다. 여러분은 병자 중 하나였습니다. **건강** 판정을 하세요. (인내, 또는 치료 관련 기능이 있으면 도움이 됩니다) **성공:** 여러분은 병을 떨치고 곧바로 **건강**을 되찾았습니다. 여러분은 몇몇 가문이 이상하게도 전혀 병에 걸리지 않은 사실을 알아차립니다. **실패:** 여러분은 크게 앓지는 않았지만, 열에 시달린 후 몸을 추슬렀습니다. 게임 시작 전에 **행운** 점수 1점을 잃습니다.
*	멀리서 온 **지혜**로운 사제가 지난 주 마을을 방문해서 거대한 악의 기운을 감지했습니다. 사제는 여러분에게 이 사실을 이야기하고 축복을 내립니다. **매력** 판정을 하세요. (사회 관련 기능이 있으면 도움이 됩니다) **성공:** 사제는 여러분에게 감명을 받아, 길게 기도를 합니다. 여러분은 이번 세션 동안 모든 극복 판정에 +1 보너스를 받습니다. **실패:** 사제는 여러분을 측은히 여겨 떠나기 전 간단하게 축복을 내립니다. 여러분은 이번 세션 동안 굴리는 첫 번째 극복판정에 +2 보너스를 받습니다.
**	2주 전, 마녀는 마을이 무언가 잘못 돌아가고 있다는 것을 알아차렸습니다. 마녀는 여러분을 마을에서 멀리 떨어져 있는 숨겨진 장소로 보내 그곳에서 자라고 있는 비밀스러운 약초를 캐도록 했습니다. **건강** 판정을 하세요. (운동이나 인내 관련 기능이 있으면 도움이 됩니다) **성공:** 여러분은 특별한 약초를 많이 모았고, 마녀는 이 약초로 여러분에게 물약 두 병을 만들어 줍니다. 이 중 하나는 1d12점의 피해를 회복하며, 다른 하나는 하루 동안 극복 판정에 +1 보너스를 줍니다. **실패:** 여러분은 약초 대부분을 훼손한 채 간신히 돌아왔습니다. 그래도 마녀는 여러분에게 피해 1d8점을 회복하는 치유의 물약을 만들어 줍니다.
***	어느 떠도는 마법사가 며칠 전 마을 여관에 들러 여러분에게 말을 겁니다. 마법사는 여러분의 마을이 저주를 받았다면서 이를 안타깝게 여겨 여러분에게 선물을 하나 줍니다. **매력** 판정을 하세요. (사회 관련 기능이 있으면 도움이 됩니다) **성공:** 마법사는 여러분에게 강력한 보호의 부적을 줍니다. 부적을 착용하는 동안 캐릭터는 **장갑**에 +1 보너스를 받습니다. **실패:** 마법사는 여러분을 그다지 마음에 들어하지는 않았지만, 그래도 도움을 주고 싶어서 끔찍한 냄새가 나는 부적 하나를 선물합니다. 이 부적은 여러분이 공격을 받았을 때, 단 한 번의 공격에 한해 피해를 막은 다음 효력이 사라집니다. 그래도 최소한 냄새는 사라집니다.

등장 괴물

편의를 위해, 이번 시나리오 묶음에서 사용하기 좋은 괴물들의 요약 정보를 소개합니다. 괴물 장이나 다른 RPG에서 이번 시나리오에 어울릴 거라고 생각되는 다른 생물이 있다면 얼마든지 가져오세요. 각 괴물 장에는 1레벨 PC 네 명에게 내보내기 적합한 괴물의 수를 제시합니다. 만약 PC의 수가 다르거나, PC의 레벨이 좀 더 높다면 등장하는 괴물의 수를 조정하세요.

인간의 위협

이번 모험에서 캐릭터들이 가장 흔히 마주칠 적들은 사교도일 것입니다. 사교도들은 보통 갑옷을 입지 않았으며, 무장 상태도 열악합니다. 사교도 네 다섯 명 정도면 1레벨 모험자 일행에게 경계심을 심어줄 만큼 충분한 도전이 될 것입니다.

사교 신자

신자들은 낮은 계급의 평범한 사교도입니다. 어쩌면 여러분의 이웃일 수도 있습니다.

체력 주사위: 1d6 (4 HP)
장갑: 10
공격: 명중 +0, 피해 1d4 (단검)
가치관: 중립, 또는 아마도 혼돈
경험치: 15

사교도 용사

용사는 일반 신도보다 훨씬 강한 높은 레벨의 전사입니다. 사교집단에 용사는 보통 한 명 밖에 없지만, 많은 경우 평범한 신자 두 명을 데리고 다닙니다.

체력 주사위: 2d10+2 (13 HP)
장갑: 15
공격: 명중 +3, 피해 1d8+4 (장검)
가치관: 혼돈
경험치: 50

사교도 마도사

마도사는 마법사 레벨을 지녔습니다. 아마 사교집단 내에서 높은 지위에 있거나, 어쩌면 지도자일 수도 있습니다. 마도사는 몇 가지 주술을 알지만, 마법이 바닥나기 전에 불타는 손과 거짓 친구를 캐릭터들에게 사용하는 작전이 가장 쉽고 효과적입니다. 사교집단에 마도사는 보통 한 명 밖에 없지만, 많은 경우 평범한 신자 두 명을 데리고 다닙니다.

체력 주사위: 2d6+2 (7 HP)
장갑: 11
공격: 명중 +1, 피해 1d4 (단도)
가치관: 혼돈
경험치: 100
참고: 주문 (하루에 주술 2개를 사용할 수 있습니다)

야생동물

평범한 생물 역시 캐릭터들에게 내보내기 쉬운 적입니다. 이들은 악마에게 씌었거나, 사교집단의 마법에 조종당하거나, 그냥 우연히 캐릭터들과 마주쳤을 것입니다. 개 네 마리나 늑대 세 마리, 혹은 곰 한 마리 정도면 1레벨 PC 일행에게 좋은 도전이 됩니다.

개

체력 주사위: 1d8 (5 HP)
장갑: 12
공격: 명중 +1, 피해 1d4 (물기)
가치관: 중립
경험치: 15

늑대

체력 주사위: 2d8 (9 HP)
장갑: 13
공격: 명중 +1, 피해 1d4+1 (물기)
가치관: 중립
경험치: 35

곰

체력 주사위: 3d8 (14 HP)
장갑: 13
공격: 명중 +3, 피해 1d6 (발톱), 1d8 (물기)
가치관: 중립
경험치: 80
참고: 재빠름 (곰은 자신과 근접전 거리 내에 있는 적의 숫자와 같은 횟수로 공격을 합니다. 한 라운드에 최대 두 번 할퀴고 한 번 물 수 있습니다. 물러나세요!)

초자연적인 적

사교집단에게는 캐릭터들에게 내보낼 초자연적 생물들도 몇몇 있을 것입니다. 지옥견 두 마리, 또는 스켈레톤 네 다섯 마리 정도면 좋습니다. 가고일이나 거대 뱀은 한 마리, 또는 최대 두 마리만으로도 캐릭터들에게 큰 도전이 됩니다.

지옥견

체력 주사위: 2d8 (9 HP)
장갑: 14
공격: 명중 +2, 피해 1d8 (물기)
가치관: 혼돈
경험치: 60

참고: 악마의 시야 (지옥견은 영과 투명한 존재를 볼 수 있습니다), 불에 면역 (지옥견은 어떠한 종류의 불에도 피해를 받지 않습니다)

거대 뱀
체력 주사위: 3d10 (16 HP)
장갑: 15
공격: 명중 +3, 피해 2d4 (물기)
가치관: 중립
경험치: 145
참고: 조이기 (거대 뱀은 물기 공격 대신 상대를 잡아서 조이기를 시도할 수 있습니다. 공격이 명중하면 상대는 -4 페널티를 받고 근력 판정을 합니다. 실패하면 매 차례마다 1d10 피해를 받습니다.)

가고일
체력 주사위: 4d8 (18 HP)
장갑: 15
공격: 명중 +3, 피해 1d4 (발톱), 1d6 (물기)
가치관: 혼돈
경험치: 250
참고: 비행 (가고일은 날 수 있습니다), 피해 면역 (가고일은 마법적 공격에만 피해를 받습니다), 재빠름 (가고일은 자신과 근접전 거리 내에 있는 적의 숫자와 같은 횟수로 공격을 합니다. 한 라운드에 최대 두 번 할퀴고 한 번 물 수 있습니다)

해골
체력 주사위: 1d8 (4 HP)
장갑: 13
공격: 명중 +1, 피해 1d8 (장검)
가치관: 중립
경험치: 20
참고: 지성 없는 망자 (잠과 매혹 효과에 면역입니다)

악마
마지막으로, 사교집단의 주변에는 악마들이 있을 것입니다. 악마가 사교집단을 위해 봉사하는 경우는 그다지 많지 않습니다. 사실, 반대로 악마가 거짓 약속으로 사교집단을 홀려 배후에서 조종하곤 합니다.

기드온
공포와 자만의 화신 (소악마)
기드온은 두려움을 먹고 사람의 자만심을 조종해서 사악한 임무를 완수하는 악마입니다. 그는 불그스름한 피부를 하고 손에 날카로운 손톱이 달린 작고 튼튼한 남자의 모습으로 나타납니다. 종종 기드온은 마을 사람들이 잠이 든 밤에 두꺼운 가죽 **장갑**을 끼고 나타나 대장장이 일을 하곤 합니다.

체력 주사위: 2d8 (9 HP)
장갑: 12 (오직 마법적인 공격으로만 피해를 받습니다)
공격: 명중 +2, 피해 1d6 (발톱) 또는 1d8 (장검)
가치관: 혼돈
경험치: 218

참고: 피해 면역 (기드온은 오직 마법적인 공격에만 피해를 받습니다), 진실한 이름 (기드온은 자신의 진실한 이름을 아는 적에게 취약해집니다), 공포 발산 (악마의 시야 내에 있는 모든 적은 주문 극복 판정을 해서 실패하면 즉시 도망치거나, 그 자리에서 벌벌 떨어야 합니다), 탁월한 기능: 대장장이 (기드온은 대장장이 판정에서 자동으로 성공합니다), 철에 약함 (기드온은 스스로 만든 철제 물품에도 취약합니다! 기드온은 철로 된 무기에 두 배 피해를 받으며, 철에 닿는 동안에는 능력을 사용할 수 없습니다. 또한 비마법적인 철 무기로도 악마에게 피해를 줄 수 있습니다)

교차로의 악마
탐욕의 영 (소악마)
교차로의 악마는 모든 종류의 방랑자들과 여행중인 마법사에게 빙의하기를 좋아합니다. 인간이든 동물이든, 교차로의 악마는 야윈 숙주의 육체를 이끌고 새로운 희생자를 기다리면서 교차로에서 어슬렁거리곤 합니다.

체력 주사위: 2d8 (9 HP)
장갑: 숙주를 따름
공격: 명중 +2, 피해 숙주를 따름
가치관: 혼돈
경험치: 218
참고: 비실체 (교차로의 악마는 물리적 육체가 없기 때문에 오직 마법적 공격으로만 피해를 받습니다), 빙의 (반드시 인간 숙주에게 빙의해야 합니다. 악마 규칙을 참조하세요), 진실한 이름 (교차로의 악마는 자신의 진실한 이름을 아는 적에게 취약해집니다), 재산 (언제나 자신이 원하는 만큼 돈을 가지고 있습니다), 의식 마법 (2레벨 마법사처럼 의식을 사용할 수 있으며, 모든 1, 2 레벨 의식 마법을 압니다), 태양에 약함 (교차로의 악마는 태양빛 아래에서는 모든 능력을 사용할 수 없으며, 2d4 라운드 안에 추방됩니다)

이름: 가치관:

플레이어: 경험치:

클래스: 기본 공격 보너스:

레벨: 행동 순서:

근력	☐	근접 무기 명중
민첩성	☐	근접 공격 피해
		원거리 무기 명중
건강	☐	장갑 수치
		행동 순서
지능	☐	레벨 당 HP
지혜	☐	아는 언어
		정신 조종에 저항
매력	☐	최대 동료 수

현재

장갑 수치   행운 점수   HP

기능:

클래스 능력:

장비:

극복 판정

○ 독   ○ 입김 무기   ○ 신체 변형

○ 주문   ○ 마법 물품

이력과 참고사항:

무기

_____ 명중 보너스   피해

_____ 명중 보너스   피해

_____ 명중 보너스   피해

_____ 명중 보너스   피해

BEYOND THE WALL 또 다른 모험으로
울타리 너머

마을

여관

중요 인물

후원자 목록

한 걸음 후원해 주신 분들

김현섭 / 무밍 / 김대수 / 한지홀률 / Eden H. K / 소어링 위꼴봇 / 홍영원 / 하소 / 이병민 / 주우원 / 김보얌 / 도치 레비킴 / Coletta / 베딘 / 우유 / 최가람 / 12초 / 라히네 루와즈 / 뷤챡 / 제프 / 클라이데 / EpKna / 김재워낭소리 오리오소리 / 햇소금 / 모로도로 / 미경♡서진♡종욱 잼잼 / 성아영 / 뽀또 / Si-Hyeon / 루네이 / 플루토스트모찌 린자드 / Maha / 민토르크 / 티아민 / 초싟 / 리디아 푸른시냇가 / 날생고기 / 램시 / 빵새

두 걸음 후원해 주신 분들

nne / 정예진 / 눈물젖은 룰북 / 조준태 / 봄스 / 이소 곧 죽어도 문세계 / 시라데유 / 전경환 / 몬스 / 박지영 Elfind / 김지성 / 기린그림 / 이망고 / 봄헤나 / 인님

세 걸음 후원해 주신 분들

이비엔 마그놀리아 / 하진하 / 기대기대사람 / Ti / 소하 MOONQ / 최말도 / ms /

네 걸음 후원해 주신 분들

쿳 / 풍작 / 글로덱스 / 아마도딜로 / 허소영 / 배지수 바훈 / 치키마키 / 김아룬 / 안수혁 / 필그림 / M 언럭키즈 / 란티 / 이희승 / 백광열 / 생 / 신진우 / 박슬기 NecT / 구노와 미미 / DoHaRi / 칼리 / 생쥐 Candeler Turnlight / Gary Kim / 라쭈 / 윤정운 이안 / 송푸른별 / 담도 / 므에 / 홍용기 / 나루 / 허동혁 이엔 / 김콩 / 서동신 / 딱정벌레 / 맘벅 / 04 / 김동현물 푸레나무 / 동동 / Lien / 정모자 / rewi wire / 차원이 MyuA / 김산냥 / Bengi / 은소 / syc / 가을하늘 식 / 정승용 / 공희재 / 우치 / Qe / 위즈덤 / 허채원 / . JEJE / 황제욱 / 나래 / 최지혜 / 김가은 / 김홍배 피어스 호th론 / Ennead / 안경꼬마 / 여학교 / 이동환 페리안 / Chyo / Kestrel / Zenn / 안버미 / Sanavihi 할리퀸 / 엄석훈 / Trpg도토리 / 귀차니스트 / 김다은 282 / 야요잇치!!! / 임성필 / 이기웅 / 이종주 / 쇼르 박정환 / 얏삐 / 하창건 / 대나 / 허성우 / 愛天 / 김상무 안찬희 / ㅅㅎ / 태랑 / 지연 / 해인 / TRPG유나 / 정혁 고정현 / GyulJook / 리네포스 / 이유정 / 유가영 요그소토스 / 김재광 / 이유안 / SilliN / 김수용 / 파브 권대혁 / 구루무

다섯 걸음 후원해 주신 분들

전국울타리너머협회장 / 이찬희 / 김네크 / 쏘믕
수양산가 / 와디랑 / 유구무언(백승우) / kthelimit
분홍고양 / 더스크 / 기루 / 오성근 / 하즈링 / 임라흔
밀보리 / 김이소 / 윤단비 / 윤석 / 강탄산 / 이캄
간장치킨 / N / 이봄 / 천기덕 / 백호 / 여백 / Willbe
배사과 / 75 / 뫼까치 / 김규민 / 비지찌개 / 스민 / 정헌섭
로레인 / 쉐은 / 낙요 / 초챠 / 병철 게오르기우스카펠로2세
이재학 / 명명 박태우 / 아세 / 김성진 / _ravir_de
KimCherry(김소현) / 이극녀 / 김동현 / 김 지하 / NEMI
스비타 / 너구리 / 정혜윤 / 김갯지 / 하민K / 매복사랑니
파세랑 / 권용철 / 시조아 / 고동현 / 헬파이어 / 윤슬.Y
태오 / 스나크 / Anen / 강지원 / 팬마 / 휴안 / 차명진
버자다기 / 김초원 / 사연우 / 실험체333호 / 루루팡
리틀언데드 / 문지 / 연즈 / 오인선 / Ninaian _ 이슬
홍연우 / DEUS TIOSUS / 우푸 / 걀떡쓰 / 뮤아넨 / 김모조
동화 / 이혜지 / 아키시엘 / SF&판타지도서관 / 노는 여자들
쭈마이봉 / 이상엽 / 습작 / 피니 / 파리 / 백현우
Lieul / 채유니나 / 장세진 / 익명의 땃쥐 / rora
Now Loading / 미레시유 / 어텀 / 이울 / HUSH / 솔
프로젝트 쿠키! / 굴림터기 / enthia / 박준영 / 사채
신동성 / 다미 / 정예지 / 다꼬 / 소 효 / PN / oxymo
이코 / 미니크레페 / 게게게 / 알대바란 / 김정경 / 펍
게개 / 김수지 / 국산갈매기 / 박세영 / 피치레모 / 린네
안리제 클레마티스 / 심연의 티백 / 최주희 / 예용 / 모이
솜누스 / LIWA / :S / 구미사는 95년생 장세환
에이언 / 조민서 / 피식피 / 서병준 / 유혜상

여섯 걸음 후원해 주신 분들

이정민 / 김선영/금승환/제갈길 / 마신출 / 오은혜
이의종 / 김동률 / 강고딩 / LY / 최현민 / 김병욱 / 에고
시엘린 / 네프미르 / 가라간챠 / 녹차파우더 / 마들가리
테시라브 / 라이스미스 / 부둥 / 박상균 / 여타 / 에이허브
메탈릭 카르텔.AK / 초기캐릭터 / ScrapHeap / 서경수
김주현 / S / 실벳 / 치쯔 / 잠자는곰군0104 / 시안
클레멘체스터 / 차준호 / 신호성 / G0h / 이준엽 / 전혜림
김선형 / 강영호 / 오해성 / 게남이 / perline(박현웅)
담담 / 낮도깨비 / 롱챤 / SetTniNg / 최규상 / AmoinY
하정은 / Madker / 김은수 / 김유현 / 썽 / ramuth
신동원 / 노노 / ROTARING

Beyond the Wall and Other Adventures uses several terms and names that are Copyright 2000-2003 Wizards of the Coast, Inc. These terms are used under the terms of the Open Game License v1.0a, and are designated as Open Content by that license.

All proper nouns, names, product line, trade dress, and art is Product Identity. Everything else is open game content.

Share and enjoy.